Understanding welfare: Social issues, policy and practice

解析福利：社会问题、政策与实践丛书

Understanding
Social Welfare
Movements

Jason Annetts

解析
社会福利运动

[英]贾森·安奈兹 ◎ 等著

王星 ◎ 译

格致出版社　　上海人民出版社

总　序
迈向人类福利新阶段

一、 社会福利发展背景：社会变迁中的社会问题与社会需要

　　将"解析福利：社会问题、政策与实践丛书"（以下简称"解析福利丛书"）翻译介绍到中国的工作，是在中国社会巨大变迁中社会成员对社会福利的需要急剧增长、社会需要未能得到满足的情况下开始的。面对新的挑战，我们希望能为中国社会福利和社会政策研究者、政策制定者、行动者、教师和学生提供一套反映社会福利和社会政策领域最新研究的国外著作，希望读者能够从批判性借鉴中寻找本土社会政策发展的道路，以提升中国社会福利水平。

　　我们热切地期待在中国社会政策的推动下，中国社会福利发展创新能够不断满足社会成员的需要，因为我们看到新时期中国社会政策和社会福利发展创新具有广阔而深远的政治、经济和社会背景。新时期中国社会福利发展创新的背景之一是中国政治进入了注重民生的政治制度建设新时期。2004 年，中国共产党把和谐社会作为政党建设和社会发展目标；2006 年，胡锦涛总书记在中央党校专题研讨班上进一步阐明社会主义和谐社会的内涵；2010 年，《国民经济和社会发展第十二个五年规划的建议》提出：继续抓住和用好我国发展的重要战略机遇期、促进经济长期平稳较快发展，对于夺取全面建设小康社会新胜利、推进中国特色社会主义伟大事业，具有十分重要的意义。①

　　背景之二是中国进入了社会主义市场经济和中等经济发展水平的新时期。中国完成了从计划经济向社会主义市场经济的转型，经济快速发展。现预计人均GDP 在 2010 年底达到 4 000 美元。以美元计价的中国人均 GDP 跨越新台阶的时间间隔近年来正在缩短。从 1978 年到 2000 年，人均 GDP 从不到 400 美元增

1

---

① 　中共中央：《国民经济和社会发展第十二个五年规划的建议》，2010 年。

至逾 800 美元,中国用了超过 20 年的时间。2003 年,中国这个人口第一大国的人均 GDP 跃过了 1 000 美元大关,时间仅仅用了三年,到 2006 年超过了 2 000 美元;又过了两年,到 2008 年,则超过了 3 000 美元。①中国政府把保持经济平稳较快发展作为一项重大任务,这说明中国正稳步从经济大国迈向经济强国的行列。国际通行的标准是把 GDP 人均 3 000 美元作为中等发展水平的标志,而其福利含义是人均社会福利接受水平的提高。中国经济发展为中国福利发展创新提供了物质基础和先决条件,但这并不等于社会福利的实现以及成员的福利需要得到了满足。中国存在的诸多社会问题说明社会成员有巨大的社会需要未得到满足。如何将社会福利的水平提高到与经济发展相适应的地步,以满足社会成员的需要,仍然是值得我们思考的问题。

背景之三是中国进入了经济建设和社会建设并重的时期。中国政府已经认识到必须在经济发展的基础上更加注重社会建设,着力保障和改善民生。社会建设具体目标是努力使全体人民学有所教、劳有所得、病有所医、老有所养、住有所居。而社会建设具体目标实现要以社会保险、社会救助、社会福利为基础,重点是基本养老、基本医疗、最低生活保障制度的建设,并以慈善事业、商业保险为补充,最终加快完善中国社会保障体系。②《国民经济和社会发展第十二个五年规划的建议》中还提出:加强社会建设需逐步完善覆盖城乡居民的基本公共服务体系,使社会管理制度趋于完善,等等。③中国社会福利发展创新是社会建设的内容和基础。在中国从经济建设转向经济与社会建设并重的时代,批判性地借鉴学习英国以及欧洲其他国家社会福利和社会政策的建设经验,对提升中国人民的社会福利水平具有非常重要的意义。

新时期我们面对着种种社会风险和社会问题。在中国急剧变迁过程中出现了新风险和新问题,包括:市场风险(金融风暴等)、社会风险(人口迁移、群体事件等)、自然风险(地震等);需要照顾的老人急剧增加;儿童问题日益突出;新时期女性和家庭问题出现了新特点;残疾人的福利待遇相对较低;流动人口的社会福利接受问题日益突出;少数民族的社会福利问题值得重视;一般社会成员新的社会

---

① 汝信、陆学艺、李培林主编:《2010 年中国社会形势分析与预测》,北京:社会科学文献出版社 2010 年版。
② 中国社会保障概念与国际通用的社会福利同义,即与广义社会福利概念同义。在"解析福利:社会问题、政策与实践"系列丛书中使用的是广义的社会福利概念,本文中也使用广义社会福利概念。
③ 中共中央:《国民经济和社会发展第十二个五年规划的建议》,2010 年。

福利需要；城乡分割社会福利带来新的不平等问题；地区间社会福利差异也带来
社会问题；社会福利管理不能适应新时期的要求；社会福利人才队伍建设需要创
新机制；人类生存的环境问题作为新福利问题已急需解决；社会福利需要从补缺
转型到普惠型；民政社会福利界定限制着社会福利体系的发展创新等。如何使每
个社会成员都能得到保障、共享经济发展的成果？这使我们更加关注"解析福利
丛书"中讨论英国社会福利运动和社会保障改革等内容，中国的问题使翻译介绍
工作具有了突出的现实意义。

　　社会福利发展的国际背景是：发达国家在与中国现在经济发展水平相同的时
期，在社会福利制度建设方面进行了多项创新：英国早在 1948 年，在人均 GDP 还
不到 1 000 美元时，就宣布建成了政府承担社会福利提供责任，从摇篮到坟墓的
保障民生的福利国家。美国也在人均 GDP 大大低于我国现有水平的 1935 年就
制定了《社会保障法》，不断发展了多个社会福利项目。日本 1965 年的人均 GDP
仅为 1 071 美元，但在 1947 年就通过了《儿童福利法》，1951 年颁布《社会福利事
业法》，1957 年就设置了老人年金和母子年金制度。近十多年来特别是国际金融
危机前后，福利国家都在寻找社会福利的适应性发展创新道路；东亚国家地区建
设嵌入本土社会文化的福利社会；在社会福利理论研究领域，有多个具有创新性
的理论出现。社会政策和社会福利已经不单单是作为消除社会问题、减少贫困的
手段而存在，而是作为社会投资、积极社会建设、伙伴关系、社会融入、社会质量、
人类幸福的制度手段。国外经验说明，以国家和社会为推动力发展社会福利，提
高人类社会福利水平，达致幸福和谐生活，已经成为中国这样的中等经济发展水
平国家的首要任务。

二、　人类福利：概念操作化与发展阶段

　　从解析福利开始，研究社会问题，提出政策并进行实践的讨论，是"解析福利
丛书"的主旨。针对社会问题而制定社会政策，并进行改变社会的实践，通过提供
社会福利来解决社会问题，就构成了福利、问题以及政策的关系。福利如何与社
会政策发生关系？是因为它是社会政策的终极目标，福利是人类美好生活的状
态，人类通过制定社会政策、提供福利来满足人类的需要。因此，认为社会政策只
是关注社会问题的时代正在结束，社会政策走向关注人类福利的时代，社会问题

3

只是被视为人类福利没有被实现的一种状态。

事实上，一些学者已经开始思考人类福利的含义以及实践，如 Sen①、Doyal 和 Gough②、Nussbaum③ 等等，他们通过对主观福利和客观福利的思考发展社会政策，形成了对人的本质和人类未来发展走向研究的广阔视野。因此，我们在此对人类福利理论进行回顾比较，以帮助本丛书读者了解这个领域新观点和理论发展。

福利是人类一种美好的状态，它不仅仅是社会福利、社会政策领域的关键概念，也是其他学科如福利经济学的重要概念之一。传统经济学通常把它和效用（幸福度、满意度、期望实现度）或资源（收入、财富、对商品的控制）联系在一起。从 20 世纪 50 年代到现在，福利被概念化后，其含义从经济福利发展到人类基本需要满足，再发展到人类发展和能力建设，扩展到现在的生存权、公民权利、自由等，其概念内涵日趋丰富，体现了人类对自身发展的认识（表1）。

表1　福利主要含义的演变与发展阶段

时　　期	福利概念含义	福利测量内容
20 世纪 50 年代	经济福利	GDP 增长的测量
20 世纪 60 年代	经济福利	人均 GDP 增长的测量
20 世纪 70 年代	基本需要满足	人均 GDP 增长＋基本需要满足物供给测量
20 世纪 80 年代	经济福利	人均 GDP 和非经济因素的测量
20 世纪 90 年代	人类发展和能力建设	人类发展和发展的可持续性的测量
21 世纪初	生存权、公民权利、自由	发展目标和新领域：社会风险和增权的测量

资料来源：Sumner, A., 2004, *Economic Well-being and Non-economic Well-being*, London: United Nation University World Institution For Development Economics Research.

Sen 提出了用功能和能力来诠释人类福利的内涵④，他的理论核心是用个人在生活中实现各种有价值的功能的实际能力来评价生活质量和福利水平⑤。功

---

① Sen, A., 1993, Capability and Well-Being, in M. Nussbaum and A. Sen(eds) *The Quality of Life*, Oxford: Clarendon Press, pp. 30—53.
② Doyal, L. and I. Gough, 1991, *A Theory of Human Need*, London: Macmillan. 该书已经译为中文:《人的需要理论》,汪淳波、张宝莹译,商务出版社 2008 年版。
③ Nussbaum, M., 2000, *Women and Human Development*, Cambridge: Cambridge University Press.
④ Sen, A., 1985, *Commodities and Capabilities*, Cambridge: Cambridge University Press, pp. 10—14.
⑤ Sen, A., 1993, Capability and Well-Being, in M. Nussbaum and A. Sen(eds) *The Quality of Life*, Oxford: Clarendon Press.

能是指一个人通过努力、技能或毅力等可以实现的活动和状态,能力是指一个人
能够实现的各种功能的组合。Nussbaum 认为福利要回答的中心问题是一个人实
际能够做什么或成为什么,而不是一个人满意程度如何,更不是一个人能够掌握
多少资源。人能够做什么是人的能力的表现。他提出人类十项功能性能力
(central human functional capabilities):生命、健康、安全、理智、思想、情感、实践理
性、社会交往、关注生存、游乐、环境控制。①人能够自由地做事,是人类福利的表
现。而人能自由地做事,需要社会具备一系列先决条件。这些条件的实现和国家
福利责任与能力、国家的社会政策有关。

　　社会福利是从福利演绎出来的更强调国家福利责任的概念。Midgley 把社会
福利定义为当社会问题得到控制、人类需要得到满足、社会机会最大化时人类正
常存在的一种情况或状态。②社会福利实际涉及人类社会生活非常广泛的领域,
它强调国家提供社会福利的责任以及国家建立社会福利制度去保障人类福利的
实现。国家需要解决社会问题、满足社会需要和实现人的发展潜能。只有社会福
利发展到一定水平,人类福利才能实现。

　　对福利思考引出社会福利,对社会福利思考引出社会需要与需要满足问题。
Doyal 和 Gough 的需要理论在 1991 年提出后,受到社会福利学术界和社会的广
泛关注。Doyal 和 Gough 首先根据人类行动目标性质的不同,对需要(needs)和需
求(wants)进行了区分。需要指被认为是全人类通用的目标,而需求指源自个人
特殊偏好和文化环境的目标。如果人类需要得不到满足,就会导致人类受到客观
的、严重的伤害。严重伤害有两种定义方式:首先是指社会成员在追求个人利益
时缺乏基本能力;其次是指社会成员实现社会参与方面的障碍。Doyal 和 Gough
认为基本需要是使个人能参与生活的前提条件。人类的基本需要包括身体健康
和行为自主两方面。③人类的中介需要是基本需要的表现,人类通过建立中介需
要来建立需要和需要满足物之间的关系。中介需要前六项与身体健康需要有关:
充足且有营养的食品和干净的饮用水、充足且能遮风挡雨的住房、没有风险的工
作环境、没有风险的生活环境、适度的健康照料、安全的童年;后五项与自主需要

5

---

① Nussbaum, M., 2000, Women and Work:The Capabilities Approach, *The Little Magazine*, 1
　　(1), 1—4.
② Midgley, J., 1997, *Social Welfare in Global Context*. Thousand Oaks, Sage Pub., p. 5.
③ Doyal, L. and I. Gough, 1991, *A Theory of Human Need*, London:Macmillan, pp. 52—54.

有关:有效的初级关系、身体安全、经济安全、安全生育及控制生育、合适的基础教育和跨文化教育。①社会政策的制定可以保障需要满足物的提供,满足人类需要、实现人类福利。

测量社会成员是否达到某个福利状况或福利实现程度,是一件极其困难的工作。社会科学家们试图运用各种统计技术来解释这个概念,其中最常用的是社会指标法(social indicators)。测量人类福利的指标一般可分为主观指标和客观指标。Doyal 和 Gough 在提出人类需要的类型后,也建立了社会指标体系,用以表示社会政策应该向什么方向发展。主观福利状态往往通过个人对总体生活或不同生活领域(如工作、家庭、社区生活等)的幸福感或满意度来测量。客观福利状态主要通过经济福利指标和非经济福利指标来测量。经济福利指标包括人均收入状况(人均 GDP、实际工资和失业率);收入与贫困线状况〔人均日消费低于一美元的人口比重、日消费量低于国家贫困线(2 100 达卡)的人口比重、容易陷入收入或资产贫困的人口比重〕;收入不平等状况(贫富差距和贫困时间、最低收入组的恩格尔系数以及基尼系数)。非经济福利指标包括受教育状况(包括入学率、小学或中学毕业率、识字率);健康和营养状况(包括营养不良比例/人均食物消费量或卡路里/身体质量指数、死亡和发病率/期望寿命/未活过 40 岁比例/感染率、卫生服务使用、专业接生人员/避孕普及率/免疫率);环境状况(改善的水源、足够的卫生设施、家庭设备—耐用建筑材料和电力供应);增权和参与状况(参加全国和地方的选举投票、对地方项目和地区预算的了解情况、非政府组织的数量、规模和收入—监管公民社会的可能性)。②非经济福利指标的分析一般和经济福利指标的分析结合在一起。上述指标以及数字在人类福利和社会政策研究中经常被使用。基于这些指标的研究表明,发达国家福利水平比欠发达国家高得多。前者往往拥有高收入、高标准的健康、高水平的教育和住房条件,同时犯罪和其他社会问题发生率低;而后者则贫困、落后、暴力等社会问题普遍存在。

人类既有快乐,也有痛苦,人类富有创造性,能够想象、推理、判断,能建立社会关系和社会认同。人类福利被定义为是快乐、健康和繁荣;存在被认为是人类福利的必要条件,人类发展指数(HDI)是这个必要条件的说明;时间也被认为是

---

① Doyal, L. and I. Gough, 1991, *A Theory of Human Need*, London: Macmillan, pp. 155—159.
② Sumner, A., 2004, *Economic Well-being and Non-economic Well-being*, London: United Nation University World Institution For Development Economics Research.

人类福利的重要因素,工作时间过长是对人类福利的伤害;工作状态和生活状态也被认为是人类福利的内容;福利和人的尊重、宗教、财务、休闲、婚姻等外部环境因素有关;福利还包括良好的生存状态……关于人类福利研究延伸到多个领域①。

为保证人类福利实现,人们通过国家干预建立了社会福利制度,西方建立了福利国家,东亚建立了福利社会。社会福利制度也包含了丰富的内容。

三、福利国家：面对的危机与社会政策发展

21世纪席卷世界的经济和金融危机为很多国家的经济和社会带来了沉重的损失。但是从社会政策研究的角度看,这未必不是一个新的契机。一方面,经济危机的到来为社会如何能够帮助直接和间接的受害者度过难关提出了新的挑战;另一方面,也向社会福利与社会政策制定者和研究人员提出了一些值得思考的问题。对于危机的解决已经有大量的讨论,我们在这里仅仅提出一些具有挑战性的研究课题。

在这些课题中处于核心地位的恐怕是:我们对某个社会的未来到底有什么样的预期,期望和现实之间应该是一种什么样的关系？ 这样的问题在欧美福利社会发展的早期,从传统型社会向现代化社会,从农业社会向工业化社会的转型中,无论是在学术界还是在政治上,特别是在当时有能力决定国家命运的群体中,都有很多的思考和探索,并通过社会政策制度的建立和实施,有系统地把这些社会理想付诸实施。从某种意义上看,社会政策的发展历史其实就是这些人将自己的社会理想付诸实践的过程。这些人在社会发展的不同阶段有不同的构成:工业化早期主要是社会精英和政客,随着社会政策学科的发展又有了学者,随着现代化社会的形成和选举权的普及又增加了大众的参与。但是,人们很难就社会理想达成

7

---

① 在人类福利研究中有贡献的学者和文献除了前面提到还有:Dasgupta, P. , 1993, *An Inquiry into Well-Being and Deprivation*, Oxford: Clarendon Press. Diener, E. and R. Biswas-Diener, 2000, *New Direct ions in Subject ive Well-Being Research*, *Mimeo*. Gasper, D. , 1996, *Needs and Basic Needs: A Clarification of Foundational Concepts for Development Ethics and Policy*, in G. Kohler et al. (eds) Questioning Development , Marburg: Metropolis: pp. 71—101. Kabeer, N. , 1996, Agency, Well-Being and Inequality: Reflect ions on the Gender Dimensions of Poverty, I DS Bullet in, 27(1) , pp. 11—22.

长久的一致。经过多年的左右摇摆,似乎在 20 世纪 90 年代后期有了一定程度的共识:经济和社会的发展是相辅相成的,因此福利制度应当得到发展。

但是,经济危机的到来,促使很多人(包括当年有能力左右了政策的人)进行反思,不仅思考 90 年代以来的社会政策变化和新的做法,更重要的是在更长时期的历史背景下思考福利制度面对经济和社会变迁的适应能力。社会政策研究的学术期刊《社会政策与行政》①,在 2009 年第 7 期刊出了几篇反思性的文章,英国福利国家建设过程中直接参与意见并在以后社会政策改革中扮演了重要角色的思想家和实践者 Paul Wilding 回忆了他本人在这些年来的心路历程和面临的挑战。从他的描述中,我们不难体会到在过去的 40 年中,人们对社会政策的认识有了长足的变化。在他看来,"人们需要从更多的超国家的视角来考虑问题,社会问题的规模和后果得到了更多的认识,社会政策领域所涉及的范围更加广阔了,人们对国家的信任度降低了,经济健康发展的重要性超过了社会福利体系的发展"。②而 Howard Glennerster 认为 Paul Wilding 的观点过于悲观。毕竟社会政策特别是福利国家的作用(以福利支出为例)从 20 世纪 60 年代以来是在实质性地增加而不是下降。人们确实对福利国家的信任有所下降,但是同时也要认识到他们对私人部门也不再抱有幻想。很多问题确实比福利国家发展之初的时候想象的要复杂得多。但是人们对如何规范和利用市场来追求社会目标有了更多的认识。③从这些学者的讨论中可以看到,早期的社会政策研究和从业人员带有更多的理想主义色彩,认为凭借他们改变世界的热情和消除社会"顽疾"的决心,就有可能推动国家和社会向着更加美好的方向前进。但是,很多人的这种视野往往没有在社会变迁中得到相应的调整,过了若干年之后再回头看,就显得不能适应变化和过于狭窄了。

但是,是否这就意味着应该放弃对社会理想的追求呢? 可以说那些持怀疑态度的人的上述经历和想法具有一定的代表性,说明社会理想应该是适应社会变迁的。这就意味着:社会理想的确立或许应当更多地关注价值观的确立,例如:要培

---

① 《社会政策与行政》,英文名为 Social Policy & Administration,是国际上最著名的政策与研究刊物之一。

② Wilding,P.,2009,Social Policy:Now and Then,Social Policy & Administration,Volume 43 (7),pp. 736—749.

③ Glennerster,H.,2009,Social Policy:Now and Then-A Response,Social Policy & Administration,Volume 43(7),pp. 750—753.

养什么样的公民权利和义务观,是否要把社会建立在公平性的基础上,希望通过社会政策界定出什么样的就业与生活之间的关系,等等。例如,社会和谐或者公平社会可以是带有社会理想性的内容。但是,仅仅如此是不够的,还有更多地需要回答的问题:社会和谐的标志是什么? 我们会有不同的界定方式,如:正面的如社会群体之间的关系融洽和互助精神;反面的如维持最基本的社会稳定最大限度地减少反社会的行为;正反兼顾的有在保证社会稳定的基础上促进社会融合和加强互助。针对不同的界定方式,必然会存在相应的政策手段。

这样的社会理想的确立有助于政策制定者和研究人员孤立地从解决某个社会问题入手去寻找孤立的解决方案。孤立的解决方案或许能够局部地解决问题,但却有可能忽略社会政策与社会成员之间的互动性。例如:某项政策向其受众传递了一定的信息,如,人都是自私的,社会服务提供者也是一样,所以要想让他们尽心尽力地服务,就得让他们每一分钟的工作都要得到相应的报酬。当这样的信息被传递给社会成员的时候,也会产生连带的效果。社会政策本身有可能通过激励手段影响到社会成员和服务提供者的行为甚至价值观,并进而破坏社会诚信。当这个价值观并不是政策制定者所期望的,或者和其他政策领域的价值观相互冲突时,就有可能影响到多项政策的整体效果,并且破坏社会诚信体系,因为诚信需要有社会成员所共同认可的价值观作为基础的。当然,这里只是从一个角度来阐释价值观和社会理念在社会政策中不可或缺的地位。对于这些关系的理解在英国公共服务领域的准市场和消费者选择模式的实践中得到了更多的认识。[①]从总体上看,英国这个福利国家获得了一些经验,也产生了不少值得关注的教训。[②]

这次的经济危机引起人们更多思考的另一个问题,是社会政策和经济之间究竟是什么样的关系。这并不是一个新的话题。在社会政策的历史上,不同的理论体系对社会政策与经济的关系有各种各样的解释。比如:古典的经济学中认为,社会政策有可能造成福利依赖和降低经济效益。而揭示福利国家出现的工业化逻辑理论中就把社会政策作为工业化和城市化所造成的经济变迁所需要的手段。

9

① Julian Le Grand, 2007, *The Other Invisible Hand: Delivering Public Services through Choice and Competition*. Princeton University Press. Julian Le Grand, 2003, *Motivation, Agency and Public Policy: Of Knights and Knaves, Pawns and Queens*, Oxford University Press, New York.

② Bent Greve, 2009, Can Choice in Welfare States Be Equitable? *Social Policy and Administration*, Vol. 43, No. 6., pp. 543—556.

因此,社会政策是服务于经济增长的。政治经济学的研究则把福利国家的出现、发展、重组和削减通过政治和经济的互动联系在一起,揭示了社会政策维护某些社会群体的利益,从而维护社会的稳定。权利—资源理论则认为经济利益和政治利益通过政治体系和市场体系的协调得到制衡,从而保证社会福利的目标。到了20世纪70年代,新自由主义思想占据了主导地位。福利制度特别是与工人就业权益保障有关的政策被视为经济增长的负担。在英国,多项福利制度遭到了严重削减,社会互助的思想遭到了撒切尔政府的摒弃。从某种意义上说,社会政策在这个阶段得到了重塑。很多人认为,尽管撒切尔政府的改革受到了公众的挑战,但是她的政府政策为90年代以后、新工党在任期间,英国经济所体现出的高度灵活性和适应性起到了重要作用。而在其他的欧洲国家,同一时期没有经历同样力度的改革,到了20世纪90年代就面临了严峻的考验。这一时期不断出现的话题是:一个国家的经济竞争力是否有可能因为福利体系的发展而受到影响? 这个问题在经济危机到来之前似乎在《福利制度的新政治经济学》一书能够得到一些答案。这本书的作者 Paul Pierson 认为,福利国家越来越走向节俭,但是削减的幅度不仅要受到经济条件的制约,同时也受到各国政治体系的约束,所以福利制度不是衰落了,而是经过调整更加适应经济增长或发展所需。因此,福利国家是更有适应性了,而不是一味地削减。①

经济危机的到来似乎又就福利与经济的关系提出了新的可供研究的话题,政府可以在多大程度上通过负债来解决社会福利之需? 特别是,如果这个社会福利之需有利于缓解危机造成的震荡,有助于危机后的经济复苏和重建呢? 对于这个问题,社会政策领域似乎还没有一个令人满意的答案,而在实践上,也出现了明显的分歧。美国等国家希望在危机期间维持社会支出。欧洲国家则急于削减社会福利和服务,甩掉债务负担。中国则针对经济危机采取扩张性的社会政策。但是,从理论上似乎还不能够就哪类政策能够帮助一个国家更为平稳地度过经济危机,并为危机后的复兴创造条件做出解释。而恰恰是在这次危机中,中国的经济表现比较突出,同时人们对社会问题的关注也变得日趋重要,所以可以说中国有可能成为世界范围内处理经济与社会政策的关系的重要观测点,基于中国经历的

---

① Pierson, P. , 2001, *The New Politics of the Welfare State*, Oxford University Press。这本书已经翻译成中文:保罗·皮尔逊:《福利制度的新政治学》("社会政策译丛"),汪淳波译,北京:商务印书馆 2004 年版。

社会政策研究有可能对世界社会政策和社会福利思想史做出重要的贡献。

四、"解析福利丛书"对中国社会福利制度发展的意义

翻译介绍工作在当今学术指标量化的背景下，是一件费力而不能记入成果的工作。然而，我们认识到"解析福利丛书"对中国社会福利制度发展具有重要意义，包括(1)本丛书将帮助我们重新认识国外社会福利体系对传统社会福利理念的传承与创新关系，批判地借鉴国内外社会政策发展经验，发展中国本土的社会福利理论，推动中国迈向福利社会的宏伟事业。(2)本丛书将帮助我们研究国外社会福利制度以及社会政策体系发展创新的实践过程，比较并借鉴不同社会福利体制的特点和发展经验；重新定位中国社会保障制度与社会福利体质发展创新的关系，创新发展以民生需要为本、适度普惠转型的社会福利体系；支持社会福利体系发展创新实践。(3)本丛书将帮助我们认识和建设国家承担重要责任、市场、社区和家庭高度参与、共担风险的满足社会需要的发展型社会福利政策；基于公民权利与责任，强调社会成员权利与责任紧密联系型的积极社会福利政策；通过社会福利政策的发展创新，推动社会福利体系从补缺向适度普惠转型。(4)本丛书将帮助我们批判性地借鉴福利国家社会福利管理的经验，提出社会福利机构、民办非企业单位、社会福利基金管理、公益事业、慈善事业等发展创新管理方式；形成社会福利部与下属政府层面、机构层面垂直和横向整合的管理机制；建设民生需要为本的社会福利服务管理事业。(5)本丛书将帮助我们批判性的借鉴福利国家建立普惠福利制度的经验，基于适度普惠原则将社会福利服务从特殊人群扩大到普通人群，建立多元福利服务提供体系；将社会福利服务法治化和标准化相结合；实现社会福利转型。(6)本丛书将帮助我们批判性的借鉴国外经验，以人才建设为本，建设适度普惠的社会福利体系需要的政策与管理人才、教学研究人才、服务专业技能人才、社会工作人才和志愿者队伍，通过建设宏大的高素质的人才队伍来推动多层面分类型可及性高的适度普惠型社会福利服务的实现。(7)本丛书将帮助我们批判性地借鉴福利国家经验，将环境福利纳入社会福利体系，推动人类与环境的良性互动关系，推动可持续社会的建设。(8)本丛书将帮助我们批判性的借鉴福利国家社会指标体系建设经验，发展创新社会福利体系指标体系，实现中国社会福利指标与国际社会福利指标的可比和对接，以科学的方法描述中国

11

社会政策和社会福利发展创新的水平。

相对于经济学等学科,社会福利学科是年轻的。在社会福利研究的发展过程中,英国学者和实践者对学科的发展做出了很多贡献。借用后发社会的概念,中国社会福利以及社会政策属于后发者,但正因为后发,它的起点与欧美国家社会福利制度和研究的起点不一样,可能就会比较高。因此,从借鉴到本土化,从研究西方到研究中国的过程中,我们希望本丛书的翻译介绍工作对中国社会福利制度发展有所贡献。

五、 "解析福利丛书"选题与翻译工作

我们从 2005 年开始合作进行研究,①其间我们一直讨论如何开展引进翻译系列丛书的工作。李秉勤和贡森主编了由商务印书馆 2003 年开始出版的"社会政策译丛",有较为丰富的翻译学术著作的经验。彭华民曾担任过"三一社会工作文库"的执行主编(上海人民出版社 2007 年出版)、"社会福利思想与制度丛书"主编(中国社会出版社 2009 年开始出版)和"社会福利服务与管理丛书"主编(中国社会出版社 2009 年开始出版),有较为丰富地组织丛书编写工作的经验。经过较长时间的讨论,我们提出四个选题原则:前沿——能够反映本领域最新研究成果;经典——能够解析本领域经典理论;实践——能够结合制度安排和政策实施进行分析;借鉴——能够对中国社会福利发展具有借鉴意义。在这四个原则的指导下,我们提出了本丛书的选题并得到上海人民出版社的大力支持。2006 年上海人民出版社购买了"解析福利丛书"中的第一本《解析社会政策》的版权。我们将原非"解析福利丛书"的《解析社会政策》放入丛书,是因为它全面地阐述了本领域的知识与体系。2007 年上海人民出版社和英国政策出版社签订合同,购买了"解析福利丛书"其他八本的版权,合并成目前全套九本的"解析福利丛书"。英文版"解析福利丛书"现在已经出版了 21 本,其作者都是英国知名的教授学者;其内

---

① 我们联合开展的研究项目有:2005—2008 年,西方社会政策最新理论发展研究,国家社会科学基金重点课题;2006—2007 年,Urban Long Term Unemployment Women:A Social Exclusion Per-spective. British Academy Research Grant,UK;2006—2007 年,Lost-cost Urban Housing Mar-keting:Serving the Needs of Low Wages of Rural-urban Migrants? Lincoln Housing Policy Grant,USA;2008—2009 年,Intergenerational Support and Retirees' Housing Decision in China and Ko-rea. STICERD Research Grant,LSE,UK.

容几乎覆盖了该领域中主要的研究主题；其中部分已经再版，是社会福利与社会政策领域中发行量最大的丛书。我们认为中文版的"解析福利丛书"是一个开放的体系，如果中国社会发展需要我们做更多的引进工作，我们还会继续现在的翻译引进工作。为确保翻译质量，我们选择的翻译者来自国内著名的高校：南京大学、北京大学、南开大学、复旦大学、中山大学等。主持翻译的学者都有在国外访问学习的经历，有相关的研究成果。

需要说明的是，"解析福利丛书"全部都是由国际或英国知名学者撰写，其特点是理论与实践结合，以问题分析为导向，为读者梳理制度安排和政策领域中的重要理论观点和相关实践模式。我们认为，该丛书重要意义还有，丛书不仅仅为学者、研究生以及相关部门的管理者把握重要的理论脉络提供帮助，而且分析了实践模式的成功和问题所在，提供了难得的案例分析，提出了改革的新思维和具体操作建议。该丛书已经在国际社会福利和社会政策研究和教学界中引起了广泛关注。"解析福利丛书"书目包括：

1. 《解析社会政策》，主编 Pete Alcock 等，Pete Alcock 是前英国伯明翰大学社会科学院院长，前英国社会政策协会会长，社会政策与行政学教授

2. 《解析人类需要》，作者 Hartley Dean，英国伦敦经济学院社会政策系社会政策学教授候选人

3. 《解析社会福利运动》，作者 Jason Annetts 等，Jason Annetts 是英国艾伯塔大学社会学部教授

4. 《解析不平等、贫困与财富》，作者 Tess Ridge，英国巴斯大学社会政策系资深讲师

5. 《解析平等机会与社会多样性》，作者 Barbara Bagilhole，英国拉夫堡大学平等机会与社会政策学教授

6. 《解析社会保障》，作者 Jane Millar 等，Jane Millar 是英国巴斯大学副校长，社会政策学教授

7. 《解析医疗卫生政策》，作者 Rob Baggott，英国德蒙特福大学公共政策学教授，医疗卫生政策研究部主任

8. 《解析全球社会政策》，作者 Nicola Yeates 等，Nicola Yeates 是英国公开大学资深社会政策学讲师

9. 《解析国际迁移和难民政策》，作者 Rosemary Sales，英国米德尔塞克

13

斯大学社会政策学教授

本丛书的翻译出版工作得到中国社会福利研究专业委员会的大力支持。为了更好地理解该丛书,我们推荐读者阅读中国社会福利研究专业委员会主编的"社会福利思想与制度丛书"和"社会福利服务与管理丛书"(均由中国社会出版社出版)。在本丛书出版的同时,彭华民主持的教育部哲学社会科学研究重大课题攻关项目——"中国适度普惠型社会福利理论和制度构建研究"(项目编号10JZD0033)研究工作开始启动。因此,该丛书也可以被视为该项目工作的一个重要部分。最后,我们殷切希望中国学者、管理者和实践者能够通过对该丛书的阅读,批判性地借鉴福利国家发展经验,提出适合中国国情的社会福利理论,推动需要为本、普惠民生的中国社会福利制度的发展。

彭华民

中国南京大学社会学院社会工作与社会政策系

李秉勤

英国伦敦经济学院社会政策系

2010 年 2 月 12 日初稿于中国南京和英国伦敦

2010 年 12 月 7 日修改于中国南京丹凤街唱经楼

2011 年 9 月 16 日再修改于中国北京大有庄 100 号

目 录

致谢   1

导论   1

第一部分　社会运动与福利：意识形态、历史及理论

第一章　福利国家中的抗争与原则   17

第二章　现代社会福利运动发展史   34

第三章　社会运动与社会福利理论   47

第二部分　社会运动和经典福利国家

第四章　对抗懒惰与贫困：失业劳工运动   71

第五章　对抗疾病：女性医疗保健运动   95

第六章　对抗污浊：都市社会运动   113

第七章　对抗愚昧：社会运动与现代教育   130

第三部分　当代社会运动与社会福利

第八章　捍卫家庭：LGBT 运动与保守派的反对运动   151

第九章　反对歧视:反种族主义运动 —— 166

第十章　保护环境:生态福利运动 —— 179

第十一章　反新自由主义:全球社会正义运动 —— 195

结论 —— 212

缩略语列表 —— 222

参考文献 —— 225

译后记 —— 253

致 谢

我们对为本书出版付出艰辛劳动的 Emily Watt、Jessica Hughes、Leila Ebra-himi、Laura Greaves 以及社会政策出版社的全体员工表示衷心的感谢。同时,我们也要对 Colin Barker、Magnus Ring、Chris Rootes 以及 Peter Tatchell 表示由衷的谢意,感谢他们在评审过程中,用温暖的话语对本书的内容与结构提出有建设性的批评与建议。最后,我们对所有那些为此书提供素材的社会运动活动家们表示感谢——影响越来越大的社会运动为未来提供了政治灵感与希望。

导 论

"如果你传播苦痛,你将收获愤怒。"(法国失业抗议运动标语,1998)

"直接行动,防止真相被遗忘。"(西雅图反资本主义运动标语,1999)

"如果无人关注,你的行动将会毫无意义。"(敦提的一个墙上涂鸦,2008)

十几年前,一股新的国际性抗议浪潮在西雅图的街头爆发了。在 1999 年 11 月 27 日至 12 月 3 日之间,全世界最有权力的领袖精英齐聚美国西雅图讨论 WTO 框架下的全球贸易秩序。对于他们而言,这是一个很好的、聚在一起讨论如何组织全球市场以获取更高利润的机会。一些世界著名企业——微软、星巴克以及耐克都是在西雅图成长发展起来的。不过,由于西雅图与北美其他城市距离较远,这增加了组织全国或国际抗议活动的难度。然而,在西雅图还是发生了超乎人们预料的事情:在灵活而坚决的示威游行冲击下,这场领袖峰会最后无疾而终。结果,WTO 的官员们只能打道回府,他们还因未能达成任何贸易协定而相互指责。但是最让这些官员们恼火的是聚集在会议中心外面的抗议示威活动。

在西雅图的主要街道上,警察部队释放的催泪弹以及橡胶子弹也没有能够驱散成千上万的示威者。令人吃惊的是,尽管遭到了残酷镇压,但是这些示威者还是挺住了。大约六万到八万名示威者抗议了五天多。抗议活动得到了非常好的组织与协调,当地人的参与度非常高(Charlton,2000)。在西雅图,或许最令人吃惊的是,面对警察的镇压,各种社会群体团结为一个整体进行抗议行动,其中最主要的是直接抗议活动者与美国工会之间的联合行动。卡车司机工会成员与身穿印有海龟图案服装的示威队伍一起游行。①很多抗议者过去曾经参加过民权运

1

---

① Teamsters 是美国卡车司机工会的别名。海龟指的是西雅图街头上身穿印有海龟图像衣服的成百上千的环保主义者。这场运动主要是抗议 WTO 试图废除美国《濒临灭绝动植物保护法》(*Endangered Species Act*)的行为,因为在 WTO 看来,这个法律妨碍了贸易自由。

动、反战和反种族歧视运动,以及社群运动等。其他参与直接行动的抗议者包括:

地球优先组织(Earth First)、可持续工作与环保联盟(the Alliance for Sustainable Jobs and the Environment)、骚动协会(the Ruckus Society)、要食物不要炸弹组织(Food Not Bombs)、环球交流(Global Exchange)与反政府恐怖活动小组(a small contingent of anarchists),他们是身穿黑色服装、头戴黑色面具的国际杂牌军,包括法国农民、韩国绿色环保组织成员、加拿大小麦种植者以及英国反转基因食品的抗议者。

(St Clair,1999:88)

这一次,数万工会普通会员以及劳工运动者下定决心要反对 WTO 做出的影响美国工人生活水平的任何决定。当直接行动的抗议者遭到警察的暴力镇压时,极大地震惊了这些工会成员,迫使其强化自己的防御能力。

那么,1999 年在西雅图发生的、由杂牌队伍参与的抗议行动与社会福利有何关系呢?与其他许多社会运动一样,西雅图的这次社会运动与社会福利都存在着直接或间接的关系。就直接关系而言,它与参加运动各方力量的社会福利密切相关(Danaher and Burbach,2000)。在一些人看来,福利服务的全球交易化正在使公共物品使用权转换成只有具备购买力的人才能使用的私人商品。在另一些人看来,全球交易虽然成果显著,但是不可避免地会对发展中国家的最贫困群体产生去福利化(diswelfare)的结果。还有些人认为,工业破坏了地球的自然环境,对我们的生存资源与福祉造成威胁,他们希望通过福利行动改善这种情况。就间接关系而言,西雅图 1999 年的抗议活动形塑了以后十年的社会运动。总之,西雅图的"反资本主义"运动传递出这样的信息:社会普遍存在着反对将社会福利乃至国家福利进行市场化重构的观点。

从此以后,西雅图模式成为那些反对将人类福利附属于企业利益的抗议行为的标杆模式。正如社会运动活动家所言,"另一个世界是可能的"。欧洲的知识分子如皮埃尔·布迪厄(Pierre Bourdieu)、哈贝马斯(Jurgen Habermas)以及雅克·德里达(Jacques Derrida)也主张通过社会运动来捍卫"社会的欧洲"。对此,布迪厄(2003:56)指出,应建立一个新的国际化的或者"普遍的志愿主义"(universal voluntarism),以捍卫和扩展社会福利的非市场化基础。

社会历史告诉我们,如果没有社会运动,社会政策是无法推行的。与今天一些人的看法不同,推动社会政策执行的不是市场力量,而是"驯化"(civilized)市场经济的劳工运动极大地提高了社会政策的效力。所以,对所有那些真心不希望欧洲成为一个银行与金钱统治的欧洲——警察与监狱(已经非常先进)控制的欧洲以及军事欧洲(干预科索沃的一个可能结果)——的人来说,问题的关键在于,如何动员各方力量以实现最终目标以及由谁来从事这个动员工作。

在西雅图抗议运动之后,大多数反对新自由资本主义的抗议活动似乎对布迪厄的问题做出了回答,即面对破坏社会福利的市场改革和推广,何种力量及组织是反对运动的主体呢? 其中在欧洲,反对新自由主义运动的一个例子就是2005年法国民众否决欧盟宪法的投票活动。

无论八国集团(G8)或 WTO 峰会在哪里举办,都会招致大规模的抗议活动。2001 年,热那亚 G8 峰会期间,警察残暴镇压抗议者的行为震动了整个会场,一个名叫卡洛·朱利亚尼(Carlo Giuliani)的抗议者被全副武装的警察枪杀,很多人被捕并遭受虐待。抗议活动的最高峰发生在 2003 年的 2 月和 4 月,全英有数百万人示威反对即将爆发的伊拉克战争。另一个大规模抗议活动发生在 2005 年格伦伊格尔斯(Gleneagles)G8 峰会期间,尽管此次示威活动主要是在距离格伦伊格尔斯 60 英里之外的爱丁堡(Edinburgh)举行的。此次示威与 2001 年 G8 峰会抗议活动不同,前者没有发生武装暴力冲突,其主要目的是为了引起人们对世界贫困及第三世界债务问题的关注。

从某种意义上来说,这似乎标志着西雅图式的抗议行动潮流有所减退。但社会运动依然急剧增多且运动方式多种多样。比如,2005 年法国爆发的反对欧盟宪法的投票活动、市区骚乱,以及大规模的反劳动就业改革的示威活动等。2006年 10 月,因为两名移民青年在被警察追捕过程中触电身亡,引起法国巴黎 274 个城镇爆发骚乱。在主要街区,成千上万名示威者——大部分是失业青年——与警察发生冲突,并破坏财物(Sahlins, 2006)。而且,并不是只有法国爆发了此类运动。

类似的抗议运动在其他国家也发生过。20 世纪六七十年代,在美国黑人聚居区,贫穷的年轻黑人举行抗议活动并与警察发生冲突,到 1992 年,这样的事件在洛杉矶也发生了。同样,1981 年在英国布里克斯顿(Brixton)等地区的贫民区也发生了类似的骚乱。所有这些事件中,每一起骚乱都发生在饱受政府当局统治欺压的地区,是不公平、怨恨、不满以及疏远积累到一定程度的爆发。2008 年 12 月,希腊爆发了大规模的骚乱并对社会秩序造成了影响(Pittas, 2009)。随后,因为警察开枪杀死了一名少年而导致事态进一步恶化。数小时内,骚乱就蔓延到了首都雅典。第二天,警察总局门前爆发了大规模的示威活动,但遭到了警察催泪瓦斯的袭击。学生们占领了校园。成千上万的人聚集在议会大厦悼念死去的少年,数百万工人也走上街头参加示威游行反对政府新自由主义政策。

2006 年 3 月和 4 月,在法国主要城市爆发了新的抗议活动,反对实施《首次就业合同》。法国政府出台的《首次就业合同》要求降低 26 岁以下劳动力的待遇条件,目的在于制造一个灵活而温顺的劳动力队伍。当时,曾经接受过反法西斯和反种族主义教育的年轻人正成为法国社会的主流力量(Kouvelakis, 2006)。有数百万人参与了示威活动,而且不断发生骚乱和大规模的罢工,学生也占领了大学的教学楼,所有这些失序的局面迫使当局撤销了《首次就业合同》,这是近十年来法国社会运动的首场胜利。

推动新的抗议浪潮兴起的,是世界经济危机和新自由主义意识形态、日益恶化的自然环境以及地方战争等。有些学者,如戴维斯(Davis)(2009)认为,雅典抗议运动将是未来抗议运动的主要形式:

> 雅典抗议运动很好地回答了这样一个问题,即"西雅图模式终结后,将是何种模式?"反 WTO 示威以及 1999 年"西雅图抗争"开创了非暴力抗议以及草根参与主义(grassroots activism)的新时代。而现在,随着华尔街全球资本主义的证券交易所数量激增,一个新的抗议周期已经结束了,这引发了很多急迫的问题,同时也为激进主义行为提供了机遇。

当然,正如戴维斯所指出的,对于社会运动推广而言,雅典模式的重要性是后来才逐渐清晰的。但显而易见的是,政府部门如何处理新自由主义制度危机的方式以及地方政治管制的方式,将会对社会行动动员起到刺激作用。2009 年 1 月爆发的反对以色列入侵加沙的反战示威行动,全球很多城市如雅典、巴格达、巴塞罗那、开罗、伦敦以及特拉维夫,成千上万的示威者都参与了此次示威。

社会运动的"奇迹"

很多社会运动在初次出现时总会带着让人惊讶的特性。从这个意义上说,社会运动确实令人吃惊。无趣、单调的现实因抗议者的集体动员和抗议行为而被激活并充满能量。社会运动成为平庸无奇的日常生活中的一抹亮色。社会运动通过参与公共活动与集体行动，将仿佛顺理成章的、原子化的现实世界打破了。对许多人而言，这就是西雅图运动模式所说明的东西。从外界观之，这场运动似乎毫无征兆，但深入其中，那些长期从事社会运动的活动者已经厌倦了多年都是无疾而终的抗议行动，而突然新出现的充满能量的运动似乎颠覆了万有引力定律。所以，认识到社会运动并非无中生有尤为重要。相反，每一个社会运动总会经历一段特殊的"前历史"时期，在这段时间里要经历如下阶段：从不为人所注意，到耐心等待、分化，使人感到泄气，再到循规蹈矩，结成面对面的关系等（Charlton，2003）。

西雅图模式并无不同寻常之处。西雅图的抗议运动不是偶发的或毫无准备的一次性事件。整个 20 世纪 90 年代，反对市场化改革的抗议运动就已经不断出现。2007 年，萨科奇（Sarkozy）在竞选法国总统时，承诺将法国建设成为"现代化"的福利国家，并且明确承诺为"1968 年的 5 月风暴"平反，因此法国的社会运动（或许欧洲其他国家也如此），通过大众动员的形式更有效地捍卫了法国福利国家体制。1995 年 11 月，法国搬运工人举行罢工反对退休金改革，到 12 月，此次罢工演变为一场范围更大的社会运动，200 万公共部门的工人抗议反对改革国家社会保障体系的"祖佩计划"（Juppé plan）。尽管有些社会学家认为，此次社会运动只是福利现代化过程中一种以组合主义方式来维护部门利益的做法，但在 12 月份爆发的运动中，那些工运活动家还是与很多群体建立了联系，如学生、同性恋者、移民以及失业人员等群体。这样，在每次抗议运动时，各个群体之间能够相互交流各自的行动策略与抗争形式。1998 年 1 月，失业工人在抗议行动中就采用非法移民群体（sans-papiers）的斗争策略，占领著名的建筑物。非法移民群体曾在 1996 年的抗议活动中占领了一座教堂，并遭到防暴警察的驱赶，这使此次抗议活动成为全国轰动的事件（cause célèbre）。类似的，在马梅尔一个工厂内发生的工人反对冗员的抗议斗争中，工人们采用了"拟死示威"（die-in）的形式，此举是效仿名为"行动起来"（ACT UP）的对抗艾滋病组织的做法。

在要求重新恢复并大幅度提高已压低的社会福利开支方面，1998 年的法国失业工人抗议运动表现出了很强的组织技巧。布迪厄（1998）认为，失业工人的集体动员创造了一个"社会奇迹"。让布迪厄感到"不可思议"的是，这场运动成功地使人们相信失业工人是这个社会最为弱势的群体,他们几乎没有获得地位上升及物质资源的任何途径。在过去,失业工人给外界留下的印象是一群反动主义者,比如他们认为工作岗位的短缺是因为存在着移民,政府的解决政策甚至包括法西斯主义手段,都是必要的。更多时候,在外界眼中,失业群体是懒惰、无所事事、自甘堕落、福利依赖以及劣迹斑斑的"底层阶级"。此次法国失业工人社会运动颠覆了过去外界对他们的所有看法,包括认为他们是懒惰、没有责任感以及每天睡懒觉的无业乞讨者。

实际上,正如本书所证明的,对那些被剥夺和被压迫群体而言,团结起来争取提高其自身的福利与待遇水平是没有任何"奇迹"的。资本主义制造了一个受雇劳动者阶级,但是其中有些人没有能力获得雇佣机会,只能依赖慈善救济,甚至有些人陷入赤贫境地。在一个资本主义社会,几乎所有的个人和社会需求都是通过工资来满足的,用工资来交换生活所需的商品与服务。社会运动从开始就反对市场带来的不平等及苦难,主张诉诸直接行动、示威、请愿、大规模集会、绝食、占领建筑物、破坏机器,以及政治运动等方式来解决。此类社会运动最主要的目标是争取公民权以充分享受到国家提供的各种福利,如失业救济、全民保险以及社会保障等。

对有些学者和政治家而言,普通民众改善物质生活条件而发起的社会运动已经落伍了。这些社会运动多是福利国家建成之前的那段时期运动形式的复制,主要是围绕人们急需的最基本生活资料,如住房、教育以及健康医疗等老问题展开的。从第二次世界大战以来,福利国家已经解决了人们基本生活需求的问题。从20世纪60年代开始,"新"社会运动开始出现,这些社会运动不再关注过去的物质资料满足的问题,而更关注崇高的、象征性的或者甚至是精神方面的需求,比如身份、本能、性别、公平、和平、信仰或者文化信念等(Williams, 1989)。社会运动的性质也发生了转变,从大量工人阶级参加,绝大多数是男性且全部是白人,自上而下的组织形式转变为更加多元、受过良好教育、采用有策略性的冒险,以及开放性的组织形式(Bagguley, 1992)。

不过,这种将社会运动划分为"新"与"旧"两种形式的做法多见于一些社会运动研究文献中,在社会政策制定上很少体现出这样的区分(Martin, 2001)。本书的一个关键目的是,通过透视社会福利以及大多数社会政策制定中社会运动缺席的事实,对社会运动的简单二元划分进行修正。将社会运动简单划分为新旧两种形式,这对过去几个世纪围绕社会福利展开的抗争行为是有失公允的,因为它忽视了过去一些年的斗争经验。在某种意义上,过去那些社会运动基本上是肚皮政治,为物质生活水平的提高而抗争。但与此同时,他们也提出了尊严、尊重、认可、平等以及民主的要求,对今天的社会运动做出了贡献(Melucci,1989)。而且过去的那些社会运动也并不总是只有少数人参加的大规模集会,即并不是大部分是男性白种工人组成的运动队伍。

何为社会运动?

社会运动是异质性的、动态的、不断演化的社会集体(social collectivities)。基于社会运动的属性,试图简单生硬地对之进行定义、归类或者分级都是一种粗暴的做法。研究社会运动的学者们没完没了地纠缠于如何将社会运动与其他集体行动形式——如利益群体、单议题运动(single-issue campaigns)、抗议者、联盟或政治党派等——区分开来。这种单纯的一味纠缠于概念界定的做法是毫无价值的(Crossley,2002)。不过,对社会运动结构的一些基本感知能使我们区分出社会运动的特定属性。蒂利(Tilly,2004:3)认为,社会运动是一种特殊形式的"抗争性政治"(contentious politics)——"抗争性"体现在与其他群体存在的利益冲突上;"政治"体现在一些诉求是针对政府。所以,"社会福利"的抗争性政治也就转换为,在"国家福利"政策制定过程中,抗争活动围绕国家福利,提出相应诉求,反对或响应现代国家的制度。

情况也并非总是如此。社会运动是一个典型的现代政治现象。蒂莉认为,西方社会运动是在 18 世纪中期发展起来的,形成了三个关键组成要素(Tilly,2004)。第一,社会运动要不断地有组织地抗议,向目标当局提出集体诉求,这个目标当局通常是国家。第二,社会运动具有独特的抗议常备剧目,通过不同形式的政治行动和交流,以及志愿者联合行动如公共集会、游行、集会、示威、请愿、新闻媒介以及新闻宣传等进行运动。第三,运动参与者要代表群体或所属社区展示出社会运动所具有的"价值(worthiness)、团结(unity)、规模(numbers)以及奉献(commitment)"。

类似的,德拉·波塔和戴安妮(Della Porta and Diani,2006:20)从社会运动组成结构的角度,泛泛地将之定义为一种"独特的社会过程"。社会运动行动者,首先是发生明确冲突的对立双方；其次，行动者具有密集的非正式网络；最后，行动者共享一个既定的集体身份。在这个定义中，同样强调社会运动的冲突性，但是国家并不必然是冲突的焦点。同时该定义强调行动者之间的互动结构以及行动参与者相互之间的联系纽带。从社会福利的视角来看，社会运动向国家提出诉求这一点至关重要。因此，这两个关于社会运动的定义都非常有用，就福利运动来说，网络与互动是必要的，但不是最主要的。强调国家的角色是至关重要的。

显然，社会运动与传统的、主流的政治党派具有明显的区别。关于社会运动简单生硬的二元划分是不可取的，因为在"传统的"与"非传统的"之间并没有明确的界线。而且正如伯恩（Byrne，1997：24—25）所言，社会运动最有意义的定义是将之视为"政治行动连续体"的一部分，这个政治行动介于传统与非传统之间的一个"灰色地带"，其中的"意识形态、策略以及组织都会非常不同"。在这个连续体中，也有其他的组织或群体以各种方式挑战主流的社会秩序。不过，伯恩（1997）认为还是有必要进行对比的，以便于我们将社会运动与那些有限的、短命的抗议运动与群体区分开来。首先，"抗议运动"是指有限的、单一议题的、短期的运动。例如，发生在 20 世纪 80 年代后期的反选举税的抗议运动，以及医疗与社会服务领域的自助抗议运动等。其次，广义的"抗议运动"是多类组织参与的、针对政府政策宏观领域展开的运动，此类抗议运动往往持续时间长，目的是要改变公共价值，例如核裁军运动与绿色和平运动。最后，在伯恩看来，真正的"社会运动"是长期的运动，目的是要实现重大的社会变迁。社会运动参与者内容广泛，涵盖了各种组织与群体，比如抗议活动和抗议运动。和平组织的运动、环保组织运动以及妇女解放运动就是例子。

伯恩关于抗议群体的类型学很有价值。抗议活动维持的时间、活动意识形态传播的范围以及最终的目标深度等标准都有助于在各种各样的运动与组织之间进行区分。不过在本书中，我们使用了一个相对宽泛的定义。下文所涉及的每一个抗议活动都被作为通过各种途径改革福利国家的社会运动的一部分。我们反对用一成不变的视角对围绕社会福利展开的抗议活动进行定义或分类，必须先明确活动、抗议事件、组织和社会运动或许是指同一过程中的不同时段，这一点非常重要。本书的一个目的是推广这样的认识，即社会运动是含义广泛的总体性概念，不仅包括意义深远的行动目标，而且还包括地方活动者、领导、行动者、事件、与国家的互动、媒体、政治党派等参与因素。本书的每一章节将论述特定的抗议活动和事件，但我们认为，它们不是作为完全局部且相互孤立的例子，本书的案例研究是从福利改革诉求所处的更广泛的政治文化环境进行分析的。

我们认为这些抗议活动属于广义的"社会福利运动"中的一部分。与社会运动相似，"社会福利运动"可以从多种角度对之进行定义。关于福利服务供给的对抗性集体行动就属于一种社会福利运动。在哈瑞森和瑞夫（Harrison and Reeve，2002：757）看来，社会福利运动是指"一系列相关的自觉行动、互动及相互关系组成的集体行动，这些集体行动聚集于或围绕如下议题展开：重要服务的消费与（或）控制、个体、家庭或群体需求及愿望的集合，直接工资以外的福利等"。在某种意义上，这是对国家调控政治或者福利的一种挑战。针对国家福利，普通民众展开的持久的、有组织的抗争性互动是社会福利运动的主要特征。尽管对医疗、教育、住房、社会照顾、社会保障等领域的抗争已经有一些专门研究，但是对社会福利国家—社会福利运动之间的关联还是缺乏总体性的考察视角。将社会福利运动视为一个连续体式的直接抗议行动，把行动的倡导群体（advocacy groups）、受众群体（user groups）和其中的管理结构都描述出来，并聚焦于抗争性政治。这样就能保留我们以往对社会运动的理解，即社会运动是一种反对政府当局、淡化抗争文化的抗争性政治。

此类社会福利运动是英国从 1942 年至 1948 年间建设福利国家过程中不可或缺的一部分。当时，一个相对松散的、围绕劳工运动的社会运动网络联盟形成了，这些劳工运动要求实施进步的教育改革、免费的现代医疗保健体系、公平的社会保障体系和福利权利，以及改善住房条件。这场运动直接培养了战争期间激进的政治风气，使工党在 1945 年的普选中获得了压倒性胜利。如今，福利国家依然处于社会改革的幼儿期——一个被宠坏的幼儿期，也是一个政治妥协、冲突不断的时期。因此，福利共识的理念有时在意识形态上是危险的，在实践中与福利国家的性质也会产生冲突：它总是一个发生"抗争性政治"的地带。20 世纪 60 年代后期，随着战后经济长期高速发展的结束，有关福利国家的争议也增多了，"新社会福利运动"开始出现。

新社会福利运动涵盖了各种各样带有各式集体诉求的群体，从反艾滋病群体到生育权利群体等等，但是那些团结起来开展社会运动的群体都关心赋权、代言（representation），以及受众群体基本食品供应的质量与数量保障等问题（Wil-

9

liams，1992；Martin，2001：374）。因此，英国的新社会福利运动不同于以往的社会福利运动。新社会福利运动是围绕一个已经建立的福利国家体系而展开的，旨在维护、扩展、深化以及提高现有福利服务的供给。它们是日益增多的对抗专家权威的"挑战文化"的一个组成部分（Scrambler and Kelleher，2006）。在当今这个新自由主义大行其道的年代，反国家福利成为政府社会政策制定的中心，所以新社会福利运动就是要捍卫社会福利的原则以及与这些原则相联系的机构与岗位。

如今，跨国或全球范围内的社会运动日益增多。由于社会运动所诉求的利益——无论是环境公正、人权还是经济开发——被认为在国家层面上是不好解决的，因此需要国际间的协作行动方能解决。全球化资本主义的消极影响也要求全球性的解决方案。娜奥米·克莱因（Naomi Klein，2001：84）认为：

> 全世界的社会运动参与者都是贪心的——他们做好了准备——通过全球化合作获取服务。这不但是跨边界的联合，而且还是跨群体的动员组织——在工人、环保主义者、消费者，甚至是囚犯之间，这些人都有可能来自于不同国家。

跨国社会运动网络（依托信息技术和国际非政府组织）通过一个松散的、不断变化的共同利益诉求将行动参与者联系在一起，共享资源（信息、组织、人员、财政等等），以共同反对全球化过程中新自由主义的统治地位。克莱因（2001：88）认为，这是建立在"人类福利基础"之上的。这些社会运动网络是在西雅图爆发的社会运动中第一次出现的。在某种意义上，右翼智囊团、政治党派、学术机构、董事会、银行和证券交易所，以及媒体等法人机构及其联合体可以被视为一种"自上而下的社会运动"，社会福利运动则与之不同，是"自下而上的"，其坚持不懈的理想是建立一个立足于福利全球化的世界以取代目前的世界。这些议题我们将在第十一章进一步讨论。

社会福利运动

今天，社会福利与社会运动之间已经建立起密切的联系。福利国家被认为是自由民主社会历史发展进程的终点，是文明化的顶峰。本书的一个更深目的是还原社会政策与社会运动之间的作用媒介。福利国家并不能简单地被理解为专家利益集团制造的产物，而应被理解为一种抗争性政治的展开过程。

　　仅仅依靠一本书是根本无法穷尽社会福利运动的所有相关议题的,所以我们一开始就意识到很多重要的社会福利运动是无法论及的。比如,围绕精神健康及残疾人展开的直接抗议行动就可以大书特书。在社会运动专家克罗斯利(Crossley,2006)所著的一本名为《挑战精神病学》的重要书籍中,将精神病学与精神保健之间的关系视为一种复杂而变化的"抗争领域"。克罗斯利梳理了历史上发生的精神保健与反精神病学运动。1946 年,主要的运动组织——全国精神保健协会(NAMH)成立,驳斥了对立足于"精神卫生"理念之上的精神治疗的批评,20 世纪 60 年代的自下而上形成的反精神病学运动改变了激进的 NAMH,到了 20 世纪 70 年代,该组织改变了原有的理念,开始关注那些呼吁保护现代病人权利的声音。这与精神病康复联合会(MPU)展开的运动不期而遇。到 20 世纪 80 年代,伴随着激进的康复运动,第二波反精神病理学运动兴起了。20 世纪 90 年代,"精神病人尊严"(Mad Pride)与"收回精神病院"(Reclaim Bedlam)等组织使用了那些反企业运动(anti-corporate)及环保运动所采取的直接行动策略与方式。

　　残疾人权利保护运动驳斥了那种否认残疾人享有正常公民权的制度实践(Oliver,1990;Shakespeare,1993)。一些残疾人积极组织起来抗议对残疾人的歧视与不公平待遇(Oliver,1990;Shakespeare,1993;Dowse,2001;Barnes,2007)。1965 年,两位残疾女士成立了失能收入组织(the Disablement Incomes Group),这促成了残疾人联盟的成立。肢体障碍者反隔离联盟(the Union of the Physically Impaired Against Segregation)成立后,所提出的残疾人权利要求不再仅局限于福利方面的内容。到 1981 年,英国残疾人组织理事会(the British Council of Organisations of Disabled People)已经吸纳了 130 个组织,残疾人会员达 400 000 名。残疾人维权运动也遭遇了其他社会运动相似的困境,比如是选择采取直接行动还是进行组织机构的合并(Barnes,2007)。组织机构合并由残疾人事务办公室(the Office of Disability Issues)负责协调,其结果就是进一步打通了残疾人运动与为残疾人成立的组织之间的界限(Barnes,2007)。组织机构间的合并将会侵蚀社会运动独立行动的能力,其中一个例证就是 2004 年,"我们现有权利组织"(Our Rights Now)取消了从伯明翰到伦敦的争取残疾人权利与自由的游行示威活动(Cook,2004)。该联合游行自觉模仿 20 世纪 30 年代失业工人游行的形式,也仿效早期种种残疾人游行形式,且获得了残疾人权利宪章(the Disabled People's Rights Charter)的支持,但是因为缺乏足够的财政支持而被迫放弃了。

我们没有选择经验实例来支持社会运动与某个社会运动理论之间存在天然的亲和关系。我们也没有断言,本书所提及的历史上的和当代的社会运动就代表了福利国家唯一或最重要的形态。从这个意义上来说,本书是研究兴趣与政治承诺之间的一次真正的联合。无论如何,这就是我们写作本书的最初构想;而是否能实现这种构想,则交由其他人评判。

本书结构

在本书中,我们将试图描述福利运动的不同特征,在每一个章节中,都尝试阐述不同运动的一些特殊性质。为了防止讨论问题过多以至于难以把握,本书围绕一个非常清晰的框架,将所讨论的议题划分为三个部分。第一部分阐述历史、意识形态以及理论等背景知识;第二部分,我们将讨论第二次世界大战后,在经典贝弗里奇式福利国家的建立与发展过程中,所发生的福利运动与社会福利之间的相互关系。第三部分,我们将讨论 1960 年以后出现的新社会运动对社会福利产生的影响。

以往的观点过分强调了政治家、专业团体以及政府官员通过社会政策在福利国家创建过程中的作用,为了反驳这样的观点,本书第一章分析第二次世界大战后(通常这段时期被认为是福利国家处于巅峰的“黄金时期”),社会运动在福利国家创建中所扮演的角色。在这一章中,我们比较分析了关于福利国家起源的两个最具影响力的解释理论,一个是马歇尔(Marshall)于 1950 年在《公民权与社会阶级》中所阐述的理论,另一个是约翰·萨维尔(John Saville)对福利国家进行经典马克思主义分析的理论,即在《福利国家:一个历史分析的视角》中的观点。本书第二章通过更长时期的历史考察,检视了社会福利与社会运动之间的关系,从而进一步深化了历史性视角。从 19 世纪到 20 世纪,在特定的地方与制度文化下,都出现了很多争取公民权利、政治权利及社会权利的运动。本书第三章从福利运动的历史性分析视角转变为对之进行理论分析。我们建构了分析最新社会运动理论的主线,即要么是从如何动员资源,要么是从使运动富有活力的价值观与意识形态角度来界定社会运动的特征。

本书第二部分阐述了社会运动在经典贝弗里奇福利国家的建立与发展过程中所发挥的功能。这一部分的讨论是严格围绕贝弗里奇所谓的“五大恶魔”(five giants)展开的:懒惰(失业)、需求(贫困)、疾病(健康)、污浊(住房)以及愚昧(教育)。70 多年过去了,贝弗里奇的"五大恶魔"依然是困扰福利国家政治的核心问题。本书第四章集中考察了两次世界大战之间所发生的失业工人运动是如何形塑后来的社会保障与社会政策理念的。为了对抗大规模的敌对压制与"恐红"(Red Scares,即封杀社会主义和共产主义),在 20 世纪 30 年代经济大萧条期间,一场席卷全国的失业工人运动爆发了,失业工人要求获得尊严,抗议针对失业工人的福利削减。本书第五章首先考察了全民保健制度(NHS),然后分析了女性保健运动对医疗专家们的现有观点所提出的挑战。这里,社会运动与自助群体、受众群体或者志愿群体之间的不同在实践中已经变得模糊了。本书第六章讨论了都市社会运动中的抗议政治。从 1915 年格拉斯哥的拒付租金运动到当代的反对住房股权交易运动,其中作为社会福利核心内容的"地域政治"(politics of place)已经被极大地削弱了。本书第七章描述了为争取全面教育而进行的长期而艰苦的抗争运动。教育是治疗社会疾病与个人提高的灵丹妙药中最核心的一种,围绕教育制度与教育价值观,历史上曾有很多因利益诉求不同而引发的冲突。

本书第三部分讨论了所谓的"新"社会运动对社会福利所产生的影响。"新"社会运动主要是指在 20 世纪 60 年代的政治动荡之后所出现的激进的直接行动式抗议运动。本书第八章通过分析作为福利国家意识形态基础之一的家庭政策,说明在过去几十年中,英国社会已经发生了一定程度的变迁。因为家庭结构已被一些社会力量重塑了,一场保守派发起的反对运动试图影响社会政策,从而恢复或挽救"传统"核心家庭的理想结构。包括限制那些"离经叛道"的家庭形式如单亲或同性伴侣(civil partnerships)等,通过国家福利项目、道德调节以及司法手段对这些家庭形式进行纠正。本书第九章分析了一个平等的理念,即公民权理念何时成为福利国家公民权获取过程中一个坚实的促进因素,主要关注了第二次世界大战后的公民权运动。该章关注了过去 50 年来的反种族主义运动,其中尤其关注了亚裔青年的运动。反种族主义和多元文化政治一直在政府领导人的认可与反对之间游移不定。

本书第十章通过关注环保运动,进一步拓展了我们对社会福利运动的理解,在环保运动中,那些将福利价值观视为理念与行动核心内容的行动者聚集在一起。"生态福利运动"已经成功地使可持续成为社会机构、环保部门乃至政府机构的议事日程,也成为公共政策讨论的内容之一。正如本章所揭示的,通过对反马

13

路运动、生态福利主义的研究，我们发现在可持续发展与基础设施建设之间存在着根本的断裂。本书第十一章将我们的思绪重新拉回到起点：西雅图。西雅图的社会运动将社会福利与所谓的"反全球化运动"，或者更准确地说是"全球社会正义运动"联结起来。有关社会福利的社会正义运动也带来了一些令人困扰的问题，即普适性的权利要求与特定群体带有具体要求的抗争之间的矛盾。正如我们所认为的，新自由资本主义陷入了更深的危机之中，本章的重点是关注地方、地区及全国性的运动是如何在全球力量与运动过程中进行调和的。这次运动也开启了一场讨论，即哪种价值观应该主宰这个星球上人类的共同命运。

第一部分　社会运动与福利：意识形态、历史及理论

第一章　福利国家中的抗争与原则

第二章　现代社会福利运动发展史

第三章　社会运动与社会福利理论

第一章
福利国家中的抗争与原则

导　言

　　社会运动在福利国家的形成中扮演什么角色呢？很多研究认为，在福利国家的发展过程中，社会运动所发挥的作用微乎其微，真正发挥作用的是政治家、专业团体以及政府官员。不过，现实情况比一些精英组织或个人的慈善行为要多得多。本章通过梳理福利国家形成的前历史阶段，从不同的社会科学视角来分析社会运动的功能。为此，我们将对解释福利国家兴起的最具影响力的两个理论进行比较研究，一个是马歇尔(1950)在其《公民权与社会阶级》中所阐述的理论，该理论认为福利国家是社会权利的表达；另一个是"最早也是最具影响力的对福利国家进行马克思主义分析"的理论(Mishra，1981:75)，即萨维尔在《福利国家：一个历史分析的视角》中所阐述的观点(1957—1958)。这两种理论在恰当的历史时刻出现了，第二次世界大战后，平等主义深入英国福利国家制度之中。这段时期通常被认为是福利国家的"黄金时期"，所以回溯那时英国主要社会科学家与历史学家的理论，能够使我们了解他们是如何解释社会运动所发挥的自下而上的作用的。

　　马歇尔和萨维尔是将福利国家置入英国社会政策发展的历史轨迹中来进行考察的。本章关注了解释福利国家历史的两种不同视角：唯心主义视角与唯物主义视角。马歇尔倾向于认为社会权利理想几乎是社会发展过程中不可回避的，而萨维尔则认为社会权利具有断裂性与偶然性的特性，他强调社会物质条件是造成这种特性的原因所在。社会学理论告诉我们，人类无法选择其创造历史的社会条件，据此，我们方能对两种理论视角进行对比。社会改革通常发生在历史转折点，需要包括如下几个元素：

- 客观制度结构施加的限制及提供的可能性；

- 历史发展进程混合着连续与断裂,这通常是一场危机(比如战争或社会巨变)的产物;
- 其中,价值、理念及规范发挥着作用;
- 自下而上的大众自愿性参与。

以马歇尔及其他学者为主要代表的自上而下的社会管理学派占据了主导地位,但本书则与这些主导理论相反,我们试图找回福利国家的抗议与抗争政治中的那些自下而上的元素。更多地关注社会运动及直接行动在福利国家中所扮演的角色,正是 E. P. 汤普森(E. P. Thompson, 1970)所言的对"后代的傲慢"——即很多研究抹杀了底层抗争在社会政策制定过程中的作用——这一问题的纠正。

公民权:一段辉格式的历史

关于福利国家兴起的社会学解释,或许最为著名的是马歇尔 60 多年前所撰写的《公民权与社会阶级》一文。马歇尔当时是伦敦政治经济学院社会学系教授,该校由费边主义社会学家韦伯夫妇(Sidney and Beatrice Webb)于 1883 年创立。19 世纪晚期与 20 世纪早期,伦敦政治经济学院的社会学系将费边社会主义与"新自由主义"综合起来,使之带有社会改良主义色彩(Halsey, 2004)。社会改良主义式的综合——著名的代表是自由劳动主义(Lib-Labism),即自由主义与劳动主义的独特结合——使传统的社会科学调查在伦敦政治经济学院占据了主导地位,其中在"社会行政学"中体现最为明显。社会行政学强调经验性研究是自上而下提出社会问题的实用解决方法中必不可少的一部分,其中一贯坚持的传统是"以事实为本的社会政策制定"。社会行政学对英国不同社会问题以及英国在海内外所应当承担推广文明的任务持有不同的研究视角。社会行政学的知识分子们——英国式唯心主义——追求理性或社会责任感,他们认为改革的经验主义证据才是令人信服的,而且改革本身需要社会行政学、客观性的官僚机构以及福利专业中的资深专家进行细致的管理。

新自由主义提倡国家的干涉主义角色,以此来保证国家的所有公民都能够享有充分参与国家政治与文化生活的自由。1907 年,新自由主义领军人物霍布豪斯(Hobhouse)被伦敦政治经济学院选聘为第一位社会学教授(Halsey,2004)。在其主要著作《社会正义论》中(1922),霍布豪斯从传统的唯心主义社会哲学的角度对立足于公民权的社会福利改革大加推崇。这里的唯心主义理论假设,通过理性对话以及道德情操改变怀疑者的思想观点来实现社会改革。霍布豪斯的"社会心理"观点认为,通过共同的社会规范能够将社会凝结在一起,这种唯心主义对于英国社会学的发展产生了重要影响。在社会发展的过程中,个体成员有能力与机会自由互动、拥有平等人格。只有遵守社会规范的社会,才是发展最快的社会。国家干涉的唯一目的是为个人成长创造平等的机会,消除限制个人发展的不必要约束,比如贫困、愚昧、疾病以及匮乏等。正如马歇尔所言(1950:16):

> 生活与文化的自我提升并非只是个人的事情,而且是一种社会义务,因为一个社会的健康水平依赖于社会成员的文明化程度。将此作为一项义务的社会已经开始认识到文化是一个有机整体,文明是一个民族的遗产。

大英帝国价值观中的民族主义能够缓解阶级对抗和民族优越感,女性承担繁衍后代责任的母职意识形态中的女性二等公民观也是这种价值观的基础(Williams,1989)。这个传统在 1942 年的《贝弗里奇报告》、英国帝国体制以及父权制家庭结构中达到高峰,《贝弗里奇报告》立足于市场经济物质材料稀缺性的基础上,通过批判疾病、贫困、污浊、愚昧以及懒惰这"五大恶魔",旨在提高英国公民的地位。

在这个传统基础上,马歇尔在第二次世界大战后不久(1949 年)就形成了其经典的公民权理论,那个时候,一般认为全国范围内的平等公民权或许能够缓解社会阶级之间的不平等——尽管无法完全消除。实际上,马歇尔(Marshall,1950:7)认为平等权利有助于维护阶级不平等,"以至于公民权本身会成为社会不平等合法化的推手"。不过,马歇尔认为,总体而言,国家主导的公民权所带来的平等有助于减少市场带来的不平等。"公民权是走向更加平等的一条出路,附属在社会地位上的是福利,赋予公民以公民权意味着福利水平的提高"。(Marshall,1950:18)在福利国家的"黄金时期",公民权所带来的社会民主平等原则至少看起来是战胜了自由市场下的个体不平等自由竞争的原则。

社会民主主义坚持渐进、和平的改革,这使之深得马歇尔的信任,社会民主主义自上而下创立福利国家,目光远大的社会成员致力于追求高尚理想,如平等、社会正义和民族团结。马歇尔的社会民主形式代表着福利国家在社会进化过程中取得了胜利:"对于 250 年来人类争取现代社会平等的进程而言,我相信,公民权就是最终阶段。"(Marshall,1950:7)到那时,封建社会的社会公平是根据社会地

19

位而定的一种专制,并不是现代意义上的公民权。封建主义下的社会关系无法像公民权那样,能赋予每个社会成员平等的权利。马歇尔(1950)认为,公民权最终确定与成真,"只是 20 世纪的事情,实际上,或许这是最近几个月的事情"。在马歇尔笔下,这些事情如社会民主主义的演化一样,是一种传统的辉格式历史。辉格式历史是指根据当下意识形态的需要来对过去的历史进行线性解释(Butterfield, 1932)。①

马歇尔指出,多年来,社会平等一直处于平缓进化的状态,但到他文章发表前的数月里,社会平等发展到了高峰,这有力地强化了他对社会民主主义的辉格式解释。马歇尔认为,社会阶级演化的理想是通过整全性公民权(comprehensive citizenship)所规定的权利与义务,将最恶劣的不平等消除,公民权是从有秩序的国家社会主义(national community)中产生的。这一点或许是马歇尔创造一种有秩序且更平等社会的唯心主义理论视角的一种体现。1949 年是福利国家与对资本主义经济进行统合主义管理的"黄金时期"的开始,马歇尔生逢其时(Harris, 1972)。以此观之,当时的社会与政治的理性变革更像是一场自上而下推动的事件,而底层阶级和其他社会群体在整个过程中所起的作用几乎微乎其微。

马歇尔认为,公民权包括三个组成要素:民事权(civil rights)、政治权(political rights)及社会权(social rights)。在历史发展的特定时期,每一种权利要素都对应着特定的制度安排。马歇尔认为,在 19 世纪早期,当今的民事权的"最根本面貌"已经形成了。民事权是指人的人身自由、演讲自由、寻求正义等必要权利,在"占有财产的权利与缔结有效契约的权利"基础上,资本家与雇佣劳动力之间形成合法的强制交换关系,这对一个新兴社会而言尤其重要(Marshall, 1950:8)。民事权的获取首先是通过法院判决而实现的,这种情况一直持续到法国大革命时期,民众运动中断了这一进程。

18 世纪的成就被法国大革命中断了,直到大革命结束后才得以完成。

法院工作成为主要成就,这既体现在人们的日常生活实践中,又体现在为捍

---

① 辉格党是 18 世纪早期至 19 世纪中期存在的一个精英政治党派,他们反对王位世袭的专制主义,主张议会至上的地位原则。英国的辉格党是通过反对世袭特权、主张自由民主的斗争成长起来的。关于"辉格"这个词的起源一直都不是很清晰。它仿佛是源自于 17 世纪苏格兰激进长老会派教徒所发起的反对查尔斯一世的社会运动,这场运动发生在 1648 年,最初是由几千名长老会派教徒在爱丁堡发起,但迅速扩展到了全国。这场运动被反对派讥讽为是地位低下的"好斗的苏格兰长老会派教徒"发起的骚乱,辉格在苏格兰盖尔语中是指"马贼"的意思。

卫个人自由而反抗议会的一系列著名案例上。

(Marshall，1950：10)

最主要的是成年男性获得自由选择雇主的权利，这样他们摆脱了作为农奴或被奴役的农民而终身被禁锢在土地上的命运。

实际上，马歇尔(1950：11)一方面认定法院在民事权建立过程中扮演了主要角色，另一方面也承认法院只是对自由雇佣劳动新现实的接受而已："普通法很大程度上是一种常识性事物。"换言之，马歇尔指出，在法院与普通法将民事权正式化之前，自由雇佣劳动力已经是"生活的普遍现象"了。而且，马歇尔强调了立法者在其中扮演的角色，但是严重低估了民事权在"生而自由的英国人"的平民文化中所引起的波澜，英国民众借助民事权可以合法地反抗《济贫法》对贫困的解决不力，并且迫使当局做出妥协(参见第二章)。正如汤普森所总结的(1991：74)，18世纪的民事权具有互惠性："老百姓认识到，一个统治阶级的统治依赖于其拥有的制定法律与规章的合法权利，但是这些法律与规章却对他们自身的行为与权利缺乏约束性。"

相较于民事权，政治权的争取花费了更长的时间，最初政治权依赖于民事权中对所有权要求的成功保证。19世纪的改革，主要是1832年的《改革法》将授予选举权的对象扩大到了特定团体，即拥有不动产财富的人群。直到1918年，《代表人民法案》(*Representation of the People Act*)的出台才将选举权扩大为一种平等的政治权利，而不再局限于拥有不动产财富的人群。尽管公民已经从法律上被正式授予选举权，但是在工人阶级中，那种认为完全政治权(full political right)应该属于那些"生而是领袖，并接受相关培养与教育的精英人群"(Marshall，1950：22)的观点依然根深蒂固。马歇尔认为，工人阶级树立一种独立于精英群体的政治权利认同是一个渐进过程。正如工人阶级所做的，他们的政治权利要求与社会权利要求是纠缠在一起的。所以工人阶级所追求的普选权不是终点，也不是发泄社会怨恨的工具，而是民主平等这一理想主义原则慢慢展开的过程。

当民事权随着自由劳动力市场的兴起而发展起来时，英国当时的工资制度与《济贫法》所支持的传统社会权利也逐渐不适时宜。这表现为，社会安排从原来的地位依据转变为根据契约进行设置。根据社会成员的地位与市场中独立个体根据契约进行资格授予的原则是相互冲突的。在资本家的个体主义精神中，依赖斯宾汉姆兰体系(Speenhamland system)①和家庭进行调节市场的方式注定是要失败的(Polanyi，1944)。②到 1834 年的《济贫法修正法案》出台时，传统社会权利在自由市场竞争驱使下已被更加完全地压缩了。穷人被强制进入济贫院，也就陷入一种依附性的非市场关系中，他们没有任何民事与政治权利。

马歇尔认为，到 1950 年，福利国家制度为社会权利提供了保障，社会个体之间的契约式自由议价成为人们生活的主导原则。"现代形式的社会权利意味着地位原则被契约原则所侵入，市场价格服从于社会正义，自由议价被权利的宣布所取代。"(Marshall，1950：40)但是，对于推动普选权或社会权落实的社会力量，马歇尔却鲜有关注。马歇尔更多强调了不兼容原则之间的矛盾，而不是社会阶级之间的利益冲突，他指出"公民权对社会阶级影响表现为相互对立原则之间的冲突"(Marshall，1950：18)。通过对原则与理想图式的关注，马歇尔的辉格式历史解释倾向于对福利国家的历史采取一种目的论解释，且低估了现实物质限制与机会的重要性。所以，政治改革成为实现平等权利顺理成章的选择，而社会群体之间时有时无的对抗性斗争则被忽略了。在马歇尔看来，嵌入在公民权中平等的原则与嵌入在资本主义阶段体系内不平等的原则一直存在着"冲突"。所有这些原则激发了各种社会权利的兴起——"从只有分享少量的经济收益与福利的权利到有权按照社会主流标准分享社会福利与财富"(Marshall，1950：8)。所以，社会地位依赖于原则，而契约依赖于利益。正如马歇尔在讨论工会主义时所指出的，公民权的目的是要努力实现一种"地位的平等"(equality of status)，而通过斗争签订工资契约以实现收入平等完全是次要的事情。

马歇尔承认，除了正式的政治性公民权外，还存在着另一个社会性权利的来源。工会组织创设了一套平行体系，即"工业公民权"(industrial citizenship)体系，

---

① 该体系虽然提供了现代意义上的社会权利所包含的服务，但却主要将其看做一种救济，并且享有这种救济要以放弃公民权为前提。——译者注
② 在卡尔·波拉尼(Karl Polanyi)看来(1944)，斯宾汉姆兰体系就是一种对福利最小化、市场优先原则的反对(参见 Block 和 Somers 关于波拉尼理论的详细论述)。斯宾汉姆兰体系是以英格兰伯克郡的一个村命名的，其核心内容是根据面包价格和家庭规模为贫困人群提供工资补助，其中包括身体强壮的贫困群体。在 1795 年 5 月，伯克郡的一些治安法官认识到，由于当地农业歉收、人口增多以及英法战争引发的食品价格通货膨胀，导致了《济贫法》无法满足家庭的基本需求。同时他们也担心，哄抢食品的骚扰会像法国那样转化为革命，斯宾汉姆兰体系就是在这样的背景下产生的。与其他福利措施一样，斯宾汉姆兰体系遭到了自由市场拥护者的批评，认为该法案压制了人们去工作挣取工资的动机，将穷人的负担转嫁给了当地的精英阶层。因此在危机过去后，此法案也被抛弃了，而且通过 1834 年的《济贫法》压缩了当地政府干预自我调节市场的范围。

工人阶级将他们的公民权视为自由劳动力对社会权利的争取。"对这些工人来说,公民权成为他们提高其经济社会地位的工具,因为公民权赋予每个公民应有的社会权利"(Marshall, 1950:26)。马歇尔指出,在第一次世界大战前席卷全英国劳资冲突频发的大动荡期间(1910—1914 年),工会是争取社会权利的主体。到了 1950 年,工会要在政府政策允许的框架下并通过与政府部门合作才能维护社会权利,而"过去的工会主义不得不通过攻击体系外的权力以维护社会权利"(Marshall,1950:41)。在马歇尔看来,这意味着工会领导者开展运动的前提是必须遵守"公民义务",其中最主要的是公民维护政治稳定与社会秩序,以及为改善全社会福祉承担责任的义务。当时,工会一般成员所从事的非官方行为通常拒绝承担义务而一味追求自我利益,这在早期争取社会权利的过程中起到了反作用。在马歇尔的著作中,这种关于社会主体在争取社会运动权利过程中所起的自下而上的作用的论述并不多见,所以有必要在此全文引述:

> 工会领导通常是能够承担公民义务的,但并不是所有工会一般成员均如此。当工会组织为其生存而斗争的时候,当雇用待遇完全是不平等谈判的结果的时候,让工会树立承担义务的传统是非常困难的。非工会支持的罢工很常见,工会领导与工会不同部门之间的分歧是劳动关系冲突中的一个重要组成元素。今天,义务要么是通过地位要么是通过契约实现的。而非工会支持的罢工的领导者对于二者通常均持反对态度。非工会支持的罢工通常是不履行合同或者拒绝达成协议,而是追求所谓的更高目标,即工业公民权——实际上,这通常是无法实现的。我认为,最近的一些非工会支持的罢工已经提出了地位或合同上的权利,但是却拒绝履行其中的义务。

普通工会会员对于公民应该承担的义务并不在意,而坚持主张通过非官方行动以捍卫其合同权利。这些非官方行动主要是公民权规定以外的行动,包括罢工以及其他形式的"议会体制外行动"(extra-parliamentary action)。这些为发起劳工斗争而行动的工人们,采用非理性的形式去追求自身利益,拒绝承担义务。

马歇尔的公民权社会学理论系统梳理了以往关于阶级斗争和社会运动方面零乱的历史材料。但是马歇尔忽略了城市中产阶级在争取公民权反对封建旧体制(ancien régime)斗争中所扮演的角色,而且对新兴的工人阶级要求政治权利的运动如宪章运动也缺少足够的关注(Thaompson, 1984)。最后,尽管马歇尔提及了争取社会权利过程中的工会主义,但是却忽视了劳工运动和当时的革命主义暗流这个更广的现实背景,同时也忽视了福利国家发展过程中战时动员所带来的危险。所以,在社会利益冲突之外,马歇尔牵强地(deus ex machine)认为平等法则源自于"社会良心",即改善遭受苦难最深阶级境况的愿望,也就是马歇尔所谓的"消灭阶级"(class abatement)。马歇尔从社会管理的理想主义高度,将阶级不平等比喻为那些类似于工厂废气等令人讨厌的环境污染因素:

> 所以,正如社会良心激励生活一样,消灭阶级如同清除工厂废气一样,成为一个尽可能地与其他社会机器持续效益协调一致的目标。

(Marshall,1950:20)

正如巴托莫尔(Bottomore,1992:73)所指出的,马歇尔公民权理论的不足之处在于其带有历史目的论色彩:

> 不同的社会群体围绕扩展或抵制公民权而展开斗争,而其中社会阶级发挥了主要作用。马歇尔也认识到这种冲突因素的存在,但他把它表述为对立原则之间而不是阶级之间的冲突,而且正如他自己所说的那样,他对阶级的讨论主要关注的是公民身份对社会阶级的影响,而不是阶级的历史发展本身产生出新的公民身份观念和运动,以扩大公民权利。

马歇尔总是强调在社会民主的框架下争取社会正义与平等机会。后来,20世纪60年代和70年代的社会运动浪潮使其将研究重点转向了"福利资本主义的价值问题"。马歇尔认为,抗议运动的价值需求必须与代议政府、混合经济以及福利国家的社会体制相适应,否则替代的将是各种各样的极权主义原则:

> 目前,我们所表达的不满目的性强而破坏性弱,导致发生这种转变的因素是态度与价值观,而不是社会结构,尽管制度变迁被我们当做追求目标的一种工具。

在当时,马歇尔无法预见到,对社会民主的价值理性构成挑战的并不是斯大林官僚主义理性,而是国家与市场关系上的新自由主义。

可以说,马歇尔的公民权三位一体论实际上是一种理念型演化模式。但是他的逻辑是一种理想主义简化论,对于新出现的社会权利的经验基础,并没有多少把握。马歇尔的文章既可以被视为思考权利问题的先驱,也可以被视为对英格兰经验(而非英国)的一种历史解释。不管怎样,关于公民权演化的辉格式解释使马歇尔未能注意到危机的来临,新右派意识形态的出现其实是未来几十年新自由主义批评福利资本主义价值观的前奏。本章的余下部分将主要概述福利权利充满斗争性、非目的性的发展过程,这不仅仅是竞争原则间的对撞,而且也是敌对社会力量之间的对撞。按理说,这样可以依据新兴的社会运动和新自由主义的反击应对之策来加以区分。

新左派、改革与抗争

在马歇尔关于福利国家兴起的解释理论发表不到 10 年后,一种替代性的社会历史学解释框架出现了。20 世纪 50 年代后期,英国新一代新左派历史学家和知识分子对当时的一些政治规则提出了挑战(Chun, 1995;Kenny, 1995)。由于英国共产党对 1956 年前苏联出兵镇压匈牙利起义的支持态度,使人民对其信奉的斯大林主义及其正统教条失去了信心,于是,很多有才华的社会主义知识分子试图通过对马克思主义思想的批判性创新而构建一个新的、独立的社会政治运动模式。其中以马克思主义历史学家萨维尔的观点最具代表性,他从社会历史学的视角对福利国家进行了阐述(1957—1958 年)。1957 年,萨维尔在新左派杂志《新理性人》(*The New Reasoner*)上发表文章,完全驳斥了马歇尔的理论,对认为福利国家是实现社会主义与平等的必经过渡阶段的观点提出了挑战。相反,他认为(1957—1958:5—6),福利国家的出现得益于以下三个深层次因素之间的互动:

> ①工人阶级反抗剥削的斗争;②工业资本主义(抽象简称)需要一个更具效率的发展环境,尤其需要有高生产力的劳动力大军;③有产者认识到有义务维持政治稳定。

决定福利国家形态的并不仅仅是阶级斗争。对于资本而言,社会政策是其进一步积累的前提条件,自由民主制度下的政治妥协为社会斗争提供了最好的渠道,使之不至于发展成为抗议或抗争等富有煽动性的斗争形式。

萨维尔认为,"社会变迁的源动力并不是中产阶级或其他有产者"(Saville, 1957—1958:9),他也没有试图将社会运动中底层劳工运动所起的作用最小化。萨维尔的主要观点是,有思想和见识的统治阶级已经开始吸纳社会主义工人阶级所提出来的进行更积极改革的要求。如此一来,为了保障经济效率和维护政治稳定,不同阶级在产权上的基本冲突将能够得到避免或缓解。萨维尔的观点与马歇尔的阶级消除理论、过去的激进新自由主义传统,以及中产阶级改革主义如韦伯夫妇的费边主义存在着某些相似之处。但是马歇尔认为,"社会良心"是社会改革

的根本原因,且它的生命力在于价值观和公民权集体原则,萨维尔却完全不认同马歇尔的这个观点:

> 社会良心除了在少数中产阶级脑海里存在外,如果作为一个社会政策,它也是随意且易变的,一般而言,良心只有在强烈的"利益"刺激下才能转化为实践。

作为一个马克思主义者,萨维尔(1957—1958:9)坚持认为,社会改革是阶级斗争的产物,通过阶级斗争,工人阶级自下而上地进行压力形塑和组织,甚至决定了福利国家的演化进程,统治阶级只是不情愿地勉强接受改革:

> 只有大规模的工人阶级运动和依靠直接行动,才能撼动建立在私有产权基础之上的不合理压迫。

在以宪章主义为代表的中产阶级价值观受到打击后,1848年的大规模运动所带来的国家镇压使工人阶级更加被排除在正式的议会民主政治之外(Saville,1990)。在这种情况下,技术工人开始组建自己的、类似于工会的防卫组织。在1839年、1842年以及1848年运动最高潮时,宪章主义者主张推翻现存的产权关系结构,而在那个年代,争取基本的民族权利是有风险的(Charlton, 1997)。宪章的六大要点——普选、平等代表权、取消选举资格上的财政限制、年度议会、获取议员资格的财产标准(payment for MPs)、投票权——使人们关注一场真正席卷全英的工人阶级运动的形成过程(Thompson, 1984)。这完全不是辉格式的历史演化过程,社会激进分子对民主和社会正义所做的乌托邦式空想迟早会落伍。1832年的《改革法案》和1834年的《济贫法修正案》规定,工人阶级无权参政,英国的这种"民主文化"刺激了19世纪三四十年代大规模宪章运动的爆发。正如查尔顿(Charlton)所言(1997:84):

> 通过宪章运动,中产阶级试图缓解工人阶级对《新济贫法》的愤怒。在1839年英国北部的工人阶级集会、南威尔士起义以及英国其他地方的起义中,该法案被愤怒的工人们撕得粉碎。

从1867年到1918年,工人阶级才逐渐取得参政权,直到1927年,女性工人阶级才获得同等参政权。在马歇尔看来,这或许是英国政治体制缓慢改革并自然演化的结果。可萨维尔认为,这是统治阶级试图收服由大量无产阶级选民组成的潜在政治力量的一个把戏。工人阶级争取基本政治权利的几十年斗争为英国保守党和自由党扩展自身实力提供了机遇,而两党以前只是捍卫有产者的权利。萨维尔(1957—1958：14)引述了激进自由党人约瑟夫·张伯伦(Joseph Chamber-lain)在1885年描绘福利国家蓝图的演讲中的一句话："有产者拿什么赎金来换取社会的稳定安全呢？"在契约性公民权与依附于地位的社会权利相冲突的过程中，具有远见的自由党人妥善处理了工人阶级必然要求获得的民主"赎金"。当时精英们的迫切要求是最好能保持政治的稳定和现存的产权关系结构。自上而下的改革是精英们的明智选择，这意味着他们对自下而上的激进工人阶级运动感到了恐惧。萨维尔指出，这种策略阻碍了英国大规模社会主义政党的兴起，也使英国劳工运动中马克思主义的痕迹并不清晰(Hobsbawm，2007)。

当英国工党(Labour Party)最终出现时，立刻受到了自由主义改革的影响，选择所谓的"自由劳动主义"(Lib-Labism)策略，此举的目的是要避免外界将其视为一个"社会主义政党"(Miliband，1972)。事实证明，费边社的理念，尤其是其新自由主义理念，对于福利国家意识形态产生了决定性的影响。费边主义主张对19世纪强调效率的国家进行务实主义改革，提倡社会公平，对市场机制进行干预从而减少普遍存在的社会苦难。在费边主义的代表人物如韦伯夫妇看来，"务实主义者"抛弃或反对任何集体主义意识形态，在19世纪末20世纪初，这种集体主义意识形态已经转变为以市政计划主义和公共卫生法律体系为内容的"无意识的社会主义"(unconscious socialism)(Briggs，1962)。这里的关键问题在于，一旦善意的中产阶级认识到社会没落(social degradation)的事实，他们的社会良知将敦促他们采取行动，理性的做法是被迫接受福利的集体性供给(collective provision)而不是反对它。激进工人阶级要求获得完全选举权，明智的精英阶级通过各种行动使更广泛的社会结构转型停止下来。正如西德尼·韦伯在1896年所抱怨的："在英国，困难的不是能否将更多的政治权利赋予人民，而是说服人民如何合理使用这些权利。"(转引自Bruce，1968：161)

已经出现的一系列条件——阶级斗争、经济绩效以及政治稳定——都促使国家对福利的集体供给进行更多的干预，萨维尔(1957—1958：16—17)认为，在20世纪初，这种干预经历了三个改革阶段。第一个阶段是1906年至1914年的自由主义改革浪潮，具体包括：

- 1906年：学校贫困儿童的膳食计划；
- 1907年：学校儿童的健康检查计划；
- 1908年：发放第一份养老保险金；

- 1909 年：在特定行业中开始实行最低工资制度；
- 1911 年：开始实行全民医疗与失业保险制度。

在第二阶段，萨维尔举例告诉我们，统治阶级如何通过拖延、逃避与妥协等方式使其安然度过了 1919 年工人阶级抗争的高峰时期，而且当时的首相劳合·乔治(Lloyd George)甚至是完全战胜了软弱无能的工党与工会组织的领导。所以，在两次世界大战期间，保守党与工党政府的改革措施都体现了新兴"中间道路"的理念，具体包括：

- 1918 年：《妇幼福利法案》(*Maternity and Child Welfare Act*)；
- 1919 年：《住房与市镇计划法案》(*Housing and Town Planning Act*)；
- 1920 年：《失业保险法案》(*Unemployment Insurance Act*)；
- 1926 年：《哈多教育报告》(*Haddow Report on education*)；
- 1927 年：《寡妇、孤儿抚恤金和老年人养老金法案》(*Widows, Orphans and Old Age Contributory Pensions Act*)；
- 1934 年：《失业法案》(*Unemployment Act*)。

在最后一个阶段，工党政府于 1945—1950 年建立了现代福利国家体系。由于与工党政府福利国家建设保持密切联系，萨维尔(1957—1958:17)指出，福利国家建设并不是很多福利国家"黄金时期"的文献所描述的那样激进，而是工党政府做出的为反对派保守党所能接受的最低限度改革："它是一个温和的改革，比福利国家建设一般需要半个世纪的时间多了几十年，随后由于 1950 年医疗服务强制收费的做法使福利国家的进程有所倒退。"在某些方面，福利国家必须被视为自由主义者的胜利，这些人反对任何威胁，包括劳动力市场在内的市场自由运行的"社会主义式措施"。

> 因为英国的福利国家体制是在一个成熟的资本主义社会中发展起来的，统治阶级具有丰富的处理公共事件的经验与技巧，所以英国福利国家的发展是缓慢而有序的，有产者的核心利益从未遭到真正的挑战。
>
> (Saville, 1957—1958:24)

引发英国社会激进化运动的是战时措施，这些措施导致工党与保守党之间达成了一个主要共识，即相对于未受抑制的底层怨恨而言，可靠的改革是更为重要的(Calder, 1969)。正如保守党人昆廷·霍格(Quentin Hogg)(后来被封为海尔什姆男爵)在 1943 年下议院的一场辩论中所指出的："如果你不进行社会改革以满足人民的要求,那么人民将会通过社会革命推翻你。"(Hansard,1943)劳工运动经过几十年的斗争,但最多也只是导致了一些零星的改革,这使劳工们开始认识到福利国家的生命力,他们从中得出的教训是:共产主义政党以及独立劳工党所领导的激进抗争运动是无效的,而这在过去被他们认为是实现社会主义社会的必由之路。

> 在这个国家,任何一场争取特定改革的斗争总是会招致很多反对,而当改革开始实施或者至少是取得人们的理解时,那些为之奋斗半生的人又会轻易相信这将开启社会的新纪元。
>
> (Saville,1957—1958:17)

至少在更富改革精神的新左派看来这是有道理的,他们认为福利国家与工党政府的联合代表了向一种"社会主义转型"。汤普森(Thompson)在《新理性人》杂志上随萨维尔之后刊发的文章中指出,英国的福利国家是"彻底反资本主义的",因为服务的供给是以人的需要而不是以购买力为基础的。在萨维尔的笔下,社会改革只是统治阶级所采用的"权宜之计",而工人阶级"巨大压力"的功能被他最小化了:

> 在每个阶段都必须斗争,尽管不同斗争的领导者——比如那些家庭联盟或者学校免费餐倡导者——也许是相互独立的慈善家,但是他们总是能够从组织化的劳工运动中获得支持——而且当然也能够从社会其他慈善团体那里获得支持。对福利国家的反对意见总是源自于有产者,其中最重要的反对者是保守党内阁成员,他们主张削减政府的福利开支。这并不只是因为政府部门反对福利制度,而是因为英国政府的整个政治哲学就是反对按需分配的。
>
> (Thompson,1958:127—128)

在汤普森看来,资本主义国家的工人阶级组织与价值观、公共部门福利事业工作者的真实功能、规模日益增大的资本主义企业以及统治阶级的内部分层都说明,现有社会构成了未来社会主义社会的生长基础。福利国家是工人阶级运动与价值观——即认为"社会责任与人类尊严"是优先于交易与利润的——重大胜利,这就是马克思所言的"工人阶级的政治经济学"。通过承诺提供公共服务而非追逐个人利益,教师、医生及医护人员成为"一股反资本主义的现实社会力量"(Thompson,1958:129)。萨维尔强调,社会改革更多地说明统治阶级集团内部在对福利国家采用拖延、搪塞以及改变策略上并非是意见一致的,而是充满分歧的,他们相互仇视、彼此竞争,甚至有时候会引发国内战争。意识形态或政治上的危

29

机说明分歧源自于资本家内部的竞争,即规模大且效率更高的企业将负担转嫁给规模小且效率低下的生产者,福利国家只有在这样的背景下才能产生,但这最终导致整个私产体系发生危机。"工人阶级所提出的社会福利以及更高工资的要求会不断将效率低下的资本家淘汰掉,消耗国家的生产力,从而使国家不堪重负"(Thompson,1958:129)。必须努力解决国家税收与社会福利负担之间的不平衡,但是所选择的路径总会颠倒所假定的社会主义演化方向。

当时,劳工运动与社会民主知识分子普遍对福利国家的走势抱有乐观主义的态度。他们普遍相信社会将更加平等,而这恰恰是被萨维尔所简单低估的趋势,萨维尔从国际主义角度指出,英帝国主义能力的下降将会增加英国在福利改善上的经济负担:

> 当我们认同福利国家是工人阶级鼓动与斗争的产物时,我们同时也应该清楚,这至少是当时世界最大帝国的统治阶级在统治策略上富有弹性与机动性的表现。

> (Saville, 1957—1958:24)

此后,显而易见的是,这种将福利国家视为属于英国白种男人特享待遇的观点很快难以阻挡来自亚洲和西印度群岛的移民,而这些人则成为福利国家体制中最低级别待遇的享有者(Williams,1989)。萨维尔也指出,福利国家的巨大成功与大规模政治性工会组织已经成为"社会政治减震器",借助第二次世界大战后的经济繁荣,通过大量提高生活水平与社会保障水平的社会主义举措消解了自下而上的抗争。这样一来,劳工运动陷入意识形态上的困境:

> 一方面,劳工运动是抗争,它们所取得的胜利使其更加强大;另一方面,到目前为止,社会与经济改革措施很容易被纳入经济体系之中。所以,至于劳工运动的目的究竟是什么,大家的认知则非常混乱。

> (Saville, 1957—1958:24)

到20世纪60年代,随着英国"全民公平共享福利"以及"公平竞争"的虚幻共识破灭,萨维尔对在新一代活动家与知识分子中有广泛影响力的马歇尔公民权视角提出了批评。所以,到20世纪60年代中期,韦德伯恩(Wedderburn)(1965:143)重提萨维尔的观点,即需要"高度关注工人阶级争取社会公平的要求,重视对工人阶级政治实力的分析;而且也要关注工人阶级是如何成功地与其他利益团体结成联盟的"。到那时,新社会运动、学生激进主义运动、反种族主义斗争、第二波女权主义斗争,以及工人阶级的抗争正在开始重新定义福利国家未来十余年后的形势。而且与此同时,一股反对势力也兴起了,他们有选择性地吸纳了新社会运动过去所提出的边缘议题,同时努力击退表面上无懈可击的福利国家的成就及其背后的支持力量。

结 论

人类无法自由选择创造历史的外界条件。社会学的原理知识有助于我们理解福利国家制度的形成、发展以及再造。从社会学视角来看,本章前面提到的很多相互关联的因素常常被福利国家社会政策研究所忽略或低估。关于福利国家形成历史的争论,在第二次世界大战后出现了以马歇尔与萨维尔为代表的不同观点。显然,社会运动与社会政策之间的关系是多面向的。在此,重点强调其中的五个核心元素:

- 集体行动者的主体性;
- 客观制度结构对行动者的制约及其所提供的行动空间;
- 历史的连续性与间断;
- 价值、观念与原则在其中扮演的角色;
- 自下而上的群众运动。

第一,本章所描述的马歇尔与萨维尔之间的争论,有助于重建主体行动者在形塑福利国家形态中所发挥的重要作用。在马歇尔看来,行动主体主要是指那些支持赋予公民民事权、政治权以及社会权的精英机构;而在萨维尔眼中,行动主体主要是阶级斗争中的争斗方。

第二,对于行动主体而言,历史条件既是制约因素——现实既定的客观条件将限制人民的实际行为——又是一个平台——这些历史条件将允许、支持以及禁止不同种类的社会行动。通过集体社会运动过程,客观的历史条件将会进行自我调整。本章的一个关键发现是,制度结构不仅会制约社会行动,而且还能够为社会行动提供机遇。不过萨维尔强调,统治阶级对改革的阻挠、削弱以及拖延客观上制约了工人阶级的需求满足。马歇尔为我们呈现了公民价值观是如何扩展至全英国的历史演化过程,其结论是一个没有主体的抽象形式。

第三,历史会不时地被突变所打断。福利国家的历史并不是简单如马歇

31

尔所言的向上前进的演化过程。福利国家的发展会被冲突与争议以及现实的反对或默许所形塑。正如萨维尔所解释的,福利国家社会政策的断裂体现在福利的意识形态合法性及制度政治学上。另一方面,私有产权的保护则一直延续下去,尽管它有时候会被国家改革及福利公共供给的意识形态争论所压制。

第四,福利国家的行动者并不只是那种自上而下、完全排外的特权组织。很多颇具影响力的理论都认为,福利国家是有远见的善良的精英组织与持有相同价值观念的个体共同创设的。正如我们已经知道的,马歇尔与费边改革主义、社会良知是由专家与利益团体经过理性讨论所激发出来的。有说服力的诉求必须符合伦理价值观和经验事实,而且是一场实用性的社会改革。马歇尔与萨维尔都认为,有远见的精英团体发起的自上而下的改革具有重要作用,但要对改革的范围与性质加以管理与控制。另一方面,尽管马歇尔认为,不同阶级之间在一些原则上已经达成了价值共识,萨维尔的历史唯物主义也注意到了资本主义福利改革在不同阶级利益结构中的不同面向。

最后,正如萨维尔所证明的,任何时候社会结构都会对任何可能的社会行动构成制约。但相反,通过大众动员而发起的社会行动直接或间接地对社会结构产生影响。换言之,统治阶级不能随心所欲地将自下而上的行动者置于政治或社会真空中。本书第二章将仔细分析历史上一些影响政策制定及社会改革的抗争运动,这也有助于我们理解社会运动对福利国家的意义。

拓展阅读

关于公民权的论述,T. H. 马歇尔的论文《公民权与社会阶级》(Pluto,1950)所做出的开创性贡献无人能及。

目前关于公民权的研究多发表于《公民权研究》杂志。

关于社会演化思想和历史唯物主义的讨论可参见保罗·布雷克里奇(Paul Blackledge)和格雷姆·柯克帕特里克(Graeme Kirkpatrick)合编的一本名为《历史唯物主义和社会演化》的著作。

萨维勒(John Saville)分析福利国家起源的文章,即《福利国家:一种历史的视角》,在很多文集中都可以看到,也可以在这个网址中找到:www. amielandmelburn. org. uk/collections/nr/index_frame. htm。

E. P. 汤普森的《共同习俗》(Merlin, 1991)是一本研究 18 世纪英国民众抗争的重要论著。

米歇尔·凯尼(Michael Kenny)的著作《第一代新左派:斯大林之后的英国知识分子》对萨维勒和汤普森等新左派的思想历史进行了梳理和论述(Lawrence & Wishart, 1995)。

第二章
现代社会福利运动发展史

导　言

正如第一章所言,底层行动者是一支形塑福利国家历史发展的基础力量。在第一章中,我们间接提到了宪章运动与1910—1914年劳资冲突大动荡在表达底层需求以及抵抗压制从而推进福利改革的过程中所发挥的重要作用。我们还能列举出一系列的民众抗争运动,但这些抗争运动远没有导致结构或制度转型,对统治阶级抵制福利改革的影响也是无力或是僵化的。正如英格兰的情况所示,不同形式的抗争运动——从诉求到叛乱——不断地改变着资本主义社会关系。但是这些抗争运动也会遭到统治阶级的激烈镇压,由此形成的不利政治条件似乎使在社会改革上达成最低限度的妥协也变得不可能。

在这一章中,我们将进一步讨论马歇尔与萨维尔关于福利国家"黄金时期"不同的解释理论。尽管马歇尔的理论经常遭到研究福利国家历史的专家们的批评,但他一直秉持的"多元进化论"还是获得了普通的认可,多元进化论的潜在假设是:福利国家的形成是一个渐进的、和平的以及反应性过程。在这里,我们将更多聚焦于市场资本主义兴起的19世纪和20世纪,围绕争取民事、政治以及社会权利所兴起的民众抗争运动展开论述。从历史的角度看,民众抗争通常是为了反对传统的家长制权威——或"习惯权利"。如果我们描述一幅历史简图,其中主要的变化包括:第一,18世纪人们为了获得非正式习惯权利而抗争。第二,到19世纪,人们的抗争则是围绕获取正式合法权利而展开。第三,到20世纪中期,人们为争取福利的普享权利而斗争。最后,到20世纪末,斗争则主要是围绕维护特定群体(以性别、性取向、种族以及失能情况为标准)的权利而展开的。如上文所言,现在的抗议重回草根传统并深受地域及制度文化的影响。制度文化通过认定抗议诉求及行动种类——即蒂莉所言的"抗议内容"(1995:45—51)——是否合法,从而形塑人们所采取的抗议形式。在此,我们认为汤普森所提出的 18 世纪英国"民众道义经济学"的思想(1991)非常有用,而且它已经被用来解释福利运动。比如斯科特所提出的"公开的文本"和"隐藏的文本"概念(1990),这对概念引导我们思考"弱者斗争"与大规模群众短期斗争之间所存在的关联。有些学者认为,正式组织将会妨碍底层自下而上的群众抗争。笔者认为,这种关于组织结构与群众动员之间相关性的判断过于简单。面对新社会运动所提出来的众多权利诉求,有必要扩展马歇尔的理论。我们将在本书的第三章中展开讨论,对社会运动、社会改革以及民众抗争等概念做更加详细的界定。

习惯权利与民众抗争

从 16 世纪到 19 世纪,发生在农村的骚乱与抗争主要是针对新兴的薪资体系、周期性失业、加班以及薪水过低等问题。在早期,英国通过强制农民脱离土地并强迫其进入自由劳动力市场的方式,使农民成为没有生产工具的"自由而无权无产阶级",这就是马克思所言的"资本原始积累"过程。辉格派历史学家,如马歇尔,强调自由是如何作为一种"民事权"而实现的,但它是以牺牲传统"社会权利"为代价的。马歇尔忽略了几个世纪以来,资本通过剥削"自由劳动力"完成原始积累而对劳工造成的巨大伤害与压迫。实际上,这并不意味着奴役的消失,而是改变了"奴役的形式"。

在如此不利的情形下,为了维护资本家已经着手废除的习惯权利,工人阶级开始与资本家展开斗争。斗争波及的范围以及激烈程度在民众反对 1834 年《济贫法》(修正案)的抗争中得到了集中体现(Knott, 1986)。在 19 世纪,表面上是完全自由的劳动力实际上并不自由,而 1834 年的《济贫法》(修正案)则进一步强化了劳动力的不自由境况。资本主义社会关系的前提是雇佣劳动从维持生计的手段中独立出来,而现在已经是无法改变的事实。无法遏制的周期性失业循环以及严酷的工厂体制给工人带来的只是贫困、漂泊、堕落等问题,甚至更糟糕的是,催生了贫民院以及债务监狱。

1830 年发生在英格兰东部和南部农村的骚乱推动了 1834 年《济贫法》(修正案)的出台(Hobsbawm and Rude, 1969)。那些处于赤贫境地的农民,工资水平极低,甚至还会被克扣,同时他们还面临着失业以及被机器取代的危险,所有这一切

都令他们感到绝望。对于这些弱势的农民阶级来说,通常有如下一些抗争:

- 反对克扣工资或者要求更高工资;
- 要求获取"教区救济"的权利;
- 采取盗窃、侵占或走私等"犯罪"手段;
- 以破坏农场主的财产相威胁;
- 以破坏农场主替代劳力的机器相威胁。

对这些农民而言,他们完全没有政治权利,因而任何试图诉诸正式政治机构的抗争方式(如诉状)都是徒劳无功的。相反,"创建一个消除贫穷与不平等的全新国家"这样的千年梦想能够在"穷人模糊的怨恨"中发现其影子(Hobsbawm and Rude,1969:86)。

在农村的骚乱分子看来,大规模的骚乱、对资本家财产及机器的破坏行为乃是社会正义之举:"他们信仰天赋人权——人有工作与获得工资的权利——而且他们拒绝接受机器,因为机器剥夺了他们的这些权利,他们应该获得法律的保护。"(Hobsbawm and Rude,1969:249)这场暴乱最终被当局残酷镇压了,暴乱分子遭到逮捕,有的被处决,有的被流放,其中一个被公开施以鞭刑。从此以后,沉重的代价使英国工人阶级运动陷入低谷,直到宪章运动和工会组织的出现才逐渐恢复。底层阶级既没有习惯的社会权利,也没有政治公民权利,因而他们形成了自己的抗争形式,即采取低强度阶级斗争以及颠覆意识形态的地下活动。

> 1834 年,《新济贫法》推翻了传统的信念,即人权保障后将会消除社会不平等。1830 年,尤其是 1834 年后,工人们认识到他们必须独自战斗(不管是否与农民联盟),否则将一无所有。在大约 20 年的时间里,工人一直通过侵占、纵火以及农村恐怖活动等方式进行报复性的地下斗争,而一旦工人们情绪极度悲愤,这种斗争就会爆发成为血腥骚乱,这在 1843—1844 年间尤其明显。这种情况一直到 19 世纪 70 年代农业工人工会成立才逐渐消失。
>
> (Hobsbawm and Rude,1969:17)

所有这些抗争形式都表明,在 19 世纪,民众一般是诉诸"惯常方式"以捍卫其社会权利的,其中首要的是温饱权。

抗争的道义经济学

引起民众哄抢食品的骚乱是因为一个基本需求——饥饿。但是作为抗争的一种常用形式——骚乱,由于会带来危机,一般都会被当地的文化制度或习俗所禁止。"肚皮的政治"同时也是"脑袋的政治"。尽管马歇尔以及其他学者都讨论了18世纪传统"社会权利"在转向"公民权"的过程中所失去的部分,但是现代观点还是强调必须将社会权利与习惯实践、社会规范以及"普通权利"区别开来。普通权利强调,农民有反抗或破坏圈地运动的权利,英格兰农场主也有圈占空置土地的权利。习惯权利与普通权利也意味着民众对地方仅能维持生存的经济资源享有排外的专有特权。但一旦这些权利遭到威胁,就会激发起民众动员和直接行动,以捍卫他们自身的权利。根据汤普森的著名概念(1991:188)——"贫民的道德经济学":

> 在底层社会中,社会群体所遵循的传统社会规范以及社会义务通常发挥着经济功能,这就可以被称为"贫民的道德经济学"。对这些道德假设的冒犯,与实际剥夺一样,常常会激发起民众的直接行动。

在面临饥饿和灾荒的时候,底层劳动者则努力使其雇主承担起传统的父爱保护义务,而这些雇主在转型为注重效率的资本家过程中,也越来越排斥市场外的义务。

汤普森反对用"骚乱"这个带有轻蔑意味的词来描述民众抗争(1991),他所讨论的抗争,常常是由女性贫民所发起的,分别发生在 1740 年、1756 年、1766 年、1795 年以及 1800 年,目的是为了反对食品短缺以及面包价格高涨。这些政治行动并非是直接对烤面包者和存粮者进行人身攻击,而重点是迫使面包商贩以"合理价格"出售面包。他们习惯性地认为,饥荒时的粮食市场价格应该受到调控,而且此时公民逐利的"公民权"是不能被社会惯例所接受的。

> 这些抗争的显著之处在于:第一,抗争的原则;第二,抗争行为所采用的模式都可以追溯到几百年以前。18 世纪,这些原则与方式变得更加成熟,而且即便是许多年以后,这些原则及方式在不同地方依然会被自动地重复实施。
>
> (Thompson,1991:224)

事实证明,抗争是一项代价巨大的"社会灾难",通常无法实现其直接目标,但直接行动或者威胁采取直接行动或许依然能够使食品价格达到一个适宜的水平,从而使食品价格承担起英国普通民众福利的道德义务。民众的道义经济学是超越市场交易行为而存在的,这仿佛印证了萨维尔关于统治精英管理民众抗争的观点。当局确实通过怀柔、私下或公开的威胁以及妥协让步等方式,更加有效地控制,而且经常能压制骚乱所造成的威胁。

　　然而,随着资本主义市场经济的日益发达,父爱主义式的社会习惯和规范越来越多地被私人的平等交易原则所取代。从某种意义上说,道义经济学只有在其前提假设遭到直接挑战以及统治者与被统治者之间的利益冲突更加直接的情况下才会凸显出来。在英格兰粮食骚乱事件 60 余年后,正如戴维斯在其著作《维多利亚时代末期的屠杀》所言,19 世纪末在韩国、菲律宾、巴西和非洲的部分国家所爆发的革命运动多是干旱与饥荒的产物,而且蔓延至地方甚至全国范围的末世传统进一步煽动了这些革命运动。面对帝国主义的扩展与文化侵略,一场席卷全世界的争取社会正义的运动蓄势待发。

　　另外,这些革命运动所采用的依然是传统的斗争形式。到 19 世纪末,常规的斗争形式则越来越多。正如研究社会运动的著名历史学家蒂莉所言(1995),英国 19 世纪 30 年代的抗争绝非是局部社会怨气的爆发,而是已经形成了一般性的集体行动,不同地方的各社会阶层群体因为相同的遭遇而结成了松散的联合,使抗议运动迅速席卷全国。在大规模全国性运动如宪章运动形成的过程中,他们明确提出了权利要求,这在托马斯·佩因(Thomas Paine, 1791)著名的《人权》一书发表后尤其明显。由于城市识字无产阶级越来越多,规范化公共机构也逐渐普及,使全国性改革运动成为可能。对国家而言,它有确定的领土、统一的语言,而且还掌握合法使用暴力以及惩罚肉体的权力,这些至关重要。如果没有这些权力,民众抗争无需通过不惜代价的暴力斗争,而只需通过常规的斗争方式就可以达到目标。这就是蒂莉所言的"模组"(modular)运动一般的斗争策略,它适用于不同时期、不同地方所爆发的不同斗争运动。比如,在反对《人民宪章》的改革运动过程中,公开请愿成为一种主要的抗议工具。在蒂莉看来,这些现代的特定"抗争手法"是常规的、习得的且是自觉的集体行动策略,是立足于本地文化所采用的现实选择(参见表 2.1 的示例)。

表格 2.1　抗争形式

旧形式	新形式
祭　祀	选举运动
大声喧哗	公共集会
抢夺粮食	罢　工
武装袭击	示　威

并不只是肢体冲突式的抗争形式被完全取代了。蒂莉所强调的是城市抗争在发生时即被冠以权利诉求话语,抗争者宣称,"人民"有自己的主权来决定是与统治者妥协还是联合起来推翻他们。新的联合抗争不仅建立在职业或身份之上,而且不同人群之间也实现了联合。不同阶级身份之间的联合完全超越了地域或者职业的界限。而且随着手册、书本以及最重要的报纸等印刷品的推广普及,集体行动的身份界限以及模组形式也被进一步扩展了。通过印刷纸张上的并列呈现,统治者与被统治者的地位被平等化了,捍卫科层等级权威的传统形式也随之被侵蚀了(Anderson, 1991)。政治媒体被列宁比做"脚手架"(1903),可以使活动家的思想与行动影响到国家。民主联盟所主办的报刊越来越明确地将集权国家体制作为抗争对象,要么是以民族的名义提出诉求,要么是以自由的名义去反对。现代的"斗争手法"理所当然地将集权主义国家作为抗争的对象,并且要求它进行改革。国家的集权化官僚体制取代了直接暴力行动的抗争,因为此抗争形式面临着被残酷镇压的风险。一旦暴力直接行动被镇压,法律上将会对集体行动的政治空间进行严格限制,国家的警察力量也借机得到增强与扩充。而且国家统治者可能会做出过度反应,比如,当国外发生骚乱时,国家统治者会误将国内的社会运动改革者视为激进的革命主义者,误认为他们将会提出更激进的要求且会采取暴力行动的策略。所以,权利演化过程并不是一团和气的。正如塔罗(Tarrow, 1994: 66)所归纳的西方国家政治权利的形成过程:

> 从某种意义上来说,公民权是在实际发生的和潜在威胁发生的社会运动与国家的互动中产生的。从后革命时代的选举权改革,到19世纪40年代英国的工厂立法,以及德意志帝国的失业与医疗改革,再到法兰西第三共和国工厂巡视员制度,所有这些要么是国家对社会运动的直接回应的产物,要么就是国家试图抢得先机而做出的回应。

因此,国家是约束集体行动的框架,它不但对权利诉求的性质,而且对权利诉求如何伸张的形式都起到了形塑作用。

贫民社会运动的策略

现在我们将重点讨论如何使用汤普森的"道义经济学"概念来解释社会运动。斯科特进一步扩展了"道义经济学"这个概念(1977),他用此概念来解释缅甸与越

39

南农民看待社会公平、社会权利以及互助主义的观念。与英国农村雇农不同，东南亚农民的生存更直接依赖于土地的生产功能，而不是将土地作为由市场定价的消费品。斯科特在他的名著《弱者的武器》(1985)与《支配与反抗的艺术》(1990)中发展了关于社会运动道义经济学的定义。弱者及贫民反对强势支配者所采用的所有行动策略都是日常抗争形式，包括开小差、惩罚，以及各种形式的反抗等。这些日常抗争形式都有效地约束了强势支配者的行为，以使其更加符合习俗与惯例。从属群体(subordinate groups)努力使强势支配者的行为更符合他们的意愿，符合斯科特所言的"公开的文本"的要求。从属群体可以根据公开文本所许可的内容，寻求合法化的抗争形式。作为"抗争艺术"的一部分，弱者也能够使用其"隐藏的文本"抗争文化躲避强势支配群体的控制。

显然，公开的文本规定了从属群体平等享有福利服务的公民权，因而他们有合法理由为他们在资源与权力上的不平等待遇感到愤慨。斯科特从这一视角研究了弱者的斗争运动，他关于合法抗争与支配者支持之间对话基础的讨论，展现了公开的社会运动与完全清晰的政治程序之外的运作过程，从而为我们思考社会运动事件背后潜藏的深刻机理提供了一个非常有用的框架。不过，斯科特所关注的多是非常散乱的文本，是由从属群体琐碎的抱怨及行动所组成的，二者成为他们抗争的主要形式。实际上，文化研究早已指出，日常消费行为是一种反对支配者霸权的策略(de Certeau, 1984)。当每一件事情都被当做一种抗争的时候，这个概念也就对抗争运动中的抗争性、反对性政治行为所具有的特定属性失去了解释力。

40

在接下来的章节中，我们将建构一个更为详细的概念框架，以分析历史上福利国家的不同地位群体之间的斗争。我们应超越只关注诸如工党和工会等正式政治组织的视角，而应关注一般抗争者的自发行动以及他们与组织结构之间复杂的关系。目前，大部分讨论新社会运动的文献集中关注中产阶级在其中的角色。当然，从某种意义上来说，新社会运动是否完全依赖于中产阶级，是存在着争议的，但这并不是我们所要讨论的问题。那种只关注中产阶级角色的理论忽略了这样的事实，即底层民众完全有能力动员起来以争取自身利益。对此，皮文(Piven)与克洛尔德(Cloward)提出了反对意见，在其名为《底层运动：为何成功，如何失败》的著作中，他们尝试超越旧有的底层运动应该如何动员的抽象理论模型的束缚，从新的角度去解释美国20世纪30—60年代工人阶级运动的制度结构。皮文与克洛尔德详细考察了 20 世纪 30 年代大萧条期间失业工人运动和工会主义运动的历史,同时还检视了 20 世纪 60 年代马丁·路德·金以及全国福利权利组织所倡导的民权运动。他们强调指出"集体抗命(collective difiance)是抗争运动的关键特性"(Piven and Cloward,1979:5),并指出理论关注的重点不应该是社会运动之外的正式组织,而应该放在集体抗命上。大部分社会运动理论都有很多证据来论证抗争的社会起源、抗争的领导方式以及组织再生产:

> 抗争运动主要关注的是社会生活的方方面面,这点尤其重要。换言之,这意味着抗争者至少有权追求与统治者达成种种妥协。

> (Piven and Cloward,1979:23)

皮文和克洛尔德反对从正式组织的角度来理解社会运动。相反,他们认为集体抗议一旦组织化,则意味着为激进的抗争运动敲响了丧钟,因为抗议者通常会被纳入保守的科层官僚体系之中,这样通过分化普通抗争者以及支配者对其所采用的绥靖政策,就可以达到控制抗争运动的目的。所以皮文和克洛尔德认为,底层民众能够发挥其政治影响不在于其被组织化了,而在于被动员起来了。

大规模的集体运动代表了一种转向,即通过对沉默群体的社会赋权克服歧视穷人困境的文化。所以社会抗争包含了要对社会安排的普遍内涵进行重新界定,如斯科特"公开的文本"概念所描述的,且日常生活是社会安排的重要内容。社会断裂打破了沉默,加速了集体运动的发生:"对一场抗争运动来说,如果它的兴起与日常生活的创伤无关,那么人们必须认识到他们所经历的贫困与混乱状况是错误的而且是必须能够得到修正的。"(Piven and Cloward,1979:12)只有当社会条件为支配统治群体提供妥协让步的可能性时,抗争运动才有可能取得胜利:

> 社会骚乱推动了政治领导者进行改革,但是改革多是在现有制度框架内展开的,同时改革的内容也多是沿袭过去的传统。对于参与运动的人们而言,他们也只是向统治者就自己应享有的内容提出要求。

> (Piven and Cloward,1979:33)

对赤贫工人阶级而言,他们每天总是面临着一系列被强制剥夺其公民权的突发事件。概言之,公民权利与在社会断裂条件下公民权利被否定的情况是并存的,因此,集体抗命既符合道德正义,也适应社会需求。公民权利并不是超历史的抽象价值观,而是具体的且具有地域性:"那些被救济过的人,去过破旧的等候室,或者接触过监管者以及社会工作者,或者也领过失业救济金。但他们并没有享受

41

美国的社会福利政策。"(Piven and Cloward, 1979:20)。穷人抗争运动倾向于立刻改变造成其遭受压迫的制度,而不会追究造成其困境的系统性根源。当穷人们不再发动威胁性的抗命以及破坏后,统治者或许就会收回先前做出的妥协。但是有些改革即使在抗争运动平息后依然会持续下去。其中,福利国家建设就是一个例证。萨维尔认为,这种情况的发生乃是因为改革的激进边界被模糊了,它们只有在大规模的集体运动渐渐平息或者被镇压后才会开始,而且最重要的是,这些改革是与统治支配者的利益相兼容的,有时甚至是支配者利益的体现。

皮文和克洛尔德对正式组织的反感必须要结合他们在 20 世纪 60 年代美国福利权利运动中的经历加以理解。不过,他们所使用的历史案例在性质上并不相同。其中一个案例是,20 世纪 30 年代的失业工人运动以及 20 世纪 60 年代的福利运动,包括结构性弱势主体所提出的特定的福利救济主张。其他两个案例分别是 20 世纪 30 年代的工会主义运动以及 20 世纪 60 年代的公民权运动,它们都是全国性的重要运动,而且更为关键的是,运动参与者都以工会及黑人选民组织等方式被战略性组织起来,从而为运动主体提供政治基础。皮文和克洛尔德认识到,这种区分实质上反映出了美国社会的文化价值观。一方面,公民权运动具有普遍的合法性,因为它与强调自主与民主权利的主流价值观相一致。另一方面,福利权利运动却违反了这些主流价值观,就这点而言,福利权利运动基本上是"穷人及底层阶级的运动"(Piven and Cloward, 1979:320)。这意味着皮文和克洛尔德关注点的转移,即由原来关注"工人阶级运动"转向"贫民与贱民运动"。将分析的视角从工人阶级组织转向更无定型的"贫民运动"表明,皮文和克洛尔德对 20 世纪 60 年代以后有组织的工人阶级运动的失望。在某种程度上,这也是对自发的或无组织的抗争行为的一种肯定(Hardt and Negri, 2004)。至少,皮文和克洛尔德对真正的群众运动以及具体的改革进行了认真的分析,这完全不同于那些五花八门的唯意志论,因为唯意志论偏爱"行为的政治"以及为自身利益不惜进行肉体对抗的神话。但是,这种唯意志论无法从组织化工人阶级运动中清楚地缕析出无组织性的穷人运动,因为它忽略了这样的事实,即组织化运动形式如大规模的工会主义运动,在历经时间推移后由于继续福利(ongoing benefit)的需要依然能够存在下来,即便是例行谈判形式发挥作用的情况下依然如此。正式组织并不只是作为一种规定成员义务的僵化的科层结构。持续发展的正式组织也会在运动达到高峰时维护甚至是扩展成员的收益。相反,那些缺乏持续性、纪律性以及组

织性的抗争群体发起的抗争行动,往往是来得快去得也快。正如霍布斯鲍姆批评皮文和克洛尔德的观点时所言:

> 试图脱离非组织化参与者(失业者、抵制服兵役者、消费者,或者甚至如黑人和女性这类更具凝聚力的群体)而建立长效的群众运作组织,基本都会以失败告终。那些建立起来的组织通常既脆弱又不稳定,它们要么由领导者组成,旨在动员非组织化群众行动起来,要么是作为组织成员的代表者或代言人而像一支正规部队那样进行游行示威,因为在特定的制度环境下,需要有人扮演这样的角色。

准确地说,由"非组织化参与者"发起的运动通常得到"新社会运动理论"的肯定。但是就这一点而言,穷人运动无需再忍受其被人贬低的历史,因为我们已经从穷人试图组织起来并持续下去的努力中认识了穷人运动。正如萨维尔与其他学者所言,支配统治者为了扰乱群众运动,他们传统的做法是用种种手段自下而上地瓦解群众运动组织。皮文和克洛尔德的论点颠倒了组织与政治效果之间的关系,将一种必然性视为一种道德。

结　论

在社会改革的案例中,正如马歇尔、萨维尔以及皮文和克洛尔德从不同角度所讨论的,统治精英总是准确地知道应做出什么样的妥协,同时也准确地知道何时以及如何做出妥协。社会断裂及政治或经济危机能够与底层穷人运动一样使统治者失去方向(Gramsci, 1971)。危机容易导致人们对不同力量之间的平衡做出错误的评估,尤其是统治者超越公开的文本而根据可见的抗争事实所做出的评估。或许统治者开始轻率地树立起盲目乐观主义的价值观,认为所有的一切都是好的。关于价值共识和社会均衡的意识形态修辞或许遮蔽了统治者的眼睛,使他们不能对福利国家所引发的不安与怨恨的深度缺乏长远的认识。这在解释福利国家起源的进化论或者多元论那里几乎很少被提及。

有些研究福利国家的历史学家,比如塞恩(Thane, 1982),认为马歇尔的公民权实际上是国家为应对组织化工人阶级运动的要求所做出的回应。因此,在工人阶级与福利国家的相关性上,塞恩(1982:290—292)的解释比马歇尔更为全面。在塞恩看来,在工会被迫与国家达成妥协的背后是更为复杂的事实。首先,最弱势的社会群体如女性和穷人不太可能直接从劳资斗争中获得利益,因为"需求最强烈的群体通常不是那些组织化程度最高和政治影响力最强的工人阶级,既不是工会工人,也不是国家必须优先考虑其利益的群体"(Thane,1982:290)。有时候,组织化的工人阶级抵制福利国家与其反对中央集权科层体制的"控制"功能一样,都倾向于通过自身的集体组织来争取更高的工作待遇和工资水平。一般来说,工人阶级会由于内部的性别、种族、技能或者工作安全程度的不同而被分割。最后,由于要与组织化工人阶级达成妥协,因此国家行为自身受到制约;实际上,国家或许不得不去打击甚至镇压工人阶级组织。

在那些以和平的、和谐的且有序的方式转型为福利国家的国家中,塞恩和马歇尔的解释都将英国视为一个特例。与欧洲其他国家不同,整个英国社会存在着相互妥协和达成共识的意愿,尤其是在资本家与劳工之间存在着一种互相迁就的关系。从这个视角来看,英国是一个典型的没有中央集权的多元社会。其中,所有社会利益群体之间通过谈判而达成妥协将推动福利国家的建设:"福利国家发展的一个结果就是保持资源与权力分配的异常稳定性。"(Thane,1982:300)强调英国独特的稳定与共识传统,在很多关于福利国家的解释中都得到了体现。弗雷泽(Fraser,1984:226)在其规范性历史著作《英国福利国家的进化》一书中指出:

> 因为社会政策包括了社会团体对社会成员实际需求的反应,福利国家也是这种进化力量推动下的产物。所以福利国家并不是在经历数百年抗争后所达到的最终胜利,而是特定时期不断地适应下一代需求的产物。

其他学者立足于社会管理传统认同了福利国家进化路线,认为福利国家并不是如马歇尔所言的那样直线性进化过程。不过,它依然是一个"浪漫的"行进过程,在个体主义和集体主义原则之间呈现出多元化需求:

> 至少到今天,整个福利国家的发展过程是一个进化过程,是对问题不均衡回应的过程,是政策意外扭曲或转向的过程,是应对压力的过程,是妥协的过程,是政治意外的过程,也是一个充满机遇的过程。关于福利国家,除了大众福祉、国家能力提升以及与此同步的必要的社会福利体系的建构外,没有什么是必须的。

(Bruce,1968:332)

但是事实证明,将福利国家视为一种进化过程的视角是经不起时间检验的。

最近很多批评者已经注意到,马歇尔公民权理论对当代英国的独特性缺乏关注。马歇尔及其他很多学者或多或少地假设英国社会是一个由白种男人、基督徒组成的且种族与民族关系和谐的社会,这是英国主要的阶级结构。此观点忽略了这样的事实,即英国社会是一个多文化融合的多元社会,国民性是在英联邦的范围内培养起来的,而且妇女广泛地参与到公共活动之中(Parekh,2000)。这些事实都要求权利的诉求是集体性的,比如各种各样的国民权、民族权、信仰权以及文化权等。这些扩展公民权的要求随着新社会运动的兴起而出现了。在接下来的章节中,我们将进一步详细讨论。其中的关键点在于,我们希望能够借此把握公民权和社会运动内涵所发生的变化。

时至今日,社会运动要求公民权须超越马歇尔所界定的民事权、政治权和社会权的狭隘定义,也不能仅仅将公民权视为缓解阶级冲突的工具。实际上,这中间存在着一种权利话语和权利争取运动的扩展,而且几乎不再使用阶级斗争话语。在女权主义运动以及同性恋解放运动的推动下,现存的公民权应该扩展到或者甚至被性权利所取代(Richardson,2000)。类似地,环保或绿色环保运动的兴起以及可能发生的生态灾难的威胁,要求国家和国际组织机构应该认识到生态权利的重要性(Cahill,2002)。而且围绕动物权利保护所展开的社会运动及社会话语也推动了权利价值观的变动(Regan,2004)。其中,传播最广泛的或许是人权思想(Turner,1993)。

这些各种不同的权利要求说明,公民权的多元化进化路径出现了一定程度的异常,即使有些社会运动理论称之为"后公民权"或"后国族"(post-national)。毕竟,任何权利要求都需要一个制度设置予以支持,从而借此获得保护与授权。在马歇尔看来,法庭负责保护公民的民事权利,议会负责保护公民的政治权利,福利国家制度则是保护公民的社会权利。显然,对于新的多元化权利需求而言,并没有清晰的制度设置支持。虽然,1948 年联合国大会通过并颁布的《世界人权宣言》通常被人们当做模板,但是有些学者如帕雷克(Parekh,2000:134)则提出了反对意见,他们认为建立在自由主义价值观基础上的《世界人权宣言》并不是一种普世价值观,不能跨越文化界限而适用于所有国家。这些文化相对主义者持"后唯物主义"权利观,认为权利是建立在价值观而非是利益基础之上的,尽管我们注意到,早在 20 世纪 70 年代,马歇尔就已经分析了福利资本主义是如何积极回应当时兴起的社会运动所提出的价值观的。大部分"后唯物主义"以自主价值观为

45

基础,强调脱离社会阶级实质性利益的权利与认同。主体风险被分解至一个具体的、封闭的具有特定价值观和群体主张的团体之上,它们至多与资本主义政治经济以及民族国家之间存在着一种微弱的关联。这些主题在接下来的章节中将会得到更完整的讨论(尤其参见第三章)。在今天,公民权内涵的扩展迫使我们必须超越进化多元论,要对集体行动在福利国家制度的创设、再生产以及改革过程中所发挥的作用予以更充分的解释。通过这样的方式,在本书后面的章节中,我们或许才能更好地、批判性地检视多元权利内涵及其对社会福利的意义。

拓展阅读

由弗朗西斯·福科斯·皮文(Frances Fox Piven)和理查德·A.克劳德(Richard A. Cloward)合著的《他们为何成功,以及如何失败的》(Panthenon Books 出版社 1979 年版),是一本关于贫民运动的重要研究文献,目前依然在出版发行。

德里克·弗雷泽(Derek Fraser)的名著《英国福利国家的演化(*The Evolution of The British Welfare State*)》(Macmillan 出版社 1984 年版)对英国福利国家制度历史进行了规范的梳理,目前它还在出版发行,而且被重新编辑。与此类似,尼古拉斯·狄明斯(Nicholas Timmins)的著作《五大恶魔:福利国家的发展史》(Harpercollins 出版社 1995 年版)也是一本研究福利国家历史的必读书。

另外还有两本关于福利国家发展史的有价值著作,分别是:派特·塞恩(Pat Thane)的《福利国家的起点》(Longman 出版社 1982 年版)和伯纳德·哈里斯(Bernard Harris)的《英国福利国家的起源:英格兰和威尔士的社会、国家和社会福利,1800—1945》(Palgrave 出版社 2004 年版)。BBC 官方网站上刊登的 Frank Field 议员的文章也对福利国家的历史有所阐述,网址:http://www.bbc.co.uk/history/british/modern/field_01.shtml。

本章所介绍的社会运动理论,在塔罗(Sidney Tarrow)的《运动中的力量:社会运动和抗争政治》(剑桥大学出版社 1994 年版)和蒂莉的《社会运动:1768—2004》(Paradigm 出版社 2004 年版)这两本书中有精彩的论述。

第三章
社会运动与社会福利理论

导　言

现代社会将所累积的社会知识运用到实践中,从而改变自身的运行、再生产以及发展的轨迹,社会运动则是其中最有力的作用模型。以往的社会学及其他相关的社会科学理论都集中关注劳工运动及宗教和政治意识形态运动等。正如前文所示,这些社会运动形塑了现代英国民族国家的关键制度设置,形成了必要的政治压力,从而推动了民事权、政治权以及社会权等公民权的逐渐实现。但是从20世纪70年代开始,大部分社会研究和社会学理论日益关注今天所谓的"新社会运动"——一个(有争议的)普通概念——的重要性,这些运动是由一批相互对立的社会、政治以及文化群体、流派和组织发起的,在20世纪60年代后期风起云涌的激进新左派运动、学生反抗运动以及"反传统文化"的基础上成长起来。对这些新社会运动而言——最主要的是女权运动、和平运动、环保运动、学生及移民争取权利运动——公民权是前一辈人所争取到的,但却是有限的,有很多议题如社会认同、生活方式、平等、民主以及生态等都被忽略了。

在英国,"新"社会运动主要抨击的对象是第二次世界大战后所有战线达成的社会和政治共识。这种情况在"旧"社会运动内部制造了纷争,他们围绕如何应对"新"社会运动者及其所提出的议题而争论不已。其中,社会福利体系是引起与新社会福利运动争论的核心领域(Williams,1992;Martin,2001),围绕集体消费的相关议题(Castells,1977a)(比如公共住房、公共医疗、教育、交通、公共设施等)对国家(地方和全国层面)原有的排外性官僚体系及僵硬的科层管理体制提出了挑战。客观而言,在福利体系中已经制度化的"福利"概念面临着激烈的抨击,需要对之进行重新定义并将新社会运动的广泛议题(环境、性别、性、种族、残疾等)纳入进来。

尽管 20 世纪 60 年代风起云涌的政治性抗争浪潮很快就消退了,但是它对发达自由民主国家无论在理论上还是在实践上都产生了重要影响。从理论上来说,新社会运动重新激活了原来已经归于沉寂的观念,如无政府主义、政治生态理论及革命社会主义;然而与此同时,新社会运动也使一些原本与政治无关的个人、文化以及道德议题(比如性、性别以及家庭角色等问题)被政治化了。从实践层面上来说,新社会运动为非制度化及非传统的政治行动(请愿、抵制、侵占、自发罢工、集会、直接行动等)提供了便利,而且它们大多成为政治参与的标准化形式(Norris, 2002;Tarrow, 1994)。在当代,社会运动日益向那些立足于党团、机构及民主决策的传统治理手段提出了挑战。在 21 世纪早期,以环保运动、人权运动、公平交易运动及反资本主义运动为主要内容的社会文化运动,与反对伊拉克战争以及大量短期地反对公共福利服务市场化的运动,是后 20 世纪 60 年代最常见的"政治性"运动。

本章主要揭示学者是如何利用社会运动理论来定义及分析英国的社会福利运动的。正如导论所示,对社会运动进行定义(本章不打算提供一个完整的定义)主要是为了对欧洲及北美的经验事实和传统提供一个广义的解释框架,从而抓住抗争理论和概念的要点。在下面的章节中,我们将据此来定义福利运动,分析社会福利运动及其组织、策略及战略。

大西洋鸿沟:美国与欧洲的社会运动理论

欧洲与美国在社会运动领域具有不同的社会学研究传统,本书对社会运动的定义则融合了这些不同传统。实际上,从 20 世纪 70 年代开始,欧洲与美国的社会运动理论之间的差异日益明显,二者之间的差异被形容为横亘着一条"大西洋鸿沟"。在美国,资源动员理论(RMT)是主流,而在欧洲,新社会运动理论则占据主流地位,两种理论视角都具有地方性(Ryan, 2006)。资源动员理论认为,社会运动属于另一种形式的"常态"政治过程,在公开民主体制下,不同利益取向的社会实体通过此过程进行利益表达。所以,科恩(Cohen, 1985:675)将美国社会运动理论描述为"克劳斯威茨式"(Clausewitzian),即"通过其他(无序的)工具来实现政治秩序的延续"。

而在欧洲的新社会运动理论看来,社会运动是集体行动的特殊历史模式,这些集体行动通过非常规的策略与战略——被体制外的政治机构所利用,通过公民社会和文化的转型以及/或者国家的转型实现社会变迁的目的——扰乱了"常态"政治过程的影响范围。而且欧洲社会运动理论认为,美国的资源动员理论侧重于从微观和中观层面上探讨社会运动是如何动员和组织的,而他们则注重讨论"为什么社会运动在特殊历史时刻以集体行动的形式爆发"这样宏观的结构性问题(Melucci,1989)。所以欧洲与美国社会运动理论之间的差异并不仅仅是因为地理空间的不同,而更多地是因为二者社会政治资源的复杂多样性所造成的——部分是因为 20 世纪 60 和 70 年代所兴起的社会运动在意识形态与政治属性上的差异;部分是因为政治文化的历史差异;但正如下文所言,其中最重要的原因或许是美国和欧洲的社会科学界在各自历史发展过程中所形成的完全不同的观念和理论视角。

美国社会运动理论之一:集体行动权变理论

20 世纪五六十年代,美国研究社会运动的主要理论基本上是由"集体行动科学"衍生出来的。其中最主要的代表有斯梅尔瑟(Smelser)借鉴帕森斯结构功能主义而形成的理论(1962)、格尔(Gurr)的相对剥夺理论(1970)、科恩豪泽(Kornhauser,1959)和古斯菲尔德(Gusfield,1963)所提出的大众社会理论。这些涂尔干式的社会学理论关注社会失序心理和社会体系快速现代化的结构张力所引发的社会病态整合(malintegration)问题。社会紧张的内化与相关怨恨的扩展是引发破坏社会规范的非常规集体行动的主要驱动力。所以,在美国所定义的社会运动概念中,政治是正式政治党派或游说群体所独有的行为,而集体行动并不沿袭这种外在于常态政治过程的模式。因此,所有非常规的集体行动模式如社会运动、抗议、扰乱以及革命等都适用于另外相同类型的解释框架。

集体行动理论认为,个体是参与"群体歇斯底里"的一分子(Le Bon,1995),群体歇斯底里行为可以通过谣言、讥讽以及反规范意识形态(比如法西斯主义和共产主义)在人群中蔓延。从自发的集体革命到不稳定的社会实体组织构成了一个短暂的集体运动生命周期循环,而系统在经历了短时间的动荡调整后(如果直接行动是有效率的)将会重新回到整合均衡状态。对这种理论观点,迈耶(Mayer,1995)提出了批评,她认为集体行动权变理论依赖于哲学和政治学上的两个核心假设。第一个是,因为现代化将会使社会各个部门受惠,因而如果统治

49

精英适当地管理现代化过程,那么反对现代化的集体行动注定是要失败的;第二个是,抗争行动是非理性的,且它与现代社会的发展轨迹毫无关联,因为现代社会的政治体系接近于一个开放的民主政体。所以,根据美国的集体行动理论,"体制外的行动只能是边缘、弱势群体的所作所为,这些群体缺乏进入体制内的社会认知和资源"(Mayer,1995:170)。20世纪50年代和60年代早期,处于主流地位的集体行动理论范式具有广泛的影响。当时,贝尔(Bell)的"意识形态终结论"在美国社会科学界大行其道,而且美国主流社会学(帕森斯结构功能主义)大部分持有保守的冷战思维,主要关心如何维护现有的社会和政治状态。

不过,20世纪60年代出现的社会变动与社会冲突严重挑战了集体行动理论,使该理论的缺陷暴露出来,这同时也带来了美国社会运动研究视角的调整。随着20世纪60年代早期黑人民权运动的兴起,以及20世纪60年代后期波及整个西方世界的新左派运动、学生运动和反越战运动的快速发展,新一代美国社会学家(其中很多就是运动的活跃分子)越来越多地认识到,分析社会运动的集体行动理论具有很大的局限性。

对集体行动权变理论的挑战集中体现在三点。第一,到20世纪60年代后期,事实已经非常清楚,很多社会运动的参与者并不是道德败坏的社会捣乱分子或离经叛道之人。相反,他们通常是(尽管并不总是)具有高学历、出生于中产阶级家庭的年轻人。第二,将社会怨恨视为社会运动的主要驱动因素的论点并不成立,因为怨恨能够跨越时间与空间而存在于任何社会。所以,社会运动兴起的时机问题更值得深究,尤其是在国家物质财富极大丰富的20世纪60年代。第三,集体行动理论将社会运动视为非理性的,这就无法解释社会运动持续存在的组织结构、策略选择及其通常是非常理性的行动目标。从20世纪70年代开始,西方发达国家如美国和英国所兴起的社会运动是集体行动理论无法充分给予解释的,其中女权运动和环保运动是最突出的。

美国社会运动理论之二:资源动员理论

从20世纪60年代开始,"资源动员理论"成为反对经典集体行动理论范式的主力。扎尔德(Zald,1992:330—331)是资源动员理论的代表人物之一,他简要总结了该理论的核心内容:

第一，行动是有成本的，所以怨恨或被剥夺感是不能自动或轻易地转化为社会运动的，而高风险的社会运动尤其如此。成本与报酬之间的衡量（不管是多么地本能）是行动选择与理性行为的应有之义。第二，资源的动员既可以源自于抗争群体，也可以源其他群体。第三，资源是被动员和组织的，所以组织行为是关键。第四，就社会运动而言，国家和社会的支持将会降低运动参与的成本，反之则会增加运动参与的成本。第五，动员规模与运动成功之间并没有直接关联。

显然，资源动员理论颠覆了集体行动理论的观点，后者强调社会压力所引发的被剥夺感或怨恨的心理过程，以及异常的非理性集体行动。相反，前者则认为怨恨是所有社会中普遍存在的现象——所以怨恨能否引发社会运动取决于参与者所做出的战略决定能否使参与者得到的好处大于其参与成本。

成本/报酬是资源动员范式中所有具体理论的核心概念。这个概念来自于奥尔森（Olson）的集体行动理论，他认为，理性人假设可以解释经济利益群体做出"集体行动逻辑"的动力（1965）。奥尔森理论的立足点是理性功利主义模型，自利行动个体在行动选择过程中总是追求自我利益最大化则是该模型的前提假设。因此，只有在报酬大于成本，而且只有这些报酬是行动参与者所获得的情况下，个体行动者才会理性地参与集体行动。在奥尔森的理论中，报酬分为选择性和集体性两种类型。集体性报酬是指不管个体是否实际参与集体行动都会享有由集体行动所带来的公共物品，所以集体性报酬往往不能作为一种参与集体行动的激励。而选择性报酬是那些没有做出贡献的个体所不能享有的，故此举克服了个体成员的"搭便车"行为（Olsen, 1965）。奥尔森理论为资源动员理论的发展奠定了重要基础，为分析社会运动中理性行动者的参与行为提供了基本框架。而且，正如扎尔德（1991：350）所指出的，奥尔森理论改变了资源动员理论家的观念，使他们认识到"支持集体行动信念与实际践行这些信念的人数之间存在着巨大的差异"，而且也刺激这些理论家去思考"利益、群体身份认同以及价值偏好"等问题。简言之，奥尔森理论在极大程度上使社会运动研究转向中层组织分析，后者成为资源动员理论的核心。

资源动员理论及其经验研究强调了社会运动组织在资源积累、维持、结构化、使用及配置上都具有重要的作用（McCarthy and Zald, 1973）。卡纳尔（Canel, 1992：40）认为，资源可分为物质资源和非物质资源两种形式，"包括资金、组织设置、劳动力、通信工具、合法性、忠诚度、权威、道德承诺、团结"等。社会运动"是群体配置资源而实现对之进行集体控制的过程……也是利用资源以实现群体目标的过程"。资源动员理论认为,在任何一个社会中,都存在着积累怨恨的不同群体,且这些群体行动极有可能发展成为社会运动。不过,只有在这些群体掌握组织资源的情况下,他们才会真正地进行社会运动。所以,资源动员理论认为,社会运动几乎完全是一种组织性行动,因为无论此组织是多么松散或初级,它依然是社会运动动员的关键,如果缺失将会导致运动无法发生。

社会运动领导者或"社会运动企业家"(McCarthy and Zald, 1977)在资源动员理论中也具有重要位置。因为这些领导者具有一定的才华和经验,能够合理地利用现有资源,进而抓住一切机会将社会怨恨成功地转化为社会运动。运动领导者通常在动员之前搭建起组织架构,吸纳社会运动组织的骨干成员和运动积极分子,从而实现有效的动员。在当代,领导者多属于新中产阶级,因为这个阶级的社会成员具有利用资源的技能(学历、公开演讲、与媒体沟通、聪明才智、管理经验等),其中最主要的是利用沟通渠道的能力,因为这在当今的"信息社会"是必不可少的(Castells, 2000)。

资源动员理论认为,社会运动目标的表达是政治化的,因为社会运动必然会与其他利益群体之间产生权力之争。同时,这些群体间争斗的首要目的是寻求国家和资源配置权力社会机构的漏洞或者认可。社会运动的发生是因为心怀怨恨的社会群体被区隔了,使之无法利用国家与公民社会之间的对话渠道寻求利益补偿。于是,他们利用其组织资源来表达其利益诉求——换言之,如果没有这些组织资源,那么运动就不会发生了。资源动员理论认为,社会群体发起社会运动的主要目的是融入社会从而更加全面地参与到社会决策中,他们并不意图去挑战自由—民主政治体制的合法性,因此社会运动构成了一种改革安全阀以保障其能长期存在下去。资源动员理论一般依据如下标准来判断组织资源的有效性:社会运动核心组织专业化水平、运动资源的质量,以及这些组织对政治精英政策制定的影响力及其资源获取途径等。

美国社会运动理论之三:政治过程理论

基于资源动员理论范式发展出了很多较为成熟的理论,而其中以麦克亚当

(McAdam，1982，1996)、麦克亚当等人(1988)、蒂莉(1978，2004)以及塔罗等人(1989，1994)为代表的政治过程理论是最为重要的理论之一。原初的资源动员理论强调外部的、大部分为精英所控制的组织和政治资源是社会运动动员的必要条件，但与资源动员理论不同，政治过程理论则认为本土的组织内部资源及动员结构是社会运动动员成功的前提。这些资源主要是指以往既存的制度设置，如麦克亚当(1982)认为，在20世纪60年代黑人民权运动过程中发挥重要作用的是本土黑人组织(比如教堂、学院和压力群体)。同时，基层官僚组织如公务员或公务员领导所组成的正式权威组织以及组织内部的成员资格也是这些资源的组成部分，加姆森(Gamson，1975)分析了美国1800年至1945年间的53个"挑战性"社会运动组织，他发现组织成员资格是动员成功的前提条件。

政治过程理论认为，组织资源构成了个体参与的"微观动员情景"(McAdam et al, 1988)或"动员结构"(Tarrow, 1994)。这是社会运动组织的成员或领导者间互动(比如与劳工运动相关的工会间互动)展开的情景或条件。所以，"微观动员情景"既是一种关键性组织资源(运动活动分子及其所掌握的相关技能和物质资源)，也可以是"沟通网络或基础架构"。实际上，正如麦克亚当等人(1988：718)所言，微观动员情景的"强度与广度"在很大程度上决定了"社会运动扩展的模式、速度及程度"。

框架理论则使用微观动员情景概念，旨在指出社会运动拥护者争取成员资格或支持所采用的方式。该理论认为，事件和处境是需要去解释的，社会运动不能假定认为，潜在的运动参与者将会与社会运动组织一样是"支持和赞赏"社会运动的。至今为止，讨论行动的框架及框架过程是资源动员理论的重要内容，但它们却无法对微观动员过程给予清楚的解释，这部分是因为该理论对早期集体行动社会心理学解释的极度排斥(Klandermans，1984)。斯诺等人(1986：464)将框架定义为能够使个体行动者对其所生活的空间与世界进行总体的"定位、认知、识别以及分类"的"解读大纲"。简言之，框架是指人们能够通过它赋予行动和现象以意义从而来解释世界的体系。因此，框架通过总结行动经验从而在组织及引导我们行为的过程中发挥着重要作用。

加姆森(1995)指出，社会运动不能仅仅被界定为一种社会问题，还应该将之框定为一种不公正所导致的行为。建构一种"不公正框架"是社会运动一个主要的动员手段，因为如果潜在的运动参与者没有看到不公平的问题，那么他们将较少有兴趣参与社会运动。加姆森的研究与麦克亚当的观点(1982)密切相关,麦克亚当认为成功的社会运动动员依赖于一个"认知解放"过程,通过这个过程,社会成员或群体不但能将一个议题认定为某一社会问题,而且认为应该对之有所作为——要求在政治理念上有所改变。显然,这对于为什么行动者个体能够被动员起来具有重要解释力,但是对社会运动组织与行动者个体之间的关联却无法给出合适的解释。斯诺等人(1986:464)富有洞见地认为,社会运动组织必须进行框架整合(frame alignment);换言之,"行动者个体与社会运动组织之间在解读诸如个体利益需求、价值信仰与社会运动组织活动分子、目标以及意识形态上,应该是一致而互补的"。框架整合并不是想当然地自动发生的,而是一个讨价还价的协商过程,因为行动者个体看待某一问题的方式或许与组织并不相同,或者行动者个体不认同组织所采用的策略甚至组织从事的其他行为。

斯诺等人(1986)总结了如下四种框架整合过程:

- 框架搭桥(frame bridging),是指社会运动组织努力将特定群体内先前存在的但未组织的观念进行组织的过程;
- 框架放大(frame amplification),是指行动者个体已经持有的价值观与信仰被深化与强化的过程,比如通过展示解决特定问题的紧迫性或者解释特定议题是如何与个体核心信仰联系起来的;
- 框架扩展(frame extension),是指一个框架被扩展至涵盖其他议题,比如环保组织将它们的斗争与阶级和社区争取社会正义的斗争联系起来;
- 框架转型(frame transformation),是指目标群体的价值观和信仰必须完全改变以符合社会运动组织在特定议题上的理解。

框架概念也可以用来解释不同社会运动为何会使用相同框架来理解其运动的方式。比如,自美国黑人民权运动以来,很多社会运动都使用民权斗争框架以获取支持资源。这就是斯诺和本福德(Benford,1992)所定义的"主导框架"(master frame)。实际上,女权主义、社会主义、基督教、人权等一直都是主框架。

政治过程理论的另一个重要创新在于其强调"政治机会结构"对成功动员的重要性。政治机会结构是指:"一直存在的——但不一定是正式的、永久的或者全国性的——鼓励或阻碍人们形成集体行动的政治环境。"(Tarrow,1994:18)在这个鼓励或阻碍的过程中,国家部门及重要决策机构政治偏好的变动起到了关键作用,因为在某个历史节点上,或许会对某些社会运动的需求满足提供更为开放或更为封闭的途径。所以,社会运动遵循"抗议循环周期",即它依赖于政治机会结构的属性而上下波动。塔罗等人(Tarrow,2002;Macdonald,2006:27)认为,在当代,新自由资本主义制度的全球化"不仅为抗争提供了机会结构,而且也为反对者提供了统一的主题和身份"。近年来,政治机会结构理论被扩展了,"文化机会结构"与"经济机会结构"成为其中新的内容,这样就构成了一个多维度的分析框架(Wahlstrom and Peterson,2006)。

蒂莉(1986)使用了类似的模型去阐述集体行动的"行动手法"和政治性抗争是如何随着政治现代化、公民社会的成长以及政治机会结构的变动而变化的。所以,当代集体行动的斗争手法(比如罢工、游行示威、选举集会以及公共集会)在形式上(而不是其理性内容上)与民主化前期的食品骚乱、抗税起义以及诉诸父权的斗争存在着显著差异。塔罗(1994)也进行了相同的研究,他阐述了最成功的新集体行动类型是如何纳入一个既定的"抗议循环周期"而成为一种稳定的斗争手法,继而在社会运动和抗争行动中被社会成员不断地使用的。

美国社会运动理论批判

美国的资源动员理论遭到了欧洲社会运动理论家的反对。因为尽管资源动员理论重点关注了社会运动在动员时所面临的组织和战略障碍,但在行动者的动机激励因素上,该理论实际上是以行动者自利为前提的,采用的是方法论个人主义假设——强调单维度的(功利主义)及人类行动的理性化。怨恨不再是一种动员因素,主观层面动员因素的任何意义或内容都被消解了(Bagguley,1992;Crossley,2003)。在学理层面上,这一理论也排除了意识形态、价值观、社会认同、阶级、结构、主体、文化以及历史等令人感到棘手的问题。正如斯科特所言(1990),成本/报酬的理性意味着社会运动组织所面对的资源动员理论在现实中会面临四个方面的制约:

- 可分的个人报酬与不可分的集体报酬使集体行动承担了高昂的组织成本;
- 寻找资源如外部支持成为组织的当务之急;
- 组织行为被局限于满足组织成员期望的需求之上;
- 偶然的低成本/低风险策略应优于常规的高成本/高风险行动(Scott,1990:112)。

资源动员理论认为,所有社会运动都遵循着一个逐渐"成熟"的演化轨迹,即逐渐走向专业化、制度化并最终达到一种去激进化(deradicalisation)的状态,如果社会运动无法找到生存资源,就更不可能成功地实现运动目标了。这同时也意味着社会运动将会倾向于成为一个同质的集权体而专注于单一议题以及与主流政治力量的结盟上,社会运动不愿意冒险去采用影响更大的行动或追求更广范围内的社会转型。对资源动员理论来说,它支持现实主义而反对理想主义,支持改革而反对革命,这是所有社会运动组织的行动口号,因为它们必须与其组织成员一样遵循自我利益最大化的狭隘逻辑。

或许有些社会运动组织的行为实际上遵循了资源动员理论的逻辑(环保组织、工会组织等),但是这种逻辑绝非是普适或必然的。通过研究英国社会运动,伯恩(1997)发现有很多社会运动组织和群体的行为并不是简单地遵循资源动员理论的成本/报酬模型的。比如,激进的女权主义运动、核裁军运动(CND)、绿色运动中的直接激进行动甚至绿党的行动都是很好的例证,所有这些运动都没有在其价值观上做出妥协让步,也没有远离"高风险"的直接行动抗争,或者放弃他们松散的组织网络以获取主流政治力量的认同或接受(Byrne,1997:165—169)。实际上,如果按照资源动员理论的观点,这些社会群体很早以前就应该萎缩了,因为它们没有遵循多元化民主社会里集体行动的理性选择模式。与美国的社会运动理论一样,欧洲社会运动理论所关注的也是更具历史性的社会运动且与政治过程理论更为相关。两种理论在政治机会结构、抗争循环周期、微观动员情景、抗争手法以及集体行动框架等方面实现了汇合(Klandermans et al,1988;Eyerman and Jamison,1991;Byrne,1997)。

欧洲新社会运动理论

在欧洲社会学界,虽然马克思主义思想较之于涂尔干理论和韦伯主义的影响还稍逊一筹,但对 20 世纪 60 年代风起云涌的激进主义运动浪潮却产生了重要影响。20 世纪 60 年代,在欧洲爆发了大规模的新抗争运动,其中尤其以法国 1968 年的五月风暴以及 20 世纪 70 年代早期席卷欧洲的劳资斗争为代表。这些社会运动推动了马克思主义思想在社会学界乃至社会科学/文化界的复兴,这在当代社会运动研究中尤其明显。从 20 世纪 30 年代开始,斯大林教条主义歪曲和削弱了马克思主义思想对资本主义世界种种现象的解释,因而对斯大林教条主义的批判以及对新理论的探寻则进一步推动了马克思主义的复兴。而且,这个过程还综合了哲学、科学、心理学、人类学以及社会理论中表面上定位于中产阶级思想的观点。其中最突出的理论贡献是由新左派理论家做出的,例如以马尔库塞(Marcuse)为代表的法兰克福学派"重振"了新马克思主义批判理论,萨特(Sartre)对马克思主义思想及其存在主义哲学的挖掘,阿尔都塞(Althusser)"科学"的结构主义马克思主义,以及英国左派学者以《新左派评论》等为阵地,在社会经济、文化以及政治批判理论上所做出的开拓性研究。

这些理论发展自然拓展了社会运动研究者的思维,因为一直到20世纪60年代后期,这些社会运动理论家还拘泥于经典的社会学流派。所以,马克思主义理论创新以及新左派的思想仿佛一盏明灯,照亮了当代社会运动理论研究的新发展方向。欧洲的社会学家开始关注反资本主义背景下的新型社会冲突。其中,第二次世界大战后资本主义结构变迁及变迁之间的相关性,20世纪60和70年代新社会运动的兴起过程,以及过去作为暴力抗争力量的"旧"劳工运动的复兴等议题成为欧洲社会学家所关注的理论焦点。

不过到20世纪70年代后期,60年代所兴起的革命主义浪潮逐渐开始消退,西方资本主义国家及其统治阶级开始收缩其干预范围,在保守主义政府的引导下推行新自由主义经济政策,这推动了20世纪80年代消费主义的兴起。在资本主义国家"反攻嘉年华"的作用下,那些寄托了无数活动家、知识分子及工人信仰的社会运动,无论是"旧"社会运动,还是"新"社会运动,都出现了碎片化和去激进化的趋势。同一与差异取代了平等和团结而成为社会运动的口号,而在后结构主义哲学及后现代社会文化理论的冲击下,推崇马克思主义思想的信仰之花逐渐枯萎(尤其是阿尔都塞的理论),而社会科学及文化学界的这些后现代理论似乎更能准确地把握住当时悲观主义与愤世嫉俗的社会思潮。

到了21世纪初期,欧洲社会运动理论中所出现的分化也足以反映出欧洲社会的文化思想、政治进程以及社会理论思潮从20世纪60年代以后所出现的变迁。今日的欧洲社会运动理论则被广泛地划分为马克思主义、新韦伯主义、后现代主义以及第二代法兰克福学派批判理论等不同流派。这些理论流派思想深邃,多以关于阶级、现代性以及解放的政治的讨论为基础,而且它们相互之间也有相容之处,这些理论流派均将"新"社会运动理解为发达资本主义国家结构变迁背景下所产生的历史行动产物。尽管这些理论流派之间的结论有所差异,而且这些差异或许源自于他们意识形态地位的不同,但是欧洲社会运动理论家及研究者都有一个相同的起点,即关注宏观结构变迁。在资本主义全球化以及跨国家社会运动(跨经济与政治结构)发展的背景下,越来越多地将社会运动视为一个超越国家边界的活动,这就是欧洲社会运动理论的变化所在。

马克思主义社会运动理论:卡斯特尔与都市社会运动

立足于马克思主义来解释新社会运动的理论后来成为欧洲社会运动研究者理论建构与批判分析的基础,不管他们是接受、适应、重构还是反对马克思主义思想。所以在讨论其他理论视角之前,有必要先讨论一下马克思主义社会运动理论。随着 20 世纪 60 和 70 年代新社会运动的兴起,马克思主义社会运动理论面临着一个严重的挑战,即如何在阶级政治与那些不是经典斗争模式或工人阶级抗争的冲突之间寻找一个立足点。在一些左派马克思主义者看来,应该放弃新社会运动,因为它仅仅是一种狭隘的小资产阶级现象,最终与阶级斗争结果毫无关系。另一种不强调工人利益的观点——在马克思主义的社会科学理论中颇为流行——则认为,新社会运动的兴起为资本主义阶级斗争(围绕奠定资本主义繁荣基础的分配与所有权而展开的斗争)增添了新的维度。

其中,从马克思主义视角分析社会运动性质最为系统且最为著名的一个理论是,20 世纪 70 年代中后期的卡斯特尔都市社会运动理论。卡斯特尔主要立足于"都市问题",他认为这些都市问题主要涉及"社会群体在日常生活中的集体消费组织:住房、教育、医疗、文化、商业及交通,等等"(Castells, 1978:3)。卡斯特尔认为,都市的核心问题在于在资源分配过程中,经济领域中逐利性工业生产部门的需求与非生产性和非营利性集体消费部门的需求之间存在的张力。对于一个国家而言,主要的财政收入来源是赋税与借贷,但是由于二者都是约束性且是有限的,所以经常爆发财政危机。在这种情况下,国家经常不得不削减公共开支,因为尽管上述两种部门都是国家关键部门,但生产性部门通常由于其能创造利润而占据有利地位,能够在需要时汲取必要的资源。随着时间的推移,上述两个部门的需求会不断增强,而且由于承担公共义务增多导致地方政府集体需求增加,在这种情况下,"都市问题"也就增多了。卡斯特尔(1977b:43)指出:"公共消费是国家不可缺少的功能要素,是工人一直追求的目标,同时也是形成资本主义经济赤字的一个原因。"社会成员个体对更高生活质量与水平的追求与集体消费的管理之间的深层次矛盾也出现了。因为集体消费实际上是由公共部门管理的,因此都市里的学校、医院、住房与交通等日常生活的基础设置之间的行为也随之政治化了。

都市问题并不一定会导致工人阶级抗争——这取决于问题的轻重缓急,而且有些问题或许会引起中产阶级与地方政府之间的冲突。都市社会运动不会在生产部门中发生,通常也不是通过工人阶级而更多是通过广泛的社会成员联合以形成反资本主义力量。卡斯特尔认为"集体消费的工会主义"将会动员大部分资本主义都市群体去争取改革。在"一般变迁过程中",由集体性议题引发的冲突通常是"阶段性且小打小闹"的,但或许能够"通过不稳定且特定的方式改变都市运动组织的一般行动逻辑"(Castells,1977b:45)。民主联盟欧洲一体共产主义战略(又退化为20世纪30年代的左翼共产主义)在20世纪70年代被欧洲大陆的很多共产党所采用,产生了显著的影响。显然,卡斯特尔引用了阿尔都塞的"相对自主性"概念,意即政治和文化领域内的冲突会自动地由经济领域的冲突引起,但却有自身内部的运行逻辑。在卡斯特尔看来,尽管都市社会运动由于只关注狭隘的消费议题而使其力量软弱,但还是具有重要的政治意义,因为它为阶级斗争建立新的战线与联盟提供了可能。我们在第六章将重新讨论都市社会运动的相关主题。

新韦伯主义、新社会运动及价值观的影响

关于新社会运动的研究,比如英格尔哈特(Inglehart,1977,1990)的研究,已经挑战了卡斯特尔早期所指出的强调政治过程中结构/阶级维度的马克思主义传统范式。通过跨国比较数据的定量分析,英格尔哈特指出新社会运动的发起者主要是由新兴中产阶级和在经济地位上被边缘化的群体如学生与被救助者所组成。英格尔哈特立足于韦伯主义立场,指出参与新社会运动的动机与阶级地位并无直接相关性,不过,在公共领域的特定议题上对国家功能缺位的不满以及战后一代新的后物质主义价值观却催生了参与动机。战后出生的一代与前辈不同,他们没有经历过生活必需品极度匮乏的生活,所以他们更注重个人发展以及新式自由(是远离贝弗里奇所言的"五大恶魔"的自由)。战后一代的价值观强调,权利、认

同、生活质量以及政治参与比以往时兴的工具性的物质主义更为重要,而新社会运动则是这些价值观的践行。英格尔哈特认为,价值观也是在人早期生活阶段中形成的,因而即便是经济危机与物质匮乏时期,这些价值观依然会被坚持。在英格尔哈特看来,战后一代发起的新社会运动跨越了阶级区隔,也对意识形态上左派与右派的划分提出了质疑(Parkin, 1968; Giddens, 1987)。

20世纪70年代晚期,随着中产阶级社会学中关于社会运动政治研究的增多,也引发了学界对中产阶级政治倾向的广泛关注。比如,美国的"新阶级"议题则通过对新近形成的具有潜在革命倾向的高学历专业管理人的阶级行为进行理论分析,试图对20年前的中产阶级的激进主义进行解释(Gouldner, 1979)。戈德索普(Goldthorpe)指出,在英国,专业"服务阶级"和管理者都已经将社会运动视为阶级内或阶级间进行斗争的工具,他的这个理论产生了广泛的影响。戈德索普的观点与其他一些社会运动理论家产生了共鸣,他们反对那种认为参与社会运动的新中产阶级都持有利他主义动机的观点,而认为那些新中产阶级具有不同程度的自利工具主义动机(与资源动员理论相呼应)。在这个过程中,中产阶级参与社会运动的动机内容发生了变化:从为了在关键决策机构中获得发言权转变为竭力在这些机构中获得霸权地位(Cotgrove and Duff, 1980; Cotgrove, 1982)。弗兰克尔(Frankel, 1987)认为,"新阶级"成员既有社会运动中的活跃分子,又有经济合作与发展组织成员国中的传统左派政党的主要分子,这使他们放弃了激进主义的社会主义政治斗争,取而代之的是采用技术专家统治的实用主义(比如新工党采用的"第三条道路"),这样对于他们的利益更为有利。

新社会运动与后现代政治学

韦伯主义理论强调了价值观的相对自主性,从而对正统的马克思主义理论提出了批评,而后现代思想家的"激进脱钩"(radical decoupling)理论则将韦伯主义的观点发挥到了极致,因为他们认为政治与文化现象和社会基础之间没有任何理性的关联(Crook et al, 1992; Pakulski, 1995)。在后结构主义哲学家如德里达、福柯(Foucault)及鲍德里亚(Baudrillard)等人的倡导下,反功能主义认识论取得了广泛的影响。这些后现代社会理论家认为,在碎片化的后现代世界里,诸如阶级、收入、地位或者职业群体等概念已经没有任何意义了,因为后现代的世界是异

质的且缺乏明确的结构。多尔顿（Dalton）等人（1990）是这样评价"新社会行
动"的：

> 在新社会运动中，参与运动的群体的归类依据已经从政治差异转变为价值
> 观差异。同时，组织与社会基础的缺乏也意味着社会成员具有很强的流动性，换
> 言之，他们即使参与了运动，但也会因为政治环境及个人情况的变化而退出。

> （Dalton et al, 1990：12；Maffesoli, 1996）

在后现代主义者看来，如今是一个合法性解体（delegitimation）和叙事危机的
年代，正如利奥塔（Lyotard, 1984：3）的著名论断所指出的："尽管宏大叙事采取了
统一模式，而且不管它是思辨的叙事还是解放的叙事，都已经失去了信用。"在利
奥塔看来，元叙事（meta-narratives）对奥斯维辛（Auschwitz）集中营和古拉格（Gu-
lags）集中营事件负有不可推卸的责任，同时也将人类推向生态灾难的边缘，所以
必须要对总体性发起挑战，而且应推崇一个政治、艺术及科学多元化的后现代、后
工业化社会。后现代社会理论认为，因为社会权力不是嵌入在阶级或集团之中
的，而是离散和不确定的，所以反抗社会权力也必须从其碎片化的属性入手，由那
些"志趣相投的群体"（communities of like minded people）展开反抗行为，因为他
们不易被福柯所言的"权力网络"所同化。

除了使用"过时的分类"外，后现代社会理论家认为，解放政治运动的马克思
主义阶级理论的根基是不牢固的，因为它只狭隘地强调工人阶级的群体利益，而
忽略了当代社会中存在的多元化利益需求（Laclau and Mouffe, 1985）。一般认
为，社会主义的阶级政治必然会对激进"异己"进行单纯的压制，而激进"异己"无
疑是实现多元主义与真正民主的必要条件，所以为了支持新社会运动的特殊主义
情怀，必须抛弃社会主义的阶级政治。德勒兹（Deleuze, 1973：149）详细阐述了它
在实际政治行动中的意义：

> 从今天看来，在没有政党或国家机器领导的专制和官僚组织的情况下，
> 革命面临的问题是在一个特殊抗争目标下的团结问题。为了解决此问题，我
> 们试图寻求一种不会重构国家体制的战争机器，以及一种不会重新激活内部
> 专制组织但却与外界相联系的流动方式。

在后现代社会，身份（性别、性、种族等）被认为具有重要意义，而据此发展起
来的身份政治行动意味着是对旧的民族政治行动、传统政治行动以及阶级政治行
动的突破（Touraine, 1977；Melucci, 1988）。而且，正如第二章所言，与福利及现

61

代化相关的包括从习惯权利向公民权利的转变；后现代还包括对身份权利的肯定。

对于左翼力量发起的阶级政治，尼采的理论试图替代马克思主义而给出解释，因为尼采的思想为以解放政治为中心的新社会运动建构了哲学基础。福柯、德勒兹及他们的追随者（后来被称为"游牧思想家"的伟大哲学家们）在发展新社会运动理论方面做出了卓越贡献，他们鼓励采用全新的政治运动形式，主张打碎既有体系，反对同质化，而且藐视主流法规与规范。如果在今天我们依然追求解放的话，那么正如德勒兹（1973：143）所言，我们必须问自己："谁是我们今天的游牧思想家，谁又是我们这个时代的尼采？"在后结构主义思想家看来，新社会运动是地方层面上为特定目标而发起的抗争，它们游离于正式政治制度之外，采用非传统的斗争手段，而且不会秉持夺取国家政权或者颠覆基础社会经济条件的那种危险的乌托邦信念（Melucci，1989）。福柯（1977：231）认为，面对需要打破的"体系（包括大学、监狱以及精神病院），应该采取各个击破的策略，因为我们的力量有限，无法同时打破"。不过，新社会运动的抗争要避免利用任何总体性理论，因为"这些总体性理论也是我们所反对的体系的一部分"。哈特（Hardt）和奈格里（Negri，2000）期盼流动"大众"（multitude），他们反对将"帝国"作为 21 世纪全世界反全球化运动的最新图景（Chesters and Welsh，2006）。

哈贝马斯的批判理论：新社会运动与现代性

关注后工业化资本主义是哈贝马斯研究工作的中心，其合法性危机理论就是为了解释当代资本主义新社会运动的特征（1976，1981，1987b）。哈贝马斯合法性危机理论的现实基础是发达资本主义社会中的经济、政治及社会文化等次级体系之间的矛盾冲突。在当代资本主义社会中，公共期待（public expectation）与国家满足期待能力之间的差距越来越大，重建经济的强烈需求制造了一种合法性危机。哈贝马斯认为，这是解释自由资本主义之后的晚期资本主义社会的一个新政治范式（Offe，1985）。资本主义目前的政治经济体系需要民众的忠诚作为支持，但是它却无力满足民众日益膨胀的需求，也无法给予他们足够的参与激励。哈贝马斯认为，为了克服这种危机，资本主义国家一直努力扩张其权力干预范围：公共政策渐渐地扩张到原本是民众自主行动的领域。这就是哈贝马斯所言的"内在殖民化"(inner colonisation)过程。

但奇怪的是,尽管国家的管制功能加强了,其正式权力也随之得以扩张,但在更深和更实际的层面上,国家在争取大包大揽的同时也使它的权威性被颠覆了。随着政治权威干预范围的增多,国家的一些非政治性基础设置也被政治化了,此举无疑与国家最初的合法性基础背道而驰。从本质上看,国家科层权力将公民私领域如道德、家庭和社区等方面的问题纳入到公共领域之中,使之转变为政治性议题。在后资本主义社会,造成压迫的不再仅仅是工作,国家管制权力对生活世界的干预也已成为压迫形成的另一个重要原因,这种干预既是对社会与文化领域自治性的剥夺,也是对公民社会的侵蚀。一方面,这种国家权力的侵蚀过程制造了"新的社会病理"(比如种族主义和极端种族主义);另一方面,也推动了以反抗"生活世界系统殖民化"为主要内容的新运动模式的出现(Habermas,1987b:394;Touraine,1974)。

根据哈贝马斯的理论,由新社会运动引发的新冲突"多是亚制度的(sub-institutional),或者至少是议会体制外(extra-parliamentary)的抗争……引发斗争的问题基本上是与日常生活相关的"(Habermas,1981:33)。新社会运动代表了一种转向:从以制度化党团及代议制民主为特征的"传统政治"转向了以生活质量、个人自我实现、行为规范、价值观及人权为中心议题的斗争。当生活世界的机体基础被破坏或者生活质量遭受威胁时,新社会运动成为一种回应形式。从斗争内容上看,新社会运动所涵盖的议题五花八门:首先是"环保问题",比如都市环境破坏与污染,以及由此给民众健康带来的风险;其次是过度复杂化(excessive complexity)的问题,比如对潜在军事冲突、核废料以及对核能的担忧及其所带来的风险;第三是沟通基础结构的不堪重负,这导致了一种文化贫困,反过来又催生了根据性别、年龄、肤色、邻里、信仰或教会而组成的特殊主义共同体。这些共同体以各种方式对经济理性及科层理性的膨胀进行了批判(Habermas,1981)。

尽管这种特殊主义共同体的抗争具有风险,但哈贝马斯对新社会运动所具有的解放政治潜力却很有信心。哈贝马斯认为,这种潜力源自于这些团体创设替代性制度的倾向,以及他们的实践行动往往是与"推导媒介——国家和资本"所组织的方向背道而驰的。新社会运动支持发展参与式民主(participatory democracy),这对于社会的交往理性的发展起到了至关重要的作用,是人们阻止生活世界被系统殖民化的替代性制度与行为。最终,新社会运动为哈贝马斯"现代性理论"提出的一个新型社会提供了范本与模型。这是一个以平等、普遍权利及激进民主为基础的社会,在这个社会里,那些一直潜伏的议题将会被放置在公共领域中予以公开讨论。正如休伊特(Hewitt)所评论的(1993:63):"这是对特定身份的维护,需要为培养更加普世性的关怀提供基础条件。"

欧洲新社会运动理论批判

尽管在各种"新社会运动理论"之间存在着严重分歧,但是每种理论都认为,当代重要的社会运动与过去的社会运动及"标准的"制度化政治行动存在着天壤之别。在欧洲学界看来,社会运动能够导致基础变迁,而在美国学界看来,社会运动仅仅是实现改革的一种政治手段。新社会运动那些激进的目标影响了运动的组织结构,他们无需再固守正式结构和科层制的"旧"政治斗争形式,而应采用以非正式网络互动为特征的去集权化的参与斗争形式。新社会运动试图通过他们的斗争形式、意识形态宣传以及实际行为,推行一种替代性发展模式,以取代那种以牺牲文化、政治及环境为代价的、并以经济增长至上和狭隘的物质主义为核心价值的发展模式(Eder,1993)。

不过,理论上的分歧也带来了很多问题。第一,在以资源动员理论和政治过程模型为代表的美国主流社会运动理论看来,欧洲学者对社会运动起源的解释未能对集体行动所采用的手段与战略予以适当的关注,因为在社会运动政治的表达维度上,组织强制和自利动机驱动下的资源动员都夹杂在其中。而且,欧洲学者的社会运动理论也忽略了社会运动动员的政治维度,如政治机会结构以及"正式"的制度化政治与"非正式化"的社会运动网络政治之间的互动等。欧洲的社会运动理论通常关注于社会经济结构的变迁,而阶级、价值观、意识形态及身份认同等微观或中观的议题,通常是美国社会运动理论所关注的。

第二,或许新社会运动理论的主要问题是与将社会运动划分为新旧两类的做法密切相关的。很多被划归为新社会运动的类型,比如女权主义和黑人民权运动,都具有深厚的抗争传统,甚至至少可以追溯到 19 世纪早期(D'Anieri et al,1990;Calhoun,1993)。所谓的"新"社会运动,言外之意就是指,"旧"社会运动已经被取代,或者已经过时了。新社会运动实质上是一个概念,且经常被用来批评强调工人阶级和劳工运动的马克思主义理论。当然,其中有些批评是言之有理的,尤其是对马克思主义教条性的工人阶级利益至上的社会观。但是新社会运动理论家往往没有认识到,20世纪60年代后期和70年代早期所兴起的"新"社会运动抗争与当时风起云涌的工人阶级激进主义(在劳工运动所表现出来的一种新战斗性)是相伴相生的。同样,到20世纪80年代,当劳工运动已经采用了更多所谓"新现实主义"的温和斗争政策时(而且即使在1984—1985年,英国爆发了矿工大罢工),很多新社会运动也更多地使用了战斗性较弱的斗争形式。

因此,即使社会充斥着各式各样的冲突,不同社会部门和社会群体的激进化行动之间依然存在着千丝万缕的联系。这也意味着,劳工运动和阶级冲突已经不再是劳资双方的生死之战。相反,与"新"社会运动一样,政治过程理论所言的一般社会运动都具有的斗争兴起与低潮的循环周期,劳工运动同样具有。基于这些原因,本书尽可能使用"当代的"而不使用"新的"这个词来描述目前的社会运动。

结论:社会福利运动理论

美国与欧洲的社会运动理论分析不同类型的问题,但其理论框架的核心依然在于解释"何为社会运动及社会运动为何"这个问题。在此,本文选择了一些研究议题,也覆盖了后面的章节所讨论的社会福利运动。

美国社会运动理论所关注的研究问题

(1) 在社会运动过程中,自利动机对于动员参与者究竟起到多大的作用?

(2) 组织和资源在社会运动过程中扮演什么角色?

(3) 社会运动是如何与政府机构互动并实现其目标的?

(4) 什么是吸引社会成员参与运动的关键的微观动员机制?

(5) 社会运动是否能够被认为是有利政治机会结构催生下的产物?

(6) 社会运动是如何应对其反对者的说辞的?

(7) 在社会运动的形成过程中,是否有独特的集体行动策略手法?这些手法的具体表现是什么?

(8) 社会运动是否具有抗争周期?

欧洲社会运动理论所关注的研究问题

(1) 从社会人口统计学上来说,谁是社会运动的行动者?

(2) 社会运动行动者的阶级属性与他们的行动主义之间是否具有相关性?

(3) 社会运动行动者持有何种类型的价值观? 这些价值观以何种方式影响社会运动的行动?

(4) 在社会运动过程中,参与者之间会产生何种身份认同?

(5) 社会运动与"旧"劳工运动的利益诉求之间存在着什么关系?

(6) 如何理解社会运动与资本主义社会经济组织中的结构性矛盾之间的相关性?

(7) 在制度化政治行动中,社会运动行动者的定位是什么? 他们的政治行动距离"文化的"运动还有多远?

(8) 在一场社会运动中,抗议运动或者抗议斗争是由社会运动行动者网络所组成的吗? 如果其中一个集体行动延迟了,那么将如何与整个社会运动联系起来呢?

拓展阅读

关于不同社会运动理论的研究,有三本重要的文献:尼克·克罗斯利(Nick Crossley)的《理解社会运动》(开放大学出版社 2002 年版);唐纳泰拉·德拉·波尔塔(Donatella Della Porta)和 M. 第亚尼(Mario Diani)的《社会运动概论》(Blackwell 出版社 2006 年版);保罗·伯恩(Paul Byrne)的《英国的社会运动》(Routledge 出版社 1997 年版)

在杰夫·古德温(Jeff Goodwin)和詹姆斯·M. 杰斯帕(James M. Jasper)联合主编的《阅读社会运动:案例与概念》(Blackwell 出版社 2003 年版)一书中,对以往研究社会运动周期——包括从动员、成员资格获取、组织与发展到运动战略、斗争策略、运动影响力及运动衰退的整个过程——的经典著作做了一个全面总结,为我们提供了大量有用的资料。

塔罗的《运动中的力量:社会运动和抗争政治》(剑桥大学出版社 1994 年版)和查尔斯·蒂莉的《社会运动:1768—2004》(Paradigm 出版社 2004 年

版),这两本书从政治过程的视角对社会运动的发展进行了历史性检视。

哈贝马斯的《新社会运动》(发表于 *Telos* 杂志,1981)引起了广泛的争论,而米歇尔·哈特(Michael Hardt)和安东尼奥·内格瑞(Antonio Negri)在其《帝国》(哈佛大学出版社 2000 年版)一书中,对目前后现代式的全球社会运动进行了深入探讨。

《动员》杂志上刊有很多关于社会运动理论的文章,其网址是:www. mo-bilization. sdsu. edu。

第二部分 社会运动和经典福利国家

第四章 对抗懒惰与贫困：失业劳工运动

第五章 对抗疾病：女性医疗保健运动

第六章 对抗污浊：都市社会运动

第七章 对抗愚昧：社会运动与现代教育

第四章
对抗懒惰与贫困:失业劳工运动

导 言

本章的中心问题是追问:在两次世界大战之间,如果英国的失业劳工运动影响了国家社会政策优先关注的议题,那么它究竟是如何产生影响的? 换言之,本章关注的焦点是两次世界大战之间的失业劳工抗争是如何形塑战后的福利国家的。

首先,我们认为,社会政策与经济政策所进行的长远改革(至少部分)是对失业劳工因怨愤而抗争的回应。其次,我们将通过梳理英国失业劳工运动(NUWM)的简史,探讨失业的性质与失业劳工运动的组织困境这一问题。最后,我们在 NUWM 案例的基础上,反思社会运动理论的前景。

改变懒惰与贫困

在 1942 年发表的《贝弗里奇报告:社会保险和相关服务》(以下简称《贝弗里奇报告》)中,贝弗里奇将"贫困"与"懒惰"列为"五大恶魔"之首,认为需要立即采取行动加以克服(Timmins,1995)。在第二次世界大战爆发之前的 1939 年,严重的贫困与失业蔓延全英国。从第一次世界大战结束到第二次世界大战开始这些年,英国经济的动荡及混乱制造了大规模的(尽管是起伏不定的)失业人群。后来,随着当地工业产业如制造业、采煤业和纺织业被迫缩小规模或者倒闭,一些社区逐渐萧条而沦为"贫民窟"(distressed area)(Ward,1988)。经济的衰败也导致社会出现了两极分化。对于那些失业人员及其家庭,政府部门给予了严厉的对待,这使整个社会满目疮痍。20 世纪 30 年代,英国大约有一半劳工觉得他们迟早会失业。

《贝弗里奇报告》认为,如此大规模的贫困无疑是件让人难堪的事情,原因在于政府没有竭尽全力去阻止其发生。所以,贝弗里奇建议建立社会保险体系,为那些不能工作的人提供"国家最低标准"的生活费。如果在前些年,这些建议完全是不可能被考虑的。但是,当时英国正处于战争时期,需要将国家凝聚起来,并且政府对 1941 年后苏联遭到纳粹德国的侵略深表同情,因此这些改革建议在英国显得非常合情合理(Calder, 1969)。正如贝弗里奇所指出的:"社会保险本质上不是一个政治问题,也不是社会主义或资本主义的问题,它只不过是一个正常的事情。"(Bruce, 1968:26)后来,这些建议在保守党哈罗德·麦克米伦(Harold Macmillan)担任首相时被政府吸纳,麦克米伦称之为居于资本主义和社会主义之间的"中间道路"。即使当时反对改革的保守派报纸《泰晤士报》也称赞其为必要的进步改革。

不过,贝弗里奇并不主张自上而下的革命。他的报告也并不如他自己所言的那样,只是达到"莫斯科一半的程度"。尽管没有根据收入结果进行资源分配,《贝弗里奇报告》还是为那些"贫困者"提供了固定费率的基本保险,此举使社会成员有动机去履行其"个人责任",且不会催生他们申请额外救助保险的动机。正如贝弗里奇所指出的(1942):"社会保险计划不是无条件地满足每个人的需求。"[①]如果社会成员交纳了社会保险金,那么作为回报,必须保证得到的收入达到基本工资标准。重要的是,这个政策为实现马歇尔所言的"社会权利"奠定了基石,社会权利是一种普享权利,而不是根据收入差异进行选择性配置的权利。贝弗里奇还建议,将家庭津贴也纳入到付给很多工人的贫困补助之中,而在以往,家政是由女人提供的一项"重要的免费服务"。

建立社会保险体系只是处理失业与贫困的战后政策的一部分。1944 年的《就业政策白皮书》(战后重建委员会,1944)肯定了凯恩斯的革命性经济思想。在《就业、利息和货币通论》一书中,凯恩斯(1936)批判了传统经济学思想,他认为经济行为的最主要目的在于实现充分就业而不是追求个体利益。凯恩斯认为,如果没有国家干预而任其自由发展,资本主义将难逃危机的厄运,将会导致大规模的失业。"需求管理"利用货币和财政手段进行积极的国家干预,这对于调节整体消费、实现充分就业是必需的。一旦经济面临衰退,公共开支就成为经济发展的驱动器(pump-prime),如通过投资公共部门在"贫民窟"发展工业、促进劳工流动、组织针对新兴产业的再培训等。

---

① 结果,将日常生活伙食开支纳入福利范围导致福利成本上升,进而侵蚀了低保的原则。

在战时经济发展期间,充分就业显示出国家实际上能够控制和界定一个明确的经济发展目标。但如果充分就业能够在战时实现,那么为何在和平时期无法实现呢? 失业问题不再是一个政治问题,而成为一个通过国家直接的经济措施就能够解决的问题。与贝弗里奇思想类似,凯恩斯主义认为,与"饥饿的 30 年代"不同,充分就业或多或少是种"正常"现象,而长期的失业反而是"不正常"的。通过比较两次世界大战之间高达 20% 甚至更高的失业率,凯恩斯认为,任何时候的失业率不应该超过 3%。在英国 1944 年的《就业政策白皮书》中,就设定了上述就业目标,尽管《白皮书》没有完全照搬凯恩斯的干涉主义,而且也没有贝弗里奇在后来的著作《自由社会中的充分就业》中的观点激进(Deacon,1981)。贝弗里奇无疑影响了英国对待激进变迁的政治心态,但他没有创设一种全新的政治心态。

失业与失业者

在我们分析 20 世纪 30 年代的英国失业劳工运动之前,有必要简要地讨论一下"失业"这个概念。相对而言,"失业"一词是新近出现的,源自于 19 世纪早期劳工运动所提出的"工作权利"。在英语语境中,"失业"这个词直到 19 世纪末才真正得到普遍使用(Flanagan,1991)。在这之前,无业被视为由于个人条件及自身"懒惰"或因"领取救济"导致的结果(Garraty,1978)。19 世纪中期,马克思指出资本主义需要长久保留"劳动力后备军",维多利亚时期的改革者将"失业者"视为一种社会问题,而将"失业"视为资本主义社会的一种周期性现象。

在一个从意识形态上重视付出劳动挣工资的社会里,作为结构问题的失业是无法与失业者的经历相分割的。正如佩里(Perry,2000:2)所言:"失业不只是一个社会学家的习惯用法,也不只是一个限用的隐喻,以及一个理念型或者一个能够将不同经验糅合在一起的新事物。"尽管近年来流行的观点是,将失业视为一种避免签订工资合同的理性的自利选择,但是我们以为,将失业视为一种非自愿的且人们通常都尽力回避的事情更为贴切。正是基于这样的观点,社会学家米尔斯(Mills,1959)讨论了传记、历史及社会结构是如何交叉作用而将当下的"个人困难"转变为举国轻重的"公共议题"的,而失业无疑就是其中的一个关键例证。

一般而言,"失业"这个词属于社会心理学上的概念,因为不同的群体都承受着相同的心理感受——绝望、孤独和沮丧。这种分析失业的视角开始于 20 世纪

73

30 年代一群行为社会科学家所开展的著名的玛瑞萨镇（Marienthal）研究（Jahoda et al. , 2002）。玛瑞萨镇是奥地利的一个纺织城，它在 20 世纪 30 年代遭遇严重的失业风潮，这些行为社会科学家则试图通过民族志的调查方法对失业进行研究。在行为主义理论看来，政治冷漠和默许是造成失业直接背景的条件之一。正是对失业带有意识形态性的理解，杰霍塔（Jahoda）和她的研究同事才将失业者归类为性格上消极、孤独及政治上冷漠的一群人（Cole，2007）。

还有些研究失业的社会学视角是立足于"相对剥夺理论"展开的。这一视角指出，当一个社区中大部分人发现自身处于类似的境地——贫穷和失业时，他们缺乏被剥夺较少的参照群体（富裕或有工作的人）。基于身边人的现状，他们在衡量自身的处境时降低了期望。没有了对比的"参照群体"，失业者对自身的困境也缺乏衡量比较，他们也不会形成那种本该生活得更好的集体怨恨（Merton，1957）。根据朗西曼（Runciman）的经典著作《相对剥夺与社会公平》的研究，只有当社会阶级成员的被剥夺处境降低到他们的期望或者低于其参照群体时，他们才会认定遭受了社会不公平待遇，并采取一些行动（Gurr，1971）。

在孤立的社区里，成员遭受的剥夺或多或少是同一类型的，例如其中的失业者就会顺从自身的命运安排，因为社区中每个人的境遇都差不多。正如朗西曼（1966:60）所言："大萧条降低了而不是加剧了相对剥夺的量级与强度，因为几乎没有几个受害者明显觉得他们应该是可以幸免的。"只有在"极端不公平"的异常情况下，"政府部门不断地随意设立或取消福利安排"，才会激发起"相对剥夺"的失业者的怨恨，从而使之发动政治行动以维护自身的利益。更常见的情况是，失业者多感叹自己"命运的不济"，而不会认为自己遭受了"不公平待遇"。失业也被认为是一场自然性的不幸，而不是组织经济的一种方式。

乔治·奥韦尔（George Orwell）在其著作《通往维根码头之路》（*The Road to Wigan Pier*，1937）中，通过对英格兰北部几个萧条工业区人们日常生活的近距离观察，描述了一种符合相对剥夺理论的场景。奥韦尔发现，他所接触的失业工人在面对自身的境遇时会坦然处之。随着失业形势的持续，失业者的态度也会发生变化。开始时他们会认为失业只不过是一个暂时的困难，从而自我抱怨，但到后来，一种命定论会影响每一个失业者，他们会认为失业是一种个人无法控制的事情。奥韦尔指出（1937:162），直到战争来临时，数百万将成为战争伤亡者的人再也没有重新获得工作："大街上满是失业的人，得到一份工作的机会无异于大海捞针，其几率远低于在足球博彩中赢得 50 英镑的概率。"奥韦尔认为（1937：164—165），在这种情境下，低的期望值与廉价的消费品妨碍了有效政治行动的发生：

> 当人们长期依赖失业救济金生活后，他们会逐渐习惯这种状态，申请失业救济金尽管令人不愉快，但是羞耻感会越来越少。……实际上，这些人越来越远离其过去的生活。而且他们没有对自己的命运怨声载道，相反会降低其标准以适应现状……他们既不会走上革命道路，也不会丧失自尊；他们所做的只是平复心态且安于现状，充分利用现有条件以维持其生活标准。显然，他们的生活中充斥的是鱼加炸薯条、丝袜、鲑鱼罐头、廉价的巧克力、电影、收音机、浓茶以及足球博彩等，这有效避免了革命的发生。

奥韦尔和杰霍塔等学者（以及最近的一些社会运动理论）的解释所存在的部分缺陷是，认为中产阶级在失业社会运动中扮演了旁观者的角色，且认为失业工人阶级只是一种被研究的"客观事物"（Cole，2007）。不过，奥韦尔至少表达了他理性的同情心，但是从情感上来说，他反感持有相对剥夺感的失业者，尤其是那些与他有着类似中产阶级背景的人。

全国失业劳工运动简史

在本书中，我们更直接的关注重点是，认为上述理论解释忽略了政治行动在对失业及其自我理解上所起到的特定作用。所以有时候，即便是一般的平等被剥夺，社会成员之间的接触互动及积极的政治文化也会导致一个与杰霍塔、奥韦尔以及朗西曼等人所预测的宿命论完全不同的结果。这种宿命论至多只是对少部分失业者而言是成立的，而不是全部。正如艾米莉·斯旺基（Emily Swankie）（MacDougall，1991：229）在 20 世纪 30 年代的失业劳工运动中所亲身经历的那样：

> 与今天不同，当时就业者与失业者之间的差异并不明显。因为我们周围的人都是失业者。而且在那时，他们或多或少处于相同的境遇……我们处于政治行动的边缘，才开始认识到当时在这个国家里存在着大量的失业现象。我对全国失业劳工运动（NUWM）的示威游行很感兴趣……我觉得，"这太棒了。有人在努力做些事情，至少能够引起人们对失业者生活状况的关注"……所以在与（全国失业劳工运动的）约翰·蒙根（Johan Monghan）——一位我非常敬仰的人有过一两次沟通后，我决定参加那次的反饥饿游行。反

75

饥饿游行是独立工党青年协会活动的一部分——当时他们积极组织示威运动反对收入调查（以确定是否有获得政府津贴的资格）。但对我来说，参加运动并没有什么政治原因，对生活状况的强烈不满、缺少生存机会，以及没有工作或许才是真正的原因所在。

类似于艾米莉·斯旺基的亲身经历表明，社会政治运动在不同时间与不同地点的作用。与艾米莉经历类似的证据使我们认识到，失业不是一种对同质群体的相对剥夺，也不是一种心理现象。

两次世界大战间的抗争周期

迄今为止，20 世纪英国最重要的失业劳工社会运动当属 NUWM。NUWA 的重要性主要体现在它对失业劳工所进行的成功的政治动员，及其对地方和国家社会政策产生的影响。失业规模达到高峰的时候并不意味着抗争高峰的到来，而当利益剥夺严重威胁到失业者生活福利的时候，抗争高峰才会到来。从充分就业的战时经济，到 1921 年英国失业者达到 200 万，在 1929 年的华尔街大崩盘之后失业规模达到了高峰，超过了 300 万。失业劳工主要的抗争是在 1920—1922 年和 1931—1936 年这两个时间段发生的，尽管在二三十年代后，不同形式的抗争运动风起云涌，但其影响力都不及二三十年代的失业劳工运动。当时，大约有一半的英国工人有过失业经历，主要集中在一些工业区，尤其是煤矿工业区，比如南威尔士、苏格兰以及北爱尔兰等地。

失业劳工的抗争收到部分效果，这说明这些人是能够被动员起来的，从而也引起了地方的关注（Bagguley，1991）。20 世纪 20 年代，主要的关注者是地方选举监管委员会。其中众所周知的现象是所谓的"极性主义"（polarism），即在经过投票选举后，社会党人向公共援助委员会提出的救济计划超过了政府的承受范围（Branson，1979）。1929 年，公共援助委员会（PACs）的选举决定在农村举行，以防止社会主义者实现慷慨的救济计划。但是在 20 世纪 30 年代早期，日益高涨的失业劳工运动继续给 PACs 施压，要求压缩收入调查的规模，并加大救济的力度。到 1934 年，英国成立了一个中央集权机构——失业救助委员会（UAB），从而削弱了地方 PACs 的自主权。成立 UAB 的目的在于，通过剥夺地方直接管制权从而实现福利水平国家化和非政治化（Miller，1979）。

与其他的贫民抗争运动不同，NUWA 对国家社会政策产生了直接影响。这种影响力在《贝弗里奇报告》(1942)中以及第一次世界大战后的充分就业政策上得到了清楚体现。同时在阻止失业者沦为法西斯主义者方面,NUWA 也起到了重要作用。这与德国的糟糕情况恰恰相反,德国纳粹取代了共产主义,他们利用失业者的怨恨并将其成功动员起来(Stachura, 1986)。从广义上来说,在英国,NUWA 是反法西斯斗争的一部分,著名的例子就是"电缆街战役"(Battle of Cable Street)。而且 NUWM 对于西班牙的反法西斯斗争也做出了重要贡献,这既表现在斗争志愿者构成上(英国国际纵队中有 1/4 的志愿者属于 NUWM 会员),而且还表现在劳工之间的合作上,英国工人在位于苏格兰东南部霍伊克(Hawick)的一个废弃的纺织厂内为西班牙共和党生产衣服。而且 NUWM 的社工通过日复一日地耐心给予实用建议,以及为每个失业者申请救济等方式,来阻止纳粹主义的发展。

1921—1922 年:全国失业劳工运动的兴起

NUWM 的前身是建立于 1921 年 4 月的全国失业劳工运动委员会(NUWCM)。NUWCM 是为了应对快速增加的失业及贫困救济规模而成立的。1920 年 10 月,伦敦的警察武力镇压了失业工人的游行示威。这件事证明,有必要加强各地方失业劳工团体之间的合作以形成全国性运动。在年轻共产主义者沃·汉宁顿(Wal Hannington)(一名精密工具制造工)的领导下,工程机械制造工人联席会和伦敦失业工人委员会诞生了,并提出了"工作或者全面救助"的口号,从而使失业不再只是由社会成员个体承受的事情,而且还是政府部门应该承担的责任。在汉宁顿看来,这个口号使失业劳工集体行动具备了"一种新的心理学",即提出了工作或者福利方面的权利要求,而不是只要求零星的慈善救济,或者顶着"欺骗者"或者"装病者"的侮辱性头衔去获得救济。

地方 NUMCM 是以一种大家熟悉的模式开展运动的。首先,在当地举行一场会员大会以选举出执委会。随后,执委会就"尽量以和平的方式",立刻组织一场游行示威,向地方济贫管理机构提出"充分救济"的要求(Croucher, 1987:47)。劳工代表们会通过一次全国性会议商讨运动组织的手段及目标。在 1921 年 NUWCM 代表大会上,由于苏格兰失业劳工运动分子——那时已经在独立马克思主义者约翰·麦克莱恩(John MacLean)的领导下——充满猜疑而且害怕其自主权被剥夺,从那以后,更多单纯由英国失业劳工参与并发起的抗争运动逐渐兴起。

煽动失业工人进行运动的做法波及整个英国,NUWCM 正是利用失业劳工

77

运动,以占领工厂和举行工厂关卡大会等方式来反对超时工作的。所有此类行动的最高峰是发生在1922—1923年冬天、以伦敦为目的地的第一次全国性反饥饿游行示威。在这次游行示威之前,这些运动避免了失业劳工进一步受到伤害,同时使失业问题成为国家的主要议题。失业劳工经常通过运动提出要求,直到战争到来时,失业劳动运动才逐渐消失。

1931年:失业劳工运动的复兴与衰落

一般而言,NUWM的会员规模是随着失业形势而变化的(参见表4.1)。只要就业形势好转,那些运动活跃者就会去寻找工作机会,而不是去煽动罢工。对

表4.1　NUWM标志性事件与失业率(1921—1939年)

年　份	组织大事记	失业率(%)
1921	NUWCM成立大会	23.0
1922		14.6
1923	会员达十万名	11.2
1924		9.4
1925		10.9
1926	会员达一万名	14.5
1927		8.8
1928	苏格兰全国代表大会;会员达一万名	9.8
1929	第六届全国代表大会;会员达两万名	9.7
1930	3.9万名会员	15.0
1931	两万名会员(8月);3.7万名会员(12月)	20.3
1932	五万名会员	22.0
1933	十万名会员;349个分支机构	20.4
1934	第九届全国代表大会	16.2
1935	超过十万名会员	15.5
1936		12.8
1937	第十届(也是最后一届)全国代表大会	10.7
1938		12.8
1939	NUWM自行暂停活动	10.5

资料来源:引自Kingsford(1982);Croucher(1987);Flanagan(1991);Perry(2000);Richards(2002)。

很多运动活跃者而言，失业毕竟是无法避免的事情，并不是国家故意为之。1931年，为了抵制国家削减失业救济和带有耻辱性的强制性收入调查，失业劳工运动在经历了一段停顿后重新出现。国家提出即将实行的救济方法以大家庭收入为计算标准，并据此发放失业救济。在这个复杂的收入调查系统下，如果你有工作收入的堂兄被计算在内，那么有可能导致你全家的失业救济被取消。失业者被迫去投奔他们的亲戚，很多年轻失业者也因此离开自己的家乡。

1931年9月，削减失业救济的决定一经宣布，成千上万的示威人群就涌上了邓迪市、伯明翰、曼彻斯特以及格拉斯哥的街头，并与警察发生了冲突（Kingsford，1982：134）。更严重的骚乱发生在伯肯黑德（Birkenhead）和贝尔法斯特（Belfast）。在伯肯黑德，骚乱与严重的斗殴事件持续了五天之后，警察对参与运动的工人阶级发动了突然袭击，而其中与爱尔兰天主教（新教）相关的人则是重点袭击对象（Croucher，1987：133—136）。在警察不分青红皂白的镇压中，有100多人受伤。

贝尔法斯特的失业劳工抗争将运动推向了顶点，而且贝尔法斯特的运动必须要面对北爱尔兰宗派林立的国家机构（Farrell，1980：125—132）。这场抗争运动的主体是新教徒，因为他们中的大部分要么是贫民、无技能者，要么是失业者。不过，新教徒与信奉新教的失业者都属于被歧视人群，他们只能接受所谓的"院外救济"（outdoor relief），必须付出劳动才能获得救济金。就运动组织而言，院外救济为失业者组织成集体提供了极为有利的条件，使工会组织抗争成为可能。所以在当时，年轻的马克思主义者贝蒂·辛克莱（Betty Sinclair）所领导的一个小型失业劳工组织（该组织与NUWM毫无关系），就能够组织上千名领取救济金的劳工举行罢工。在这场罢工斗争中，警察射杀了两名抗争者，并导致15名抗争者受伤。随后，英国军队介入并实行了宵禁。新教徒与信奉新教的工人之间的联合抗争虽然脆弱且付出了沉重的代价，但也使北爱尔兰对救助体系进行了重建。

1935年：疯狂的一年

失业者的抗争是西西弗斯式的，是无休无止的。每当改革的巨石稍微前进几步，很快就又会滚落下来。与此类似，在失业劳工运动与政府部门达成物质上的妥协后，失业者继续运动的动机随即就大大减弱了。然而，通过艰苦斗争获得的战果似乎总是短暂且不稳定的，所以失业者抗争具有周期性，会随着抗争运动的范围和强度逐渐消退。救济削减或者更严酷的管制，会使艰难获得的改革成果倒

79

退,但是,一旦国家政府部门的反攻出现,新的抗争运动就会爆发,比如1935年发生的失业救助委员(UAB)危机(Miller,1979)。

UAB反对将失业救助非政治化。在那些NUWM组织良好的地区,UAB能够有效地迫使PACs制定更好的和更方便的救助金申请程序。但是在那些NUWM组织较弱的地区,失业救助则完全受政府主管部门的支配。所以,在那些劳工政治运动不活跃的地区,国家救济金标准和标准化科层申领程序会得到执行。而在那些劳工运动频发的地区,失业救济金通常会被削减。如在暴力抗争频发的格拉斯哥地区,70%的申领者的救济金被削减了。因此,在自发性的街头暴力抗争运动大范围爆发的时候(社会运动理论家佐尔伯格(Zolberg)称之为"疯狂时刻"),实质上对英国低保体系构成了威胁。在南威尔士,有30万人参加游行示威,当时宣称只进行为期一天的常规罢工,但是抗争运动像野火一样迅速蔓延至苏格兰和英国北部的城镇,如布莱克本(Blackburn)、博尔顿(Bolton)、曼彻斯特、奥尔德姆(Oldham)、谢菲尔德和斯托克。

> 1935年1月和2月发生的抗争运动,不是一种政治性罢工,而且也与反饥饿游行和加罗十字军(Jarrow Cruade)那种组织化游行示威不同。正当全国各地不同组织在安排各自的抗议集会与游行示威时,意外出现了成千上万的失业者和工人因福利削减被激怒而联合抗争的事件,这使危机恶化了。
>
> (Miller,1979:330)

工人阶级激愤的突然爆发既打击了政府部门,也摧毁了官方劳工组织(the official labour movement)认为失业劳工本质上是消极的假设。换言之,他们认为,失业劳工运动无论是从规模上,还是从战斗性上都不能够推动数量极少的"共产主义煽动者"成长为一个能构成威胁的对手。更重要的是,这些工人阶级共同经历的问题是,失去工作的危险及收入调查从不同方面都触及了每个家庭的神经。正如一名历史学家指出的:"对于一个完全不同质且未组织化的社会贫困群体而言,要达到像1935年1月下旬失业劳工运动那样的影响力及全国性,绝非易事。"(Miller,1979:346—347)

1935年的失业危机明确地向工人阶级展示了政治家和官员是如何摆脱干系且如何存活的。只有在这个时候,朗西曼(Runciman,1966:66)才相信,由剥夺引发的好斗情绪("以英国的标准来看,抗争的深度与广度是惊人的")是由以下事件激发的:即政府承诺使劳工形成了适度的期望,但大范围地削减原先承诺的福利给予这种期望以致命一击。上升的期望刺激了劳工的好斗性,进而迫使政府做出大量让步。在朗西曼看来,1935 年的劳工抗争是一个独立的案例,它是由政府管理不当而引发的,其原因在于,政府提高救助金的承诺成为一个参照基准,但却没有兑现。

不同形式的抗争

反饥饿游行

失业劳工抗争的兴起与"反饥饿游行"及加罗(英国东北部的一个造船小镇)工人运动有着密切关联。在 1922 年、1929 年、1930 年以及 1936 年,英国从伦敦到其他各地都爆发了全国性反饥饿游行(Kingsford,1982)。与此同时,各地方性的反饥饿游行也不断爆发,到 1933 年达到了最高峰(Croucher,1987:157)。反饥饿抗争给失业劳工运动增加了基督教色彩,尽管失业劳工运动者实际上是没有信仰甚至是无神论者。衣衫褴褛的游行者们徒步行走数百英里,向公众表明他们坚强的道德意志及其肉体所经历的苦难。游行者们行为和道德上的自律是一笔宝贵财富。户外游行需要充沛的体力作为保证,因此在游行中,男子汉气概得到了展示。其中一个例子就是共产主义者沃·汉宁顿,他还是一名拳击手,不论春夏秋冬,每天都坚持游泳,而且坚持远足(Croucher,1987:35;Flanagan,1991:193)。

通过象征性地使那些拒绝给予贫民公平对待的政府部门蒙羞,失业劳工运动形成了所谓的弱者斗争策略,即利用与"面包和工作"相关的传统宗教信念引起大家的共鸣。其中最著名的例子是 1936 年的加罗工人运动(Wilkinson,1939;Perry,2005)。加罗已经获得了令人尊敬的神秘地位,200 名绝望却可敬的当地工人走上街头并提出抗争要求:对这个已萧条的造船小镇上的人们进行救济,以帮助他们摆脱困境。正如加罗的左翼工党议员埃伦·威尔金森(Ellen Wilkinson,1939:198—199)所言,加罗工人运动具有深刻的"非政治"性及跨阶级性。她认为,"英国的男人与女人们"不同于其他民族国家的人,他们"讨厌走上街头",游行只是他们到最后不得已而为之的行为(Wilkinson,1939:196)。

正如第一章所讨论的,英国失业劳工运动的这种象征性框架尽管具有严重缺陷,但它与英国社会政策渐进变迁的特点之间存在着密切的相关性。加罗工人运动是一个特例,它作为一个地方兴起的运动却得到了官方的支持(Perry,2005)。

20 世纪 30 年代,更具典型意义的是,全国失业劳工运动得到了激进运动活跃分子(部分但绝非全部受到共产党的影响)的参与和支持,而面对来自于国家、媒体、工党以及工会运动的仇视,这些激进运动活跃分子表现得无所畏惧。全国失业劳工运动不仅使加罗工人运动成为可能,更重要的是,它也对政治稳定构成了威胁,且一直持续到第二次世界大战时期。

如果说 NUWM 为加罗工人运动创造了可能条件,那么 NUWM 则受到全国盲人协会的影响(Reiss,2005)。实际上,以首都伦敦为中心汇聚地的反饥饿游行,其分散的游行队伍起初是在 NLB 1920 年游行的基础上形成的。与 NUWM 不同,NLB 能够得到官方劳工组织领导者的支持。NLB 不只是一种慈善组织,而且在反对低工资和歧视的斗争中,扮演着盲人劳工的工会组织的角色。在官方看来,NLB 的会员属于典型的穷人。在 1920 年复活节后的星期一,盲人游行者开始行动了,并且自称是宗教"朝圣者"以祈求"怜悯",寻求整个"事实的真相"。当时大量的报纸对此做了报道。一名来自谢菲尔德的评论员认为,这是对"文明和基督教"的公然亵渎,"这些游行示威者应该走上公共街头,号召大家关注他们的要求"(Reiss,2005:138)。不过,其中也有劳工运动组织的成员参加,他们打出来的条幅是要求公平而不是怜悯,包括工人集社权和公民权。

到 1934 年,全国性的 NLB 游行示威已经取得了 NUWM 的强烈认同,但 NLB 领导的共产主义组织拒绝了 NUWM 提出的联合游行示威的请求。反饥饿游行同意接纳共产主义者,以应对他们的主要竞争对手——工党,从而争取对工人阶级的政治领导权。到 30 年代中期,共产主义者一直试图利用游行示威来揭露工党实际上并没有捍卫工人阶级的生活标准。在格拉西克·吉本(Grassic Gibbon)那本著名的现代主义小说《灰色花岗岩》中(1934:666),吉本描述了城市失业劳工的抗争,其中的当地共产主义者就指出了反饥饿游行示威所具有的宣传功能:

> 看在上帝的份上,必须要留意游行队伍,以阻止有些讨厌的男人走神闲逛,或者去盗窃,或者与轻佻女子上床而滋事①。工人们本以为当地工党中途会被迫给予他们庇护与帮助,但共产党人反反复复地讲,千万别指望这个,只有共产党才能救工人阶级。

---

① "lying with queans"的意思是:与年轻女人上床。

全国盲人协会游行与 NUWM 存在着一个重要的不同，"NLB 的大部分游行示威者都是被雇佣而参与的"（Reiss, 2005：150）。游行者从盲人工厂辞职后参与游行，并从 NLB 基金中拿到报酬。比较而言，参与 NUWM 的活跃分子则没有如此幸运，因为 NUWM 只能依靠会员的努力来维持。在奥韦尔（1937：162）看来，NUWM 的活跃分子会给出慷慨的承诺，他们行为机敏且道德诚实，这令他感到敬佩：

> 这是一个革命性组织，目的是将失业工人组织起来，为他们罢工提供保护，且在收入调查上为他们提供合法建议。失业劳工运动完全是在一无所有的基础上，通过失业工人自己的勤俭与努力发展起来的。我目睹了 NUWM 中的很多事情，我非常敬佩那些衣衫褴褛、食不果腹的运动者，是他们将整个组织推向前进。

一些 NUWM 的活跃分子会面临警察的镇压、被记入雇主的黑名单、失业救济金被严重削弱，以及个人的烦恼等问题。比如，那些参与反饥饿游行、号召人们关注其困境的失业劳工会发现，由于他们没有按规定随时处于待业状态而去参加全国性游行示威，这导致其失业救济金被削减。

而且，NUWM 的行动并不局限于声势浩大但形式固定的全国性反饥饿游行。NUWM 的地方分支机构（该机构属于 NUWM 的"基层单位"）提供了一种非常直接的参与式民主（Bagguley, 1991：100）。不同的地方分支机构都强调煽动、个案工作或自助，但是格拉斯哥地区的机构却重视武力抗争，爱丁堡地区的机构则强调个案工作。正如佩里（Perry, 2000：119）所言，煽动和个案工作不应该被视为是相互对立的，因为在实际中，NUWM 常常既进行抗争，同时也进行合法的利益表述。比如，在政府大楼外举行示威，以支持大楼内代表团要求提高救济标准的谈判。

在运动频发的时候，比如 1935 年，反饥饿游行似乎成为一种不合时宜的抗争形式：

> 暴力威胁总是存在，而且在好几个地方均因挫败而导致暴力。大部分研究认为，抗争者是孤僻、易怒且好斗的。较之于那些在全国反饥饿游行中坚持到最后但却经历长途跋涉、身心俱疲的一小撮抗争者，他们则显示出很大的不同。

> （Miller, 1979：347）

实际上,直接行动策略远比共产主义领导者所支持的形式更具有战斗性。

一个共产主义阵线?

工人阶级、劳工运动、英国共产党(CPGB)以及 NUWM 最忠诚活跃分子之间的互动形塑了分支机构的行动。受制于议会的威望,官方劳工组织始终与失业劳工抗争保持距离,而且在抗争运动风起云涌的 20 世纪 30 年代,它也并没有起到什么重要作用[1]。但在地方层面上,工党和工会组织与 NUWM 或许有可能达成合作。在全国层面上,对 NUWM 的独立抗争运动,官方劳工组织持敌对的立场,并对之进行破坏与阻挠。但在地方层面上,NUWM 与劳工组织之间的关系也有可能是不稳定的。比如,在纺织城佩斯利(Paisley),工会和工党一直拒绝与NUWM合作,但是 20 世纪 20 年代早期,在克莱德河对岸的利文谷(Vale of Leven)(距离敦巴顿不远),他们之间却存在着很多合作(Rawlinson,1992)。

在这里,NUWM 与 CPGB 合作的部分困难是因为国际共产主义运动的跌宕起伏(Borkenau,1962)。在 1917 年俄国十月革命胜利后,很多社会主义者加入了新成立的 CPGB,因此,共产党在失业劳工组织中担当领导角色仿佛是理所当然的。而且在工人阶级"自助性"抗争运动中,对是否有必要采取"直接行动",共产党人应该提供其政治视角。20 世纪 20 年代,新成立的英国共产党提出了将革命运动取代工党渐进改良主义的路径。20 世纪 30 年代,以莫斯科为基础的国际共产主义领导者宣称,"失业赋予了工人阶级革命性"(Perry,2007:121)。在这种观点的指导下,CPGB 采取了一种自以为是的教条主义意识形态路线来反对工党及其改良主义路线,并将之比喻为"社会法西斯主义"(Hallas,1985)。在极左时期(1928—1934 年),CPGB 疏远了很多不同类型的社会主义者。希特勒上台后,共产国际随后成立了所谓的"人民阵线"(1935—1939 年),吸纳所有非法西斯群体,以形成广大的共产主义联盟。这实际上意味着,共产党必须从那些多年以来对之持强烈反对立场的人那里获得尊重与合法性(Perry,2000)[2]。

---

① 类似的情况是,半个世纪后,它在 1990 年反人头税的抗争中同样是袖手旁观,最终导致仿佛不可战胜的保守党领袖玛格丽特·撒切尔(Margaret Thatcher)失败。

② CPGB 在处理失业劳工问题上,采用了国际共产主义模式,尽管这是因为对海外共产主义预测结果严重误解,而不是基于对当下现实问题做出的回应。佩里(2007)的研究揭示了法国共产主义者是如何竭力模仿 NUWM 直接行动的成功经验:他们也成立共产党组织以煽动失业劳工进行激进抗争,并称之为"英国经验回转"。

由于 NUWM 地方根基深厚,使得中央集权性的 CPGB 领导者无法对之形成有效的控制。当然,有些共产主义者如沃·汉宁顿、哈里·麦克沙恩(Harry Mcshane)以及很多普通会员,借助其在失业劳工运动中的积极表现积累了一定的个人威望,CPGB 能利用这些人对 NUWM 施加影响。但正如克劳彻所指出的(1987:104):"共产主义者占优并不等于 CPGB 总部就获得了控制权。"而且面对共产主义政策的突变,CPGB 也不盲目地追随。由于汉宁顿和麦克沙恩拒绝让 NUWM 归属全国工会联盟领导而成为新流行阵线的组成部分,他们遭到了国际共产主义领导者的批评。

共产主义者构成了全国失业劳工运动中的中坚力量,而且也是运动中的一批甘于奉献的积极分子。他们受到苏联(虚幻)景象的鼓舞,在他们眼中,苏联是一个和平、富足且人与人之间充满友爱的新世界。在那个时期,共产主义者坚持追求正义的信念,但他们在享受胜利的同时,也面临着迫害。共产主义者常被人们鄙视为原教旨主义者。但他们自称是"工人阶级先锋队",是现代无产阶级精英,掌握着科学、文学、历史和哲学等方面的丰富知识(Macintyre, 1986)。

所以在英国,共产主义不是中产阶级茶余饭后的业余爱好,而是一种深入工人阶级社区内部的无产阶级信念。其中,像考登比斯(Cowdenbeath)和利文谷等地是著名的"小莫斯科"(Macintyre, 1980)。在这些地区,共产主义者能力很强,能够成功地将工业社区(通常是煤炭或纺织工业区)中的贫民与失业者动员成为共产主义的忠实信徒。

领导权困境

所有的社会运动都面临着领导权困境。在大规模的运动过程中,意料之外的突发情况是常有之事。为了应对这种情况,运动的可靠性必不可少。尽管共产主义者可能是僵化、迂腐乃至喜欢成帮结派的,但是他们在社会运动中所表现出来的奉献精神、勇气以及智慧为其在很多工人阶级社区中树立了很高的地位。在格拉西克·吉本的小说《灰色花岗岩》(1934:533)中,一位匿名工人的说法解释了激进的共产主义者是如何赢得人们(即便是那些难以理解马克思主义措词的人)的尊重的:"像大吉姆这样的共产主义者或许会胡言乱语①,但是他们会尽力为你争

---

① "Stite"的意思是:废话,胡言乱语。

取权利。"

哈里·麦克沙恩是 NUWM 苏格兰分支的领导者,同时也是一名共产主义者。在 1933 年爱丁堡的游行示威中,他领导成百上千名游行示威者井然有序地展开运动。三天三夜后,他们挺进了爱丁堡的中心,游行队伍用嘶哑的声音唱着社会主义歌曲——《国际歌》和《反抗之歌》,占领了圣十字皇宫。当时是 6 月中旬的一天晚上,由于爱丁堡当局拒绝为游行者提供合适的住所,麦克沙恩被迫立刻决定让游行队伍(不论是男人还是女人)都睡在爱丁堡一条繁华购物街——王子街道上。第二天清晨,一些女游行者躺在电车轨道上,而男游行者则对着商店橱窗刮起胡须。50 年后,参与游行的人依然记得麦克沙恩作为领导者所表现出来的大无畏精神:

> 我以为有人为我们提供了住所,好像是威佛利市集(Waverley Market)或其他地方。但是麦克沙恩他们并不接受:"不,不,我们不去那里。"于是那些人说:"这样的话,我们也就没有办法了。"麦克沙恩说道:"好吧,那我们就睡在王子街上。"——威廉·麦克维卡(William McVicar)
>
> (MacDougall,1990:177—178)

> 于是(麦克沙恩)说道:"好吧,我们睡在大街上。我们睡在那里也就得到了这个街道。"他们不能找到一个比王子街更合适的地方了! 那里有保守党总部、自由党总部,以及一些豪华酒店,同时也聚集了成百上千的愤怒的失业工人。显然,这种场景不是每天都能见到的,尤其是在爱丁堡的首府! 在那里,游行示威者不是衣冠楚楚的人,而被认为是外来者,是乡下人进城了。——汤姆·弗恩斯(Tom Ferns)
>
> (MacDougall,1990:143)

> 我们有大衣,而且那天天气非常好。第一天早上,在王子街上醒来后,有很多人去商店,对着橱窗刮胡须。整个街道都陷入了混乱。但是麦克沙恩无论如何都要做出让步了。——詹姆斯·埃里森(James Allison)
>
> (MacDougall,1990:130)

> 到晚餐时间,我们就当街煮食。警察头子过来告诉麦克沙恩:"这是王子街。不能在这里煮饭。"麦克沙恩告诉他:"我们在这里睡得很好,在这里吃得也很好。"——休·斯隆(Hugh Sloan)
>
> (MacDougall,1991:282)

然而,这并不是全部,这场运动在麦克沙恩后来所写的名为《撼动爱丁堡的三天》的小册子中被进一步戏剧化了(1933)。所有这些回忆生动地说明,在社会运动中领导者起决定性作用,运动需要像麦克沙恩那样的富有经验的活跃分子来领导。

一项男性运动?

女权主义学者对贝弗里奇式福利国家将男人视为"养家糊口"主力军的意识形态进行了批判。麻烦的是,失业劳工抗争的理论没有能够对性别关系予以足够的重视(Campbell, 1984)。一方面,性别差异或许会从内部瓦解和弱化社会运动;另一方面,在社会运动中,男性和女性参与者都具有共同的阶级地位也将有助于运动的团结。阶级团结或者性别分工不可能是完全独立存在的;阶级与性别之间总是处于动态互动之中。但对于两次世界大战间失业劳工运动中性别关系的压力和张力,是这些苍白的替代性观点所不能够充分把握的。

通常来说,失业对工人阶级中的女性冲击最大,她们中有很多人为了生存不得不沦为妓女(Flanagan, 1991:192)。第一次世界大战接近尾声时,那些在军工厂工作的女工尽管发起了一场激烈的反歧视女性斗争,但最后还是被迫放弃工作,因为这样可以为成千上万名从前线退伍的男兵腾出就业空间(Flanagan, 1987:16)。那些失业退伍的男兵恐吓女工放弃工作,因为在他们看来,这些岗位只是因为战时动员的紧急需要而临时由女工代替的,本来就应属于承担"养家糊口"责任的男人(Croucher, 1987:16)。所以,两次世界大战间的早期失业劳工运动是由女工发起的。1919 年,全国女工联盟发起了女性争取工作权利运动。

NUWM 反对英国国内这种男女不平等的意识形态,并竭力消除失业问题上的性别差异。在整个工人阶级队伍中,女工占少数,在 NUWM 中,失业女工也属于少数,那么,运动中的女工活跃分子更是少之又少了。不过从一开始,在以男性抗争者为主导的体能消耗性抗争运动中,女工就被认为处于从属地位。当玛丽·多彻蒂(Mary Docherty)——一名来自于法伊夫的共产主义者——努力争取参与1929 年的游行示威运动时,NUWM 的男性领导者沃·汉宁顿告诉她,运动不允许女人参加(MacDougall, 1990:4)。女人负责组织舞会,提供饮食服务,筹款以及收拾住所等工作。在 NUWM 地方分支机构中,尽管很多分支机构因为女性积

87

极分子的工作而变得更有活力,但女性总还是占少数。

到了 20 世纪 20 年代晚期,这种对待女性的态度开始出现变化。在 30 年代向伦敦聚集的全国性运动中,女人已经在不同的游行队伍中出现了。在苏格兰,女人们与男人一起参与了 1928 年、1930 年、1932 年、1933 年和 1938 年向爱丁堡集结,以及 1935 年向格拉斯哥集结的游行运动。1929 年,为了方便组织失业女工,NUWM 全国分支机构中都设立了"女工事业部"。到 1933 年,NUWM 的地方"女工事业部"数量比 1932 年的 12 个增长了三倍。造成这种情况的部分原因是,1932 年英国政府失业登记制度对女性存在着歧视,拒绝给予已婚失业女工发放救济,相反还要将家政服务强加在女人身上。在西法伊夫,当地 NUWM 发文(名曰《失业游行示威者》)号召大家反对职业介绍所迫使女性从事家政服务的做法:

> 最近,我们已经有这样的事例,即女孩们要睡在那些被"女主人"称为"平房"的破旧车库里。每个女孩都应该在其岗位上各司其职,因为守旧的雇主们显然是利用职业介绍所逼迫女孩们接受恶劣的待遇条件。如果发现这种情况,请立刻向 NUWM 报告。

> (转引自 Croucher,1987:131)

尽管在游行运动中依然存在着大男子主义,但女性工人阶级的参与已经证明了一种生活变化。在 1932 年的游行中,女工们参与了政治讨论和公共演说,她们与政府官员进行辩论,了解家庭计划指导所(birth control clinic)。有些女性会委派代表与政府和官员商讨。1934 年,她们曾委派一个代表团去见首相拉姆齐·麦克唐纳(Ramsay McDonald)。代表团受到了首相女儿伊什贝尔(Ishbel)的接见,伊什贝尔一边喝茶,一边再次试图说服她们接受失业女工应该回归家庭服务的观点。NUWM 妇女组织领导者莫德·布朗(Maud Brown)愤怒地回绝了伊什贝尔的建议(Kingsfor, 1982:196)。玛丽·约翰斯顿(Mary Johnston)则轻松地回忆起当时的情景(MacDougall, 1991:247):

> 我们通过楼梯进入了一个大房间,与她交谈。她非常友好地给我们上茶,但是有趣的是,我们礼貌地拒绝了。尽管没有商量,但是我们好像都在说:"不用了,我们不喝茶。"我不知道,如果接受了她上的茶,我们或许会觉得削弱了我们的地位。

与男性游行示威者一样,女性游行示威者在路过的城镇中并不总是能受到友好的对待。在那些缺乏当地支持者提供住所的地区，女性游行示威者晚上不得不住在当地的济贫院里。

在劳工运动过程中，女性游行示威者还必须应对严格的清教主义者，这些人时刻担心他们的主流风俗遭到冒犯。这不仅意味着要禁酒，而且也意味着女人既不能单独游行，也不能光着腿游行。艾米莉·斯旺基曾回忆道（MacDougall，1991：232）：

> 我感到，游行的领导者不想因为女性游行者在步行去伦敦的过程中遭到批评和责难，所以我们被告知要穿上黑袜子。尽管伦敦那里清教主义色彩不是很流行，但是我们想，一定要不惜一切代价避免任何不好的公共影响。

制定这条"铁的纪律"的部分原因是，在 1934 年的游行过程中，经常有警察监视，并且有告密者。但那些防止国家干扰和监视的预防措施，通常也会在一定程度上伤害组织内部的民主（Croucher，1987：162）。

尽管如此，NUWM 通过允许女人参与游行，以及其他一些进步运动不赞同的事情，对当时歧视女性主义的主流意识形态提出了挑战。正如赖斯（Reiss）所指出的（2005：150），NLB 是勉为其难地接受女人参与他们的游行，"只有 NUWM 这样的革命性组织能够不顾当时歧视女性的成见和客观条件，勇敢地让女人参与到步行去伦敦的游行"。

1933 年向爱丁堡聚集的游行就打破了一些传统禁忌，男人和女人不仅在一起游行，而且还一起睡在露天的街道上（当然是穿着衣服）。正如休·斯隆（MacDougall，1991：281—282）所回忆的：

> 那天晚上，一大群人过来看我们睡在王子街上。我睡在公园前面的街道上，两边分别是玛丽亚·斯图尔特（Maria Stewart）和斯密斯女士。有很多女人参与了游行。女人和男人一起肩并肩游行。我们都在街道上和衣而睡。

最夸张的是，在一些直接行动中，女人也是冲在最前线的，而在只有男性抗议者的运动中却常常缺乏战斗性。"失业女工的斗争方式常常更令人恐惧，但是较之于男人采用的斗争方式，持续性非常低"（Flanagan，1991：194）。1935 年，由 2 000 个女人和 1 000 个男人组成的愤怒的抗议人群冲进 UAB 在梅瑟（Merthyr）的办公室，很快，惊慌失措的政府同意了示威者提高失业救济金的要求。

1935 年是女人参加社会运动的高峰，参与的人数超过 10 万。苏格兰、诺丁

89

汉(Nottinghamshire)以及德比等地的妇女大会吸引了 NUWM 和其他妇女组织如妇女公会(Co-op Women's Guild)中大量的女性代表(Groucher，1987：174)。提高妇女福利和生育控制等要求经讨论后被提出来了。在阿布罗斯(Arbroath)妇女要求建立一所新妇产科医院的游行示威中，也提出了这些要求。正如哈里·麦克沙恩后来提到的，失业劳工运动成功地为女性工人阶级争取到了一些其他社会主义运动从未努力甚至从未尝试争取的条件待遇(McShane and Smith，1978：131)。

失业劳工运动是一场神话吗?

NUWM 于 1946 年正式解散。实际上，从 1939 年开始，随着大规模失业现象的减少，NUWM 也逐渐放弃失业劳工的行动主义。于是，NUWM 的主要任务变成通过辩论来表达不满。有些失业劳工抗争没有起到多大的作用，只是偶尔发生，缺乏一定的革命性，所以对社会政策造成的影响很小或者几乎没有。而有些失业劳工运动是激进的、规模宏大的，在两次世界大战之间的那段时期，掀起了抗争与激进行动的狂潮，也推动了改革的进程。每个抗议方都指责对方在兜售失业劳工运动在意识形态共识或者阶级分化中的神话。

比如，历史学家布鲁斯(Bruce，1968：266)记载了一场"辩论"是如何归入工党领导下的，工党领导者"利用他们的影响力与其追随者一起维护代议制民主制度"。"辩论的局势没有失控"得益于工党承诺遵循代议制民主程序，这样，政府部门"不至于对反对者过于严厉"。失业劳工所面临的所有困境"或多或少是可以忍耐的"，抗议也仅仅是少量地方性的运动，没有"在失业劳工中的那种真正的革命主义行动"(Bruce，1968：266)。

那些修正主义历史学家如史蒂文森(Stevenson)和库克(Cook)(1994)也表达了相同的观点。很多修正主义历史学家贬低和掩盖失业劳工运动的作为。他们更多地强调 20 世纪 30 年代英国社会中的大部门所做出的日益突出的贡献。在英国，激进主义没有造成大的危险，因为传统共产党所采用的"极端主义"斗争形式及其对失业劳工运动的影响，在共同民族传统的影响下，与英国的公平竞争精神和所有现代化事物"格格不入"。在社会学家麦基(McKee)和贝尔(Bell)(1986：149)看来，失业劳工通常过于激进，而几乎不能自动进行集体动员，那些"知道什么是对失业劳工有利"的外人会乘机招工。有些社会学家指出,30年代男性工人发起的集体行动是充满马克思主义色彩的,而今天的失业劳工运动中男性的英雄气概则少得可怜(Cole,2007)。

另一方面,《贝弗里奇报告》(1942年)所带来的震撼以及福利国家的建设不是在真空中进行的。20世纪30年代,危机与抗争的互动关系不能脱离英国福利国家的政治基础而存在。尽管有大量的经验性证据说明,失业劳工运动的规模与密度并不均等。有些历史学家和社会学家认为,失业劳工运动的作用无足轻重,并坚持将官方或警察的报告作为失业劳工运动的权威解释,但福利改革并不是毫无根据地产生的:失业劳工运动的推动为福利国家的建设创造了可能条件(Howkins and Saville,1979)。尽管在英国有数百万工人参加了失业劳工运动,但是与澳大利亚和德国的情况不同,英国的失业问题并没有带来灾难性后果。而且,较之于其他国家,英国20世纪30年代失业劳工运动在规模、周期以及影响力上都占有优势(Croucher,1990;Flanagan,1991;Perry,2000,2007;Richards,2002)。

结 论

NUWM的自我行动使失业劳工摆脱了被漠视的处境,也打消了他们绝望的情绪,强化了失业劳工们的相对剥夺感。NUWM的普通成员或许只是与该组织有短暂的关系,尤其是那些不属于英国共产党员且数量庞大的大多数人。但是在NUWM发展的高峰期,其会员数超过10万,而绝对服从NUWM指挥的失业劳工只占少部分,一直没有超过10%(最多的时候也没有超过)。例如反饥饿游行就是少数人参与的运动,参与的劳工总共不超过几千人。这种情况支持了这样的观点,即对于失业劳工典型斗争经验和战后社会政策的调整而言,NUWM所起的作用是微乎其微的。

这样的观点是对抗争与改革之间关系的严重误解。当然,对于失业所能造成的社会动荡、政治不稳定以及阶级怨恨等情况,贝弗里奇和凯恩斯有非常清楚的认识。他们认为,只有自上而下的由国家主导的福利改革才能消解自下而上的怨恨,从而阻止暴力性直接行动的发生。第一章所提及的萨维尔(1957—1958)的分析从广义上也支持这样的观点。其中一个例证是,贝弗里奇在其著作《充分就业》

91

(1944)中,将副标题定为"苦难孕育仇恨"①,这清楚地表明政府部门对失业劳工暴力抗争的惧怕。而他以前(1909年)的那本名为《失业》的著作是以《一个工业化的问题》为副标题的,这反映出轻重缓急的次序:书中认为"懒惰"乃是因为个体的"性格缺陷"而非经济结构造成的。在1935年的失业援助危机中,贝弗里奇进一步明确了他的观点,正如失业保险法定委员会主席在接受BBC采访时所言,除了提高失业救济金外,必须采取更多的措施处理长期失业问题(Miller,1979)。

贝弗里奇在其著名的报告中(1942)明确地讨论了NUWM所提出的要求。实行社会保障改革,抛弃以收入调查为救济凭据的做法,并且赋予申请者通过一定程序的陈述和表达的权利。换言之,NUWM给国家施加了以往不曾有过的新框架:人们有工作或获得福利的社会权利。贝弗里奇和凯恩斯对福利国家建设产生了重要影响,因为他们的著作都是对新的政治文化所做出的回应。这种新的文化受到了(至少部分受到了)失业劳工不断抗争的形塑,在苏联模式发生后,失业劳工的怨恨或许会导致那种曾经是遥不可及的后果。哈罗德·麦克米伦对这种观点有过清晰的表述(1938:374),他坚持一种保守主义立场,支持其所谓的"父爱式社会主义"的"中间道路":

> 在关键时刻,如果我们还拘泥于英国和平转变的传统,那么我们将会一步一步走向阶级对抗,进而对我们的民主体制构成腐蚀和破坏。当大众不满被煽动并转变为革命热情时,形成政治专制的威胁不大。但在这个时候,依然有可能通过和平手段实现经济重构及社会改良。完成经济重构和社会改良后,由于消除了社会个体累积而成的社会绝望,就能消灭人们进行革命主义运动的苗头。

另一个例证是,1945年工党提出了"决不再"的竞选口号,反对任何重蹈20世纪30年代失业危机覆辙的做法,最终在竞选中大获全胜,战胜了英国著名领袖丘吉尔。

NUWM成员并不是完全遭受冷落的,他们有自己的娱乐与消遣。而且,失业劳工不参加活动很少是因为一种想"搭便车"而做出的"理性选择",更多是因为失业给人带来的一种心理焦虑而导致的非理性状态。无论如何,勇气、坚毅以及自

---

① 或许"苦难孕育仇恨"出自贝弗里奇的妻子介绍给他的夏洛特·勃朗特(Charlotte Bronte)的小说《雪莉》(*Shirley*)(Dancon,1981:88)。

我牺牲精神是 20 世纪二三十年代失业劳工运动中少数积极分子的品质,当时失业劳工运动并不是参与者在成本与收益之间计算后的"理性选择"的产物。

要想理解 20 世纪二三十年代的失业劳工运动,我们还需要讨论既定的意识形态是如何协调组织形式的。在政治活动家承诺的意识形态和组织目标与失业劳工急切而实际的需要之间存在着一种脆弱的均衡,这是我们必须注意的(Valocchi,1990:202)。不过,共产党自己也成为一种科层性官僚组织,这不仅形塑了失业劳工的组织资源,而且还通过战胜大众懒惰和贫困的宣传提倡社会正义和平等。

大规模的失业引起人们思考这样的问题,即经济是如何围绕一定的社会价值而组织起来的,其中首要的价值是维护资本家的利益。集体行动通过改变政治话语从而能够导致宏观政策发生改变。凯恩斯主义经济学没有成为主流,因为较之于以往政治经济学的自由市场理论,他只是在逻辑上更完美。《贝弗里奇报告》也没有因为其打破了一些令人难忘的记忆而激发起上百人的希望。在很大程度上,这两个理论都只是对两次世界大战之间失业劳工抗争提出的新政治话语做出的回应。

拓展阅读

在乔治·奥威尔(George Orwell)所著的《通往维根码头之路》(图书委员会,1937)一书中,对 20 世纪 30 年代失业者的生活状况有所描述。

沃尔特·格林伍德(Walter Greenwood)的通俗小说《爱在失业》(*Love on the Dole*)(1933 初版,2004 年由 Vintage 出版社再版)一书用文学化的语言对失业所引起的绝望进行了描述。1941 年,该小说被改编成电影,由德博拉·克尔(Deborah Kerr)领衔主演。

在路易斯·G. 吉朋(Lewis Grassic Gibbon)的小说《灰色花岗岩》(Polygon 出版社 1934 年版)书中有更令人信服的描述,该小说是其三部曲小说《苏格兰的书》中的第三部。

两位英国失业劳工运动领袖的传记是值得一读的:一是哈里·麦克肖恩(Harry McShane)和琼·斯密斯(Joan Smith)所著的《伟大战士》一书(Pluto 出版社 1978 年版);一是沃·汉宁顿(Wal Hannington)所著的《失业者的抗

争:1919—1936》一书(Lawrence & Wishart 出版社 1979 年版)。哈里·麦克肖恩(1933)在《游行:苏格兰反饥饿游行的历史故事》一文也有所阐述,该文发表于文化政治杂志《变形》(*Variant*) www. variant. randomstate. org/15texts/TheMarch. html。

更多的学术研究,尤其要参考玛特·佩里的(Matt Perry)两部出色著作:一是《面包和工作:社会政策与失业者的经历,1918—1939》(Pluto 出版社 2000 年版),另一个是《加罗工人运动:抗争和传奇》(商业教育出版社 2005 年版)

麦科特嘉(Lan MacDougall)从两卷本著作《反饥饿游行者的声音:20 世纪二三十年代苏格兰反饥饿游行者回忆录》中收集了大量的关于苏格兰失业者抗争的口述材料。关于反饥饿游行的描述可参见网站:www. scran. ac. uk/database/results. php? field ＝event＆searchterm ＝％22Hunger＋march％22＆searchdb＝scran。

工人阶级运动图书馆网站上也有关于英国失业劳工运动的资料,网址为:http://wcml. ichameleon. com/contents/protests-politics-and-campaigning-for-change/unemployment/national-unemployed-workers-movement。

第五章
对抗疾病:女性医疗保健运动

导言:一项全民医疗保健体系?

1948 年英国建立全民医疗保健体系(NHS),奠定了全民免费医疗的原则。60 年来,NHS 一直在政府、职业医疗机构、其他相关利益机构与各种社会运动和社会群体之间不断地引起冲突。全民医疗保健体系的建立是贝弗里奇的福利国家愿景之一(McCrae,2003),但是,说服职业医疗机构和其他相关利益机构的反对性立场,则对贝氏丰富的政治技巧提出了要求(Webster,2002)。尽管从 1911 年开始,英国已经存在有限的免费家庭医疗服务,并且覆盖了几乎全部的在职男性工人,但此体系既没有延伸覆盖工人家庭,也没有免费的医院治疗服务(Webster,2002)。英国有一个私立慈善医院网络为那些缺医少药的贫困地区提供医疗服务,因为很多医师被吸引到较富裕的地区或大城市中去了。在贝氏看来,NHS 的建立将是第一次实现了"最好医疗服务的全民均衡平等化享受"(Bevan,转引自 Klein R,2001:20),换言之,这意味着所有英国人无论其收入多少,都能够享受到高质量的医疗服务。但这些都是伟大的理想,英国还没有完全实现,因为阶级、种族、年龄、性别以及地理位置等因素依然对医疗服务的获取具有非常重要的影响(Black et al,1991;Whitehead,1991;Doyal,1998)。

从一开始,NHS 就饱受争议。在 NHS 施行不久,英国政府就认识到贝弗里奇严重低估了全民医疗保健服务的成本,因为他假设医疗服务的需求是不会增长的(Klein R,2001;McCrae,2003)。关于 NHS 的福利成本问题一直是一个争论不休的话题,尤其是新医疗技术和方法的出现导致成本螺旋式上升,这促使英国政府委托英国国家临床卓越研究院(NICE)评估新医疗方法的效力和价值,然后根据评估结果决定是否在英格兰、威尔士以及北爱尔兰的医疗保健体系中提供。在苏格兰,这项任务由苏格兰医疗联盟(SMC)承担,专门为 NHS 在苏格兰的机构和地方委员会提供新医疗方法评估意见。不过,SMC 只是扮演一种建议者角色(www. scottishmedicine. org. uk)。新治疗方法被看做是对医疗权力的另一种侵蚀,实际上,NHS 改革所带来的新管理主义及其所施加在医疗保健体系中的市场价值观,以及日益增多的医疗服务消费群体,都已经严重侵蚀了医疗群体的权力。

伴随着所有这些争议,新的政治参与者也成长起来,他们通过很多医疗社会运动挑战了政府的医疗政策,尤其是拒绝那些资助新医疗方法试验、关闭医院以及将 NHS 服务私有化等方面的政策。与此同时,他们还对医疗主管部门和制药企业的权力提出了批评。女性主义挑战医疗主管部门的运动以及福利国家无法满足所有人从摇篮到坟墓的福利要求,对新社会运动产生了重要影响。其中,女性医疗保健运动尤其强调 NHS 并没有实现"最好医疗服务的全民均衡平等化享受",并对那种根据"你是谁和你居住何处"来决定你能享受何种医疗服务的做法提出了抗议。女性医疗保健运动通过反对病人、护理者以及医疗工作者中存在的性别歧视问题,在促进英国医疗主管部门以及政府在医疗政策的调整上发挥了重要作用,进而推动 NHS 真正成为一个全民性的医疗保健体系。

在本章中,我们将首先简要地回顾一下 NHS 的起源,然后再集中讨论女性医疗保健运动对医疗权力和 NHS 所形成的批评压力。当时有些社会运动已经注意到了 NHS 在服务获取、治疗及照顾上所存在的性别差异,女性医疗保健运动则是其中之一。女性医疗保健运动揭示出了 NHS 的父爱主义性质,以及 NHS 是如何强化性别差异的——这实际上起到了再生产男性权力的作用。最后,本章将对医疗领域社会运动的有关学术理论进行思考,这些医疗社会运动对英国的医疗体系构成了挑战,包括最近 NHS 某些服务领域的私有化,以及职业医疗权力对我们日常生活领域的扩展等。

在社会运动理论看来,女性医疗保健运动为其他社会运动做出了示范,即特定社会群体能被利用从而使与医疗主管部门的斗争合法化。同时,女性医疗保健运动对其他医疗服务使用群体(那些跟随女权主义运动领导者利用自身的看病经验来挑战英国的医疗保健体系的群体)同样具有启示。可以说,此类运动是我们反抗专家体系对生活世界殖民的一种形式,特别是 NHS 的方式已经将医疗权力扩展到了我们所有人的日常生活之中。

NHS 的起源

NHS 的创设是工会与劳工组织、地方政府、英国医学会、志愿医院及各种相关利益群体之间长期斗争的结果。最终，NHS 是作为一种解决提高全民医疗水平问题的折衷方案而出现的。从 19 世纪末开始，布尔战争的教训已经使英国政府认识到，保持一个健康的工人阶级和战斗力是很重要的，在那场战争中，工人阶级糟糕的健康状况使英国遭受了致命打击。不过，根据劳埃德·乔治（Lloyd George）的观点，英国在 1911 年建立了国民医疗保险体系（NHI）。NHI 已经迈出了重要的一步，该体系为有收入的在职工人提供有限的医疗保障，因为社保基金是从他们的工资中扣除的，但对于那些无工作或被抚养的人则不提供。麦克雷（2003）认为，对于居住在苏格兰的一些人来说，1911 年的 NHI 实际上是让他们接受更为糟糕的医疗服务。比如，很多工人实际上已经通过工作或其他项目为他们及家人都购买了保险，但是却被覆盖范围极其有限的 NHI 体系所取代了。而且，NHI 没有解决医疗保健的差异性对待问题。比如，1883 年，苏格兰奈培委员会发现，生活在苏格兰高地和爱尔兰等地的居民中，每 30 万人中只有 103 个家庭医生，而到 1912 年，这个数字几乎没有什么变化（McCrae, 2003）。在英国的其他地区，NHI 提供的服务随意而不理性，他们更多地关心所服务的特定人群支付医疗保健服务的能力而不是其需要程度（Klein R, 2001）。而女性工人阶级受到的影响尤其严重，因为她们被排除在 NHI 体系之外：

> 社会调查结果清楚地显示，贫困、疾病及社会资源的匮乏都会带来风险。其中受冲击最大的是女性工人阶级。作为家庭中的被抚养者，她们是被排除在 NHI 系统之外的。她们缺乏足够的物质资源支持其家庭，所以不得不拒绝自身能够享受的医疗救助，甚至于节衣缩食。

> （Webster, 2002：4）

而且，NHI 只提供有限的家庭医疗服务，而不包括医院治疗。根据《济贫法》的规定，进入医院治疗是最后不得已而为之的选择，而"医院是由医疗官员负责管理"的（Godber, 1988：38）。这些市立医院与那些数量较多的志愿医院不同，在市立医院里，职业医师是医疗服务提供的主体，而志愿医院则主要依赖于家庭医师（Klein R, 2001）。地方政府是医疗保健的关键供给者，比如为儿童和母亲提供疾病预防和助产服务等。1929 年的《地方政府法案》试图将医疗保健供给更为理性化,但是最后大部分并没有成功。如戈德伯(Godber,1988:37)所言:

> 20 世纪 30 年代后期,医院和职业医师的资源配置是不均衡的,相关建设也不到位且相互之间缺乏协作。大部分医院大楼老化陈旧,不能满足现代化医疗设置的空间要求。

在两次世界大战之间,关于医疗保健体系影响力最大的评估报告是 1937 年的《英国医疗体系的政治经济调查计划》。该调查报告指出,英国的医疗体系是不理性的且缺乏相互协作,志愿医院与公立医院之间竞争严重,而整个医疗体系只由"政府卫生部门进行遥控管制"(Webster,2002:5)。最后,英国的医疗体系不是可持续的,因为志愿医院发现,仅仅通过志愿者捐赠与对病人的少量收费,已经使他们生存的压力越来越大。克莱因(Klein,2001:3)认为:"第二次世界大战的爆发暂时使英国志愿医院免遭破产的命运,由于需要治疗战争伤员,这些医院从政府采购中获得了大量的利润。"

在两次世界大战之间,大量的研究报告针对英国国民医疗保健问题提出了多种解决方案。比如,《道森报告》(卫生部,1920)认为,应建立一个国民均免费享受的普惠型医疗保健体系(此建议在 1926 年的《NHI 皇家委员会报告》中得到了回应),而且该公共医疗体系的资金来源于税收而非通过医疗保险体系筹集。最激进的计划是由社会主义医学会在 1933 年提出的,该计划建议给所有人都提供免费的医疗服务,注册医生由地方主管部门统一管理(Klein R,2001)。在苏格兰,1936 年的《苏格兰医疗委员会报告》(即《卡思卡特报告》(*Cathcart Report*))也建议建立公费医疗体系,这个建议很快就获得了苏格兰多数下议院议员的认可。但是,英国政府只想"在现存的法律或扩展条款下,推进《卡思卡特报告》提出的改革计划"(McCrae,2003:203)。

尽管人们存在着广泛共识,认为必须采取必要的措施提高国民医疗水平,但现有的体系无法实现此目标。实际上,英国的国民医疗体系仿佛没有看到什么变化,因为改革措施推行的前提是需要处理好既存的权力利益关系。第二次世界大战产生的重要影响,为福利国家和 NHS 准备了条件,而《贝弗里奇报告》(1942)则将福利国家与全民医疗保健体系结合在一起。正如韦伯斯特(2002:8)所言,《贝弗里奇报告》推动了 NHS 的设立,它是"人们不可阻挡的期望的体现和释放"。《贝弗里奇报告》之后,由约翰·霍顿(John Hawton)撰写的《社会保险白皮书》

（1944 年）已列出了国民医疗保健体系的大纲计划，并且概括出 NHS 的两个关键基础属性：免费的、普惠型的（Klein R，2001）。《社会保险白皮书》设计的方案做出了很大的妥协，希望借此最大限度地减少来自反对力量的阻力，其中尤其是家庭医师和志愿医院，他们反对医疗保健统一化，而且还反对地方主管部门掌握控制权力。

在《社会保险白皮书》的推动下，形成了两个法案：一个是 1946 年的《国家医疗保健法》，规定在英格兰和威尔士实行 NHS 体系；另一个是 1947 年颁布的《国家医疗保健法》（苏格兰），规定在苏格兰实行 NHS 体系。这两个法案并不是一蹴而就的。1945 年，工党在大选中获胜，联合政府的时代结束了，同时也为执行更加连贯且激进的社会政策提供了机会。贝弗里奇被首相阿特利（Atlee）任命为卫生部大臣，他所规划的 NHS 体系包括医院国有化和地区化，并且建立三重控制体系。在实现《社会保险白皮书》计划的过程中，贝弗里奇也做出了很多让步，包括允许教导医院（teaching hospital）在卫生部管理下保持特殊地位以及职业医师有权参与医疗保健体系的设计和实施过程。尽管联合工会竭力争取，这种赋予职业医师的参与权还是没有扩展到其他医疗服务人员（Klein R，2001）。

构建 NHS 体系是战后工党政府的一项丰功伟绩，为实现全民医疗保健迈出了重要一步。不过事实很快就说明，NHS 将不会成功，它无法如期待的那样消除医疗保健服务获取上的歧视性区别对待及不平等。

女性主义对医疗权力的批判

随着 20 世纪 60 年代第二次女权主义运动浪潮以及 70 年代女性医疗保健运动的兴起，女性运动已经成为批评 NHS 的重要领军力量，她们尤其反对将女性身体医学化，因为此举扩大了男性医生的控制力。女性主义对于医疗权力的批评主要集中在医疗界是如何将女性及其身体视为一种麻烦的，而且医疗界认为，这种麻烦多源自于女性的性特征及其生育功能（Maines，1999）。从月经、怀孕及生孩子到绝经，女性一直都需要医疗检查及治疗，而所有这些男人都不需要（Oakley，1993）。在性别上，女人不仅被建构成为一种弱者，也被建构成为一种令人不舒服的角色，她们需要越来越多的医疗检查与服务。不过，女权主义理论家已告诉我们，这种将女性"神秘化"的做法只不过是医疗界——通过强调医学化将改变身体健康的"自然"过程,比如怀孕、生孩子以及生病等——使其对女性身体控制的伎俩合法化(Oakley,1993)。女权主义理论家还揭露了医疗界存在的一种观念,即认为女性疾病是社会问题产生的一个根源(Doyal,1994)。比如,女人更容易被诊断为患有心理疾病,而且一直以来,较之于男人,女人更容易被"强制住院"。这种现象的部分原因在于,"医生更有可能视'女性'特征易接近心理疾病"(Payne,1998:86)。

女权主义对医疗体系的批判推动了 NHS 的建立以及第二次女权主义浪潮的爆发。比如,19 世纪后半叶,《传染疾病法》(1864,1866,1869)规定要建立一个医疗体系以控制年轻女性的卖淫和不道德行为。结果,这招致了女性大规模的抗议,要求废除此法律。大约有 200 万人签名反对此项法律,最后该法律在 1883 年被暂停实施,到 1886 年被彻底废除。反对《传染病法》的抗议运动激发了很多女性的政治热情,她们继续就各种各样的社会议题进行抗议,包括争取女性的选举权(Weeks,1989)。

女性医疗保健运动被看做是对如下情况的一种回应:医疗权力对女性生活的干预越来越深,且 NHS 的发展扩展了医疗主管部门的权力边界,使之对新领域不断进行权力殖民。在英国,NHS 也使女性获益匪浅,保障了她们能够获得高质量的医疗服务,尤其是在妇科和生育医疗上(Doyal,1994,1998)。这些医疗服务的福利功能是不能低估的;比如,英国母婴死亡率是世界上最低的,英国女性平均寿命要高于男性。尽管 NHS 给女性健康带来了福利,但多亚尔(Doyal,1998:4)指出,女性医疗保健运动的倡导者"能列出大量证据证明,在医疗服务上,女性遭受了与男性不同的歧视性对待,必须通过抗争运动消除这些对女性不利的歧视行为"。比如,尽管对 75 岁以下的女性而言,心脏病是导致其死亡的主要病因,且致死率要高于乳腺癌。但人们通常相信心脏病主要是一种男性常见疾病,这意味着女性不太可能得到这方面身体医疗保健的信息,而且有证据显示,女性也不太可能获得这方面的诊断试验(Sharp,1998)。

NHS 体系建立后,医疗界对女性身体的监视与社会控制级别又得到了强化,比如由医疗界所主导的妇科检查以及其他拍片类健康检查项目。一些检查项目如乳房和子宫拍片等扩大了医疗权力对健康人群的监视,尽管这些检查项目对女性是有利的,但是也有黑暗的一面:剥夺了女性的权利,使她们受制于医疗和道德的双重控制(Howson,1999)。女权主义运动引起了人们对女性社会地位的重新评估,那些压迫女性的社会结构也招致了广泛的批评,其中就包括医疗与 NHS 体系。女权主义运动对目前种种明显的女性结构性弱势地位进行了批判,其中一个核心内容是挑战医疗权力(Doyal,1994),批判女性在病人、免费看护者以及医疗工作者等不同角色中所处的弱势地位。比如,在 NHS 和私立医疗机构中,女性雇员是雇员中最大的群体,但都是从事护士或护理助手等一些不重要的职位,而她们作为医疗服务主要的非正式提供者的角色总是被医疗界所忽视(Graham,1985;Doyal,1994,1998)。女性以母亲、伙伴及妻子等身份所从事的免费且为人所忽略的护理工作为福利国家的建设奠定了基础,政府之所以能够成功地实践福利措施,依赖于他们通过让女性扮演非正式的医疗工作这一家庭照顾者的角色,从而人为地压缩了福利国家的成本(Graham,1985)。

因此,一些女权主义学者如奥克利(Oakley,1993)认为,医疗权力掩盖或低估了女性对国家医疗保健做出的贡献。女性通过宣传世界各地医疗保健服务实际提供者的神话,为国家医疗保健体系的建立做出了自己的贡献:

> 女性是医疗保健服务的主要社会供给者,而且她们也是医疗保健服务的主要使用者。由于这两种事实的存在,逐渐改变了传统的主流文化观点……医生们(不是女医生)认定,从生理上来说,男人更容易生病。从生到死,男人无论是在死亡率,还是在身体患病率上都要高于女人。
>
> (Oakley,1993:4)

即使女性属于医疗服务的真正提供者,但是与医疗中的父权主义以及医疗化相伴随的是女性角色被小儿化(infantilisation)以及权利被剥夺的过程。女性越来越多地被认为无力在自己的医疗保健上做出正确的选择,尤其是在关于妇婴医疗保健服务上。

> 我们发现,关于女性医疗保健的控制与责任议题反复出现。究竟谁有权控制生孩子、生病的整个过程,以及在家庭工作与上班之间决定相对的均衡?……目前的情况是,女性通常没有权力控制影响其健康的那些事情。这种局势的出现并不只是因为日常生活的医疗化(毕竟,这个过程对男性同样产生了影响),而且还因为女性被小儿化,认为她们无能力对自己及胎儿做出负责任的决定。
>
> (Oakley,1993:13)

所以,为了确保母亲与婴儿的健康,围绕孕妇的大量监控体系被建构起来,以确保她们做出正确的决定。一旦怀孕,女人必须全力照顾胎儿的健康,遵循很多医疗保健的建议,内容涉及她们能喝什么、抽什么烟以及吃什么等方方面面。与此同时,监控体系还为她们提供很多检查,让她们参加各种各样的学习班。如果她们不接受这些,那么她们个人就必须为经常可能出现的胎儿畸形或堕胎负责(Lupton,1999)。

较之于男性,这种小儿化过程对女性的影响或许更大,因为在女性的一生中,与医疗保健打交道更多,这已经成为医疗权力成长的一般化特征。正如伊利奇(Illich)所言(1995),在我们追求"更好的健康状态"过程中,导致我们越来越不能或者不愿意自我照顾的原因,不仅仅在于医疗保健服务的医疗化和专业化,而且还因为很多治疗是不必要且又具有危险性的。

女性医疗保健运动

正如我们前文所强调的,女权主义对医疗权力和 NHS 的批判已经告诉我们,尽管此医疗服务体系是一种普惠型的,但女性医疗服务的质量是与男性不同的。我们已经认识到,医疗保健服务体系对女性是不利的,这推动了英国女性医疗保健运动的发展,这些运动使女性有能力去挑战医疗中的父权主义及厌恶女性的做法,因为女性无论是作为医疗服务的使用者,还是作为正式或非正式的医护工作者,都会遭到这样的歧视性对待。尽管建立了 NHS,而且第二次世界大战后福利国家已经为女性提供了很多福利,但是女权主义者认为这些体系都带有明显的"父权主义烙印"(Rose,1990:210),进一步强化了性别差异和男性权力。

不过,现代女性医疗保健运动并不是起源于女性主义运动,而是在女性自身的分娩经历基础上发展起来的。20 世纪 50 年代中期,全国生育协会(1961 年更名为全国生育联合会)在其创始人普鲁内拉·布莱恩斯(Prunella Briance)的领导下,致力于提高婴儿自然分娩的工作。而普鲁内拉·布莱恩斯自己的孩子就是由于她所反对的过度的医疗干预而夭折了。尽管全国生育协会不能被当做一个女权主义组织,但是它将女性团结起来并发起的运动乃是在她们自身的分娩经历基础上形成的,这对她们医疗自主权的争取产生了重要影响。1960 年,全国生育协会与更激进的英国产科改善协会(AIMS)联合起来,推动女性获取生育孩子的自由决定权(Allsop et al,2005)。AIMS 推动了在家生育运动的发展,该运动反对将怀孕过分医疗化,而且也反对把生孩子当做像疾病一样需要去医院进行医治(www. aims. org. uk)。

可以说,将女性怀孕医疗化是 NHS 做法的典型范例,NHS 扩展了医疗权力,同时对女性权利构成了剥夺。比如,妇产科学不仅将生孩子建构为一种医疗程序,低估了女性自身的知识和经验,而且也将传统接生婆的角色边缘化了,使之受制于男性占主导的医疗权威之下(Romalis,1985;Barker,1998)。医疗权力的形成乃是基于对医疗服务的垄断之上的,同时也是以西方医学界较之其他医学知识所占据的优势地位为基础的。

> 将怀孕划归为生物医学的范围,赋予了医生一种知识垄断权,换言之,只有他们懂得怀孕相关的治疗方法。这对既有知识(经验性/民间智慧)构成了破坏。另外,怀孕医疗化是通过科学的治疗方法从而最大限度地保证健康怀孕,这实质上构成了一种生命权力关系(bio-power)。这些"客观化"的建议将医疗对人类主体的控制合法化了。
>
> (Barker,1998:1074)

起初,职业医生反对患者对治疗进行任何干预。20 世纪五六十年代,很多医疗保健界人士坚信"医生知道最好的"这句格言,因此,即使那些遵从医疗权威的群体也被视为是医疗权力的潜在威胁。比如赫拉·库克(Hera Cook)认为(2004:313),患者组织如住院儿童福利联合会,大部分是由"中产阶级女性所组成的……这些组织很少得到护士和医生的合作",因而被视为对医疗权力的威胁。NHS 的哲学基础是普遍性而非民主选择性的,医疗界在其中坚决维护其自主性和权力(Doyal,1998)。

面对医疗权力的扩张,医疗保健消费者群体如全国生育协会以及女性医疗保健运动都是重要的抵抗力量。这些组织是由"专家和知识分子所组成的一个网络"(Baggott et al,2005:124),利用成员自身的知识以及医疗相关领域中专业人士的同情是此类组织的基本内容。那些专家既可以提供医疗实践经验,也知道相关医疗政策,同时还能够给那些有医疗需要的群体提供建议与帮助。

英国女权主义医疗保健运动正式诞生的标志是 1970 年 2 月在牛津大学拉斯金学院(Ruskin College)举行的首届全国妇女解放大会。这次大会提出了四点核心要求:薪资水平上的平等;教育与就业机会上的平等;自由而弹性的儿童看护,以及避孕和堕胎的自由决定权(Coote and Pattullo,1990;Byrne,1997)。这些要求反映出女性运动对福利国家的不满,尤其是对"第二次世界大战后福利国家中的女性(无论是她们作为医疗服务的使用者,还是作为无报酬的福利供给者,或是她们作为医疗保健业中的雇员)所遭受的不公平待遇"(Williams,2002:502)。第二波女权主义运动在挑战父权国家体制的同时,也竭力为女性争取自由控制自己生活和身体的权利。关爱女性健康的运动从一开始就关注女性的性和生殖健康,强调应该由女性自由选择决定是否以及何时生小孩。因为她们相信,只有当女性彻底摆脱作为生儿育女工具的这个枷锁后,才能实现真正的女性解放(Firestone,1979)。尽管有些女权主义者相信,"母亲"这一角色赋予了女性洞察世界的独特视角,而这是男人所无法体会到的,但是争取对自己身体的自由决定权依然是女性医疗保健运动的一个核心主题。

与美国不同,英国的全国性组织未必能够形成全国性的抗议运动。大部分女性运动总是由一些松散小团体及组织临时联合起来发起的,通常是以当地妇女中心和避难所为基础。妇女解放运动组织构成上的这种松散性同样体现在女性医疗保健运动的结构上,后者是由一些"关系松散的自助团体"组成的:

> 鼓励女性们从(男性主导的)医疗界手中夺回身体及其医疗保健的控制权,挑战医疗界的传统学说,建立一种以女性自我认知与身体觉察为基础的了解女性身体的知识体系。
>
> (Moore,2008:270)

这些女权主义康复自助组织的一个范例就是20世纪70和80年代成立的一系列女性医疗保健中心,为女性提供有限的医疗健康服务。在美国的女性医疗保健运动中,此类女性医疗保健中心发挥了更重要的作用。与英国关注于促进NHS改革的女性医疗保健中心不同(Kelleher et al,1994;Stacey,1985),美国的女性医疗保健中心目的是要取代"利欲熏心的、由男性医生控制的医疗机构"(Morgen,2002:74)。不过,即使英国的此类女性医疗保健中心更多地关注自助而较少提供实际的医疗保健服务,还是出现了很多这样的组织。位于伦敦伊斯灵顿区埃塞克斯路的女性医疗保健中心是第一家提供各种替代性医疗保健及信息服务(比如堕胎信息、怀孕检查、女性自我检查、医疗保健咨询以及提供"女性患者主治医生及治疗方案方面的信息")的中心(Lovenduski and Randall,1993:233—234)。较之于这些女性保健中心,在英国女性医疗保健运动中发挥更重要作用的是那些小型的地方性康复自助组织,它们成了女性医疗保健运动的基石。到20

世纪 80 年代早期，有大约两万名积极分子参与这个运动(Byrne，1997)。

对于女性解放运动来说，这些康复自助组织发挥了至关重要的作用，这不仅体现在意识培养上，而且还体现在它们为女性提供实现身体与生活的自主决定权的实用性建议上。实现女性在避孕与堕胎上的自主选择权是女权主义运动的一个核心议题。整个 20 世纪 70 年代及 80 年代早期，女性医疗保健运动的中心工作就是在争取堕胎自主权与维护《1967 年堕胎法》之间展开的。在英国（包括爱尔兰），《1967 年堕胎法》规定，除非有两名医生认定胎儿畸形或者继续怀孕将给母亲带来生理或心理伤害，孕妇才能终止妊娠，否则不允许堕胎。不过，《1967 年堕胎法》没有要求"卫生部为女性提供必要的便利措施，也没有强制要求个体医生有义务遵循规定的程序"，这导致了在具体的医疗服务提供单位与医疗主管部门之间存在着大量的变数(Klein R，2001:67)。这些变数说明，那种相信 NHS 能实现医疗保健服务平等化获取的信念根本就是一个不可企及的神话。尽管保护未出生婴儿协会(SPUC)，以及其他一些反堕胎人士认为，《1967 年堕胎法》打开了堕胎潮流的闸门，显然，这与女性医疗保健运动的主题并不是一回事。最后，女性堕胎的自由选择权首先需要得到医生的同意许可。谢弗(Shaver，1994:79)认为，在英国，女性堕胎权属于一种医疗授权(medical entitlement)，这与美国不同。在美国，堕胎属于女性的自然权利，"医疗主管部门只是扮演调解劝说的角色"。《1967 年堕胎法》规定，只有在怀孕不足 24 周的情况下才允许堕胎，而且必须得到医生的许可，这制造了很多问题。在英国的有些地方，终止妊娠是被严格限制的，因此医生和医疗主管部门的做法迫使女性只有去私人诊所或志愿医院做人工流产(Thomas，1998)。这就可以解释，为什么在英国，尽管人人都享受 NHS 的医疗保健服务，但是仍然有一半以上的人工流产是在私人诊所中进行的(Shaver，1994；Thomas，1998)。

《1967 年堕胎法》是在拉斯金学院首届全国妇女解放大会之前就颁布执行的，所以女性保健运动对该法案进行集体抵制，挑战基督教的绝对权威以捍卫女性的自由选择权。从某种程度上来说，1967 年 1 月成立的 SPUC 就是为了阻止该法案在国会中获得通过，1970 年成立的名为"生活"(LIFE)的组织就是从 SPUC 中分裂出来的，由那些反对 SPUC 妥协立场的人所组成。到了 1975 年，在持同情立场的下议院议员的帮助下，这些组织的抗议才真正起到了作用。议员詹姆斯·怀特(James White)提案要严格限制《堕胎法》的实施，在宣读第二次议案后,该法进入委员会审议阶段(committee stage)。在这种情况下,发生了全国争取妇女堕胎权利运动(NAC)(Durham, 1991; Lovenduski and Randall, 1993),有数以万计的女性被动员起来一起捍卫其自由选择权。到 1976 年,维护《1967 年堕胎法》统筹委员会(是与资金充足且斗争态度坚决的反堕胎运动进行对抗的堡垒)与 NAC 组织实现了联合。尽管詹姆斯·怀特的提案失败了,但它却促使那些支持反堕胎运动的议员们提出了大量提案。

1979 年玛格丽特·撒切尔政府成立后,第二次抗议《1967 年堕胎法》的浪潮出现了。当时保守党议员约翰·科里(John Corrie)提出了一项普通议员提案(a private member's bill),要求将终止妊娠时限由原来的 28 周缩短为 24 周(Durham, 1991)。由于担心新执政的玛格丽特·撒切尔政府或许会继续推出损害女性自由选择权的措施,NAC 动员了超过 10 万名抗议者走上街头反对科里的提案(Lovenduski and Randall, 1993)。最后,科里的提案未获通过,英国争取堕胎合法化的运动随之也达到了高峰。NAC 由于内部矛盾使组织出现了分裂,一派主张要继续将运动的重点放在与堕胎相关的事情上,另一派则坚持认为开展争取女性生育权利的运动才是根本之道。1984 年 1 月,爆发了争取女性生育权利的运动,这也进一步表明女性运动内部存在着广泛的矛盾冲突。对于将白人中产阶级女性的需求作为运动的关注中心,女性运动内部的不同群体都提出了质疑(Lovenduski and Randall, 1993; Somerville, 1997)。

堕胎是女性运动中的一个重要议题。在 1987 年至 1988 年间,爆发了反奥尔顿提案(Fight the Alton Bill)——与科里提案类似,都试图缩减终止妊娠的时限——的社会运动,不过,它没有达到反科里提案的运动规模。在反奥尔顿提案运动后,一些女性运动分子认为,以往争取堕胎自由权利的运动总是一味地围绕反对《1967 年堕胎法》展开,而不是奋力争取将早期流产纳入到 NHS 体系之中,更没有形成主张堕胎合法化的联盟(Lovenduski and Randall, 1993)。尽管争取堕胎自由权利的组织化运动模式有所复兴,但是因为政府所支持的 1990 年《人工授精与胚胎法》(Human Fertilisation and Embryology Act)出台,使这些运动并没有能够阻止将终止妊娠的时限由 28 周削减到 24 周。对于反对堕胎的斗争人士而言,这并不一定就意味着胜利,因为他们既没有能够改变《1967 年堕胎法》,也没有能够颠覆认为女性应该有自由(或者是有限的)堕胎权利的信念。最终,反堕胎人士对玛格丽特·撒切尔和约翰·梅杰领导的保守党政府感到失望,尽管后者后来对他们表示了支持。在反堕胎人士看来,这两届保守党领导的政府将更多的精力倾注到货币主义经济变迁以及镇压工会上,而对推行"传统"道德热情不够(Durham,1991)。就 NHS 而言,撒切尔与梅杰政府通过管理体制改革和引入"良好管制"(good housekeeping)机制削弱了医疗自主权,其中包括提供 NHS 体系中私立医院的比例,从而取得更好的经济效益(Klein R,2001)。

尽管如此,对女性运动来说,捍卫女性的自由堕胎权利依然是其关键议题之一。但 20 世纪 80 年代,女性主义运动的重点却发生了变化(反核运动、色情、婚姻暴力、生育权利等)。这种情况部分导致了女性运动的碎片化,也使女性保健运动在 20 世纪 80 年代末逐渐消退(Laughlin,1998)。然而,这些运动也扩大了政策制定者及医疗主管部门对女性特殊需求的认知。正如威廉姆斯(Williams,2002:503)所言的:

> 可以说,20 世纪 70 年代和 80 年代的女权主义运动对福利政策产生了长久的影响……它不仅创造出满足女性特殊需求的新的福利项目,而且还形成了适用于公立和志愿部门的服务使用者的机会均等政策、反欺压战略以及赋权战略。

其中一个例子就是,女性医疗保健运动促使妇女健康检查诊所得以建立,同时也制造了这样的氛围,即很多替代性的女性健康服务项目都能够成功地获得法定基金的支持,所以就使女性健康项目"部分或全部地融入到主流体系之中"(Benato et al,1998:201)。而且,志愿医院部门与法定医院部门之间的合作日益增多,从而更好地满足了女性的健康需求(Benato et al,1998;Griffiths and Bradlow,1998;Laughlin,1998)。尽管总是存在着这样的风险,即指定和职业化将会削弱女性的医疗自主权,但这也反映出,无论是国家还是地方层面的 NHS 都越来越重视女性的要求。

医疗保健社会运动

为了挑战医疗主管部门、NHS 体系以及政府医疗保健政策,围绕健康问题展开的社会运动日益增多,而且女性医疗保健运动对它们产生了重要影响。这些运动可以分为三个主要类别:

1. 医疗保健服务获取运动(health access movements),其主要目的是为特定

107

人群争取享受医疗服务的资格；

2. 全体选民运动（constituency-based movement），其主要目的是改变医疗服务获取及医疗保健对不同群体采取的不公平待遇，如那些围绕性别、种族、阶级而组织起来的运动。

3. 体验健康运动（embodied health movement），它是由疾病患者组织起来的，比如乳腺癌症患者、艾滋病患者、海湾战争综合征患者等（Brown and Zavestoki, 2005）。

在不同类型的医疗保健运动之间存在着大量的重叠之处。比如，很多艾滋病运动的积极分子认为，自己还是同性恋运动的积极分子，因为艾滋病首先是同性恋群体中的一种常见病症（King, 1993）。当然，并不是所有医疗保健运动都能被归入上述三个类别。比如，我们很难将当代的新疗法运动（alternative medicine movement）归入这三类中，该运动主要目的是为新治疗方法争取到认可（起码是得到政府和资助者的最低限度的认可）（Goldner, 2005）。而且更为复杂的是，为了获取新治疗方法的治疗服务，又爆发了很多医疗保健运动。比如病人之友组织（Body Positive and Buddy groups）号召人们与艾滋病患者住在一起，尤其是在新疗法出现之前，希望通过此举来提高艾滋病患者的生活机会。与此同时，这些群体还争取参加一些尚未上市的试验治疗方法或者药物。这些群体如此做的目的在于，指出普惠型的 NHS 体系对于这些新疗法及药物的限制，并希望借此促进政府和医疗主管部门进行资金投入。

就其对医疗权力和医疗保健政策的影响而言，不同医疗保健社会运动之间的差异也非常大。有些运动的主要目的是帮助医疗科学，并与医疗从业者联合起来争取更多的资助及提高公众的认知度，而有些运动则是为了改变现有的医疗知识。医疗保健社会运动没有挑战到医疗权力反而对它有所帮助的一个有力例证就是关于乳腺癌的运动，人们通过这些运动提高了对乳腺癌的认知，进而获得了公众对乳腺癌研究的支持。考克尔（Kolker, 2004）认为，过去 20 年的医疗保健社会运动所发生的一个主要变化是，运动的焦点由原来关注"病人医疗服务问题"慢慢转向寻求研究资助和公众对特定疗法的更大认知上。乳腺癌运动就成功地将个体问题转换为公共问题，并且激发了公众对这个曾经一度被污名化的议题进行讨论（Kolker, 2004）。在有些医疗保健社会运动中，职业医生成为运动积极分子及联盟者，比如，主张堕胎合法化的运动积极分子就与医生和护士联合起来，以保证提供足够的堕胎服务，并成为与反堕胎合法化运动分子斗争的工具（Joffe et al,

2004)。有些医疗保健运动则努力颠覆过去的一些已被人接受的医疗教条,并反对一些污名化的医疗标签。比如,反精神病运动认为,医生没有权力给一些人贴上精神病的标签(Crossley,2006)。同性恋解放运动则努力督促美国精神病学协会(American Psychiatric Association)将同性恋剔除出精神病范围(Marshall,1983)。

那些寻求给慢性病患者提供新疗法的康复自助组织也对职业医生构成了挑战。凯莱赫(Kelleher,1944:113)认为,这些康复自助运动属于一种新社会运动,因为它们"反对生活世界被专家体系所统治,这里是指医疗专家体系"(Habermas,1981)。这在体验健康运动中表现得尤为明显,该运动的核心特征在于它是"疾病身份集体政治化"的产物,这对"常规的科学医疗实践"构成了挑战,也模糊了"外行与专家知识以及行动者与国家之间的界限"(Brown et al,2004:54)。女性医疗保健运动,尤其是通过将医疗服务使用者获得的体验知识合法化,极大地鼓舞了体验健康运动的不断增多。比如,波茨(Potts,2004:141)认为,环境乳腺癌运动(environmental breast cancer)就引用了女权主义认识论,试图将立足于"个人、主体性"的新治疗方法合法化。这样一来,女性健康运动促进了患者在NHS体系中地位的提高,而且也挑战了那个被广泛接受的医疗观念,即认为在治疗决策过程中,患者几乎没有什么发言权的观念。

对医疗保健社会运动进行定义变得日益复杂,因为我们越来越难以在社会运动与志愿医疗部门之间,以及在运动的活跃分子与医疗服务提供者之间进行清晰的区分。比如,女性难民运动是在女性解放运动的基础上发展起来的,其目的在于为遭受家庭暴力的妇女与儿童提供安全住所。这些安全住所网络代为难民接受法定的资助,同时依据其慈善组织身份为其运动募集资金(Pahl,1979)。与此同时,女性难民运动还通过政治性抗争反对这个社会中的男性暴力与父权主义。20世纪80年代兴起的艾滋病行动主义专业化也提出了类似的议题:比如,尽管泰伦席金斯基金(Terrence Higgins Trust)的成立是为了应对女同性恋者(Lesbian)、男同性恋者(Gay)、双性恋者(Bisexual)与跨性别者(Transgender)(LGBT)群体中的艾滋病毒携带者和患者,但是到了80年代后期,该基金几乎完全依赖于法定资助和专业医生,这导致该基金对男同性恋者及艾滋病患者的关注逐渐减少(King,1993)。

尽管医疗保健社会运动是多种多样的,但它们在一定程度上都是特定社会群

109

体的健康倡导者,或者是 NHS 的支持者和维护者。这些年来,维护 NHS 体系变得越来越重要,因为政府对私立医疗部门的依赖越来越深,这对公立医疗部门造成了一定的损害。

其实,NHS 体系最终总会是一种折衷的安排,需要安慰一下那些反对实行普惠型医疗福利体系的力量。这种妥协折衷意味着 NHS 无法兑现医疗福利无差别享用的承诺。尽管 NHS 体系有其不足的地方,但是设立于 1948 年的 NHS 体系所提供的免费医疗服务,在今天看来依然是非常必要的。所以,虽然很多社会运动批评 NHS 体系的组织和操作方式,但是很少主张将其废除掉。正好相反:"批评来自于边缘力量……且主要是对现有国家福利体系的批评,但是这种批评不是要破坏福利体系,而是要使之对福利使用者承担更多的责任"(Cowden and Singh,2007:9)。不幸的是,这些批评有时会被政府所利用从而将其诋毁普惠型福利体系及公共部门提供高质量服务能力的行为合法化。考登和辛格(Cowden and Singh,2007)也认为,社会福利使用者的意识形态被新工党所利用(通过使 NHS 管理者能够掌握利用福利使用者的选择观念及其为一线员工所争取的福利内容),从而强化了 NHS 的管理主义色彩。

1979 年撒切尔夫人当选为首相后,NHS 内部开始了私有化的进程,并且削减了社会福利开支。撒切尔政府此举有两个目的:一是削弱医疗服务工会的权力以及医疗咨询顾问的权威;二是进行私有化改革,首先是辅助服务部门比如洗衣和清洁部门进行私有化。在 1997 年赢得大选后,新工党继续沿用了私有化改革且得到了不同政治派别的支持——通常与主流党派普通会员的愿望相反,尽管此举与其在竞选时所宣称的恰恰相反(Pollock,2004;Ruane,2004,2007)。所以,即使市场效率话语已经被现代化话语取代,但是新工党政府与之前的保守党政府在政策上还是存在着延续性:

> 在保守党执政期间,强调减少福利国家的经济效率利益,而新工党政府则强调福利国家的"现代化",这两种不同的话语掩盖了新工党政策与撒切尔主义之间所存在的重要延续性。医疗保健和福利供给方面的社会政策的核心议题依然是,公共政策部门通过商品化和私有化,削弱国家在福利体系中的功能。

(Cowden and Singh,2007:10)

但是很多工会反对福利私有化改革,专业性组织的声音逐渐消失了,很多规模较大的且已经进入国家政治体制内的福利使用者组织,对于私有化政策通常采取一种实用主义态度(Ruane,2004,2007;Allsop et al,2005)。对于医疗保健服务部门的私有化改革,公众还是有很多担忧的,而且在一些地方,发生了大量的引人注目的反对关闭医院的游行示威运动,以此来提醒公众注意到目前医疗保健政策所带来的风险(Ruane,2004)。

结　论

关于女性医疗保健运动对 NHS 发展以及英国医疗保健政策的影响程度,尽管学术界一直存在着争议(Doyal,1998),而且近年来此类运动也逐渐衰败,但我们不能据此低估医疗保健领域社会运动的影响力。就行动策略而言,女性解放运动和女性医疗保健运动都利用女性的个人经历与体验并将之作为斗争的政治武器。在此基础上,形成了一个能够分享女性个人经验的庞大网络,这增强了女权主义挑战医疗主管部门及医疗保健政策的力量,而且对日益增多的体验健康社会运动及医疗服务消费者组织运动也具有重要的启示意义。这些运动与女性医疗保健运动联合起来捍卫 NHS,并为病人争取平等享有医疗服务的权利。女性医疗保健运动成功地使人们注意到了 NHS 体系中歧视女性及其未能满足女性的特定医疗保健需求等问题。

　　女性医疗保健运动自下而上地设定其运动目标,同时为个体女性的选择提供空间。运动常常是通过向政府施压来确保医疗保健服务的供给是免费或者是社会成员能够负担的,这样的话,女性也才能够支付得起其医疗保健选择。

(Rose,1990:214)

保守党和工党政府试图在医疗保健和个人护理服务供给方面增加私有部门的比重,但此举是对贝弗里奇普惠型福利蓝图的破坏,在这种情况下,上述社会运动显得更加重要。在高质量医疗服务和最新治疗方法的获取、反对医疗私有化及医疗服务差别化对待,以及为运动支持者提供讨论自身体验的合法空间等方面,医疗保健社会运动则兼有"新""旧"两种社会运动的性质。因此,这些社会运动可以被视为是反对专家系统对日常生活世界殖民的一种斗争形式(Habermas,1981,1987b),而且尤其反对借助 NHS 体系将医疗权力延伸至我们生活的方方面面的做法。

拓展阅读

有关医疗保健领域的社会运动的研究越来越多,社会运动的学者有必要对其进行区分。菲尔·布朗(Phil Brown)和斯蒂芬·扎夫斯托斯基(Stephen Zavestoski)主编的文集《医疗社会运动》(Blackwell 出版社 2005 年版)对医疗社会运动类型进行了很好的归纳。罗伯·巴格特(Rob Baggott)、朱迪斯·奥斯帕(Judith Allsop)和凯斯琳·琼斯(Kathryn Jones)合著的《为病人和照顾者代言:医疗消费群体与政策过程》(Palgrave Macmillan 出版社 2005 年版)深入讨论了医疗消费群体规模的扩大对政策过程产生的影响。

目前尚没有专门研究英国女性医疗保健运动历史的文献。不过桑德兰·摩尔根(Sandra Morgen)撰写了一本关于美国女性医疗保健运动史的专著,即《命运掌握在自己手中:美国女性医疗保健运动,1969—1990》。

关于女性、健康以及 NHS 的研究文献有:安·奥克莱(Ann Oakley)在其著作《女性、医疗及健康》一书中,对女性医疗保健方式进行了很好的论述。莱斯利·多雅尔(Lesley Doyal)则在其专著《女性和医疗保健服务》一书中,对女性享用医疗保健服务的过程进行了广泛的研究。

关于医疗保健服务私有化的讨论,参见埃里森·M. 波洛克(Allyson M. Pollock)的专著《英国全民医疗保健体系:医疗保健服务的私有化》一书(Verso,2005)。

实用网址:

英国国家临床卓越研究院(NICE)——负责对英格兰、威尔士和北爱尔兰的全民医疗保健体系的医疗服务进行评估:www. nice. org. uk

苏格兰医学会——在药物与治疗上,为苏格兰医疗委员会提供建议:www. scottishmedicines. org. uk

英国产科改善协会(AIMS)——50 年来,一直是怀孕女性权益的争取者:www. aims. org. uk

堕胎权利协会——由全国争取妇女堕胎权利运动(NAC)与堕胎法改革委员会(ALRA)两个组织在 2003 年合并而成:www. abortionrights. org. uk

第六章
对抗污浊：都市社会运动

导 言

从古至今，城市作为权力中心一直是各种抗争与革命爆发的核心地带
（Allen，1999）。世界上很多城市均有这样的历史传统：从1871年巴黎公社成立
开始，上层阶级就已经担心伦敦会爆发类似的"集体骚乱"。第一次世界大战期间
和战争刚结束后，格拉斯哥（Glasgow）爆发了拒付房租斗争和工人阶级抗争；20
世纪60年代，美国很多城市爆发了"反种族主义骚乱"；1968年巴黎也发生了反
种族主义骚乱（学生抗争和工人罢工运动导致戴高乐政府垮台）；20世纪80年代
和90年代早期，英国的主要城市也爆发了反种族主义运动并且与镇压运动的警
察发生了冲突，1990年伦敦还爆发了抗议人头税骚乱（Poll Tax Riot）；在西雅图、
热那亚以及佛罗伦萨这些城市也都爆发运动，而且这些城市因其反自由主义全球
化的抗争运动而闻名于世。可以说，都市的抗争与运动具有悠久而令人骄傲的历
史传统。

在全球都市研究的知名学者萨森（Sassen）看来（2004：651），将全球城市连接
起来的战略网络及关系结构为都市社会运动提供了新的机遇：

> 在这样的政治斗争场景中，行动者多是关注跨国议题的各种组织，他们
> 关注的是移民、难民庇护、国际妇女运动、另类全球化运动（alter-globalisati-
> on）以及其他国际性议题。不过这些运动最初的定位或起源并不必然是城
> 市，但最终它们都倾向于以城市为中心。新网络科技，尤其是因特网的发展，
> 进一步强化了这些跨国界都市网络的运动能力……

> 因此，城市全球化的形成为都市网络组织创造了环境，即使这些网络组
> 织本质上并不是都市的。

最近，在不同城市之间，都市运动和抗争所面临的新机会空间存在着极大的

差异。以长期抗争为例,如占屋运动和反马路运动等,已经变得更加激进且协调组织也更为娴熟,新近爆发的抗争运动则主要是围绕城市环保议题展开的,目的是捍卫城市的公共绿色空间。而且,我们必须注意到城市中那些极端保守且退步的社会运动有增多趋势,如围绕住房供给与分配产生的右翼抗争运动——"别在我家后院堆放垃圾运动"(NIMBYism)(McClymont and O'Hare, 2008),在英国和美国产生的都市治安维持会组织,以及各种形式的郊区保守主义和保护主义运动等。

正如我们在本章中所阐述的,城市是大众抗争与革命的重要元素,但是从社会抗争和革命的目标中将"都市维度"梳理出来则完全是另外一回事。正如萨森所强调的(2004),那些在都市发生和爆发的抗争运动通常是围绕(借用萨森的术语)"跨国议题"(如环保、移民、性别、反全球化等议题)展开的,这些运动有可能既不是在城市里发生的,也不是围绕"都市"议题展开的。所以,都市与社会运动之间的相关性是复杂而动态的。

本章关注的是"都市社会运动"问题及其属性。"都市社会运动"这个词本身就意味着需要将它当做社会运动的一个分支来分析与研究。我们论述的重点是都市与社会运动之间是如何互动的,这对于我们理解英国围绕城市福利议题而产生的抗争运动(最突出的是围绕住房以及贝弗里奇所言的"污浊")具有重要的意义。19世纪晚期以来,住房问题一直是英国社会福利运动的核心议题,而且通常也是爆发社会运动的一个重要源头——尽管其运动的外观与方式各异。既然住房是都市社会运动的中心议题,那么在本章中我们将重点关注围绕住房而展开的社会福利运动。

当然,住房问题并不是都市所特有的议题。住房供给,或者更确切地说是居民可负担的高质量住房的供应出租问题(或许这也是住房短缺问题)常常是城市社区所面临的议题。同时,住房问题还与其他议题存在着相互关系,如人头税问题,20世纪80年代和90年代爆发的抗议人头税运动(Lavalette and Mooney, 2000)就真正将公共住房供给与地方政府财政与税收之间联系起来了——正如我们在21世纪早期爆发的抗议住房股票交易运动中所看到的,围绕住房展开的社会运动还与反对私有化密切相关。

将住房社会运动作为研究对象自然会涉及这样一个问题,即"新""旧"社会运动形式的界定。回顾本书第一部分及其他章节的解释,"住房社会运动"一般被视为是一种"旧"社会运动——主要是围绕住房需求和社会正义等议题。不过，正如我们在下文所说的，一旦我们将都市维度考虑进来，这样的界定就会出现很多问题。

因此，就"新""旧"社会运动这个复杂的问题，我们有必要深入讨论。都市社会运动是以集体福利服务为基础的，而且这些集体福利服务并不是跨国界或者是与其他国家关联的。那么到底根据什么将一个社会运动界定为一个都市社会运动呢？

都市社会运动

在第三章中，我们简要介绍了都市社会运动的内涵，都市社会运动的理论框架是由社会学家及都市问题研究专家卡斯特尔建立的。在卡斯特尔关于都市的研究中，当属1983年出版的专著《城市与草根》最为知名，该书对后来的都市社会运动研究文献（以及广义的都市研究）都产生了重要影响，为这些研究提供了一整套的概念框架与分析工具，而且引发了人们对这些概念与分析工具的有用性和可应用性的广泛讨论。卡斯特尔的出发点是论述什么是他所言的"都市问题"（1977a）。他认为，在发达资本主义社会，国家与地方政府前所未有地卷入社会产品和社会服务的供给之中，这部分是由于国家及市场压力的结果，但也是来自底层抗争的结果。这些"集体性消费"（不再是生产过程中对抗性劳资关系）反映了劳资冲突的新阶段和新形式。卡斯特尔作为一个持马克思主义立场的学者，认为国家越来越多地卷入集体消费的供给中会产生新的矛盾，即一旦国家无法满足服务需求，就会反过来催生抗争运动。所以，对于城市里的阶级冲突来说，劳动力的社会再生产是一个中心问题。

卡斯特尔在其专著《城市与草根》中，首先界定了其讨论的中心前提，即"从历史上来看，都市社会运动只是推动都市生活与结构形成的力量之一，但目前，社会特殊的历史条件使之比以前更加凸显了"（Castells, 1983）。卡斯特尔在其专著中，对1520—1522年卡斯蒂利亚社区运动、第一次世界大战时爆发的格拉斯哥房客运动、20世纪60年代美国所兴起的都市社会运动，以及巴黎的工会主义运动进行了深入探讨。与此同时，他还对旧金山爆发的争取性自由和少数民族权利的运动，以及在智利、墨西哥和秘鲁发生的占屋运动等案例进行了分析，从而为我们

115

描述了一幅详细的都市社会运动的实证场景。基于这些经验研究,卡斯特尔建构了其都市运动的中心理论:

> 在我们这个社会和我们这个时代,都市社会运动……主要是围绕如下三个主题展开的:1.要求对集体消费予以关注。2.捍卫特定地域内的文化认同。3.针对国家,特别是地方政府发动的政治性运动。
>
> (Castells, 1983)

所以,在卡斯特尔看来,多样性和不同的运动形式是都市运动的特性:那些社会运动动员起来的目的就是要求国家提供物品和服务——换言之,是提供"集体消费品";"社区运动"通常是以族群为基础或者是历史地产生的,其主要目的是"寻求文化认同,维护地方文化的自主性"(Castells, 1983:319—320);"公民运动"的目的在于争取实现城市基层的自治。关于卡斯特尔的都市社会运动理论还有其他一些内容值得我们关注,而且对于我们理解其他社会运动具有重要意义——但在这里,我们主要讨论卡斯特尔理论对研究今日都市社会运动的意义。

在卡斯特尔看来,都市社会运动的首要特点是其防御性和被动性,与此同时,卡斯特尔也清楚地认识到,都市社会运动还具有变动性,它们是围绕都市问题展开斗争的。都市社会运动是一种"经过策划的集体行动,其目的是为了改变都市的那种体现统治阶级逻辑、利益和价值观的制度安排"(Castells, 1983:305)。但是卡斯特尔认为,都市社会运动是不能改变社会的,都市抗争运动,借用萨瑟(Susser)的话(2006:212),只能让"理想看起来是可实现的"。比如,1915年爆发的格拉斯哥房客抵抗租金运动成功地改变了当时的主流观念,它将住房是商品的观念转变成住房是众人皆能享有的社会权利。我们首先关注的是都市抗争的过程、新的形式,及其对现有权力挑战和新城市生活图景的发展等问题,在本章后面的内容中,我们将特别关注"城市的权利"这个议题。

对于这样的研究主题,卡斯特尔的论述引发了大量的讨论与争议。在这里,我们选择其中最重要的方面进行讨论,即社会阶级问题。正如我们在其他章节所看到的,社会阶级与社会运动之间的关系是社会运动的理论研究中的关键一点——这同样适用于都市社会运动。实际上,对于那些与都市社会运动相关的著名的抗争运动,很多学者依然采用社会阶级视角进行分析,尤其是使用经典的马克思主义阶级理论。不过,这种社会阶级观点受到另外一些学者的挑战,这些学者认为,社会运动(包括都市社会运动)一般独立于阶级行动且具有自身的自主特性。我们以格拉斯哥 1915 年抵抗租金的房客运动为例，从而对上述论点进行讨论。

在卡斯特尔看来，1915 年格拉斯哥房客运动是"历史上最重要的抵抗租金运动之一"（1983：27）。同时他也认识到，1915 年的房客运动最初是在克莱德（Clyde）工人阶级社区中发生的，且通常是由女性工人阶级所领导的（Damer，1980；Melling，1983）。这场运动是针对"消费领域"的问题展开的（1983：31），最终促使《1915 年房租和抵押暂时限制法》的出台（该法律被视为导致 1919 年政府推出简易住房计划的一个关键立法），并取得了当地工业资本家的支持（尽管遭到了地主阶级的反对），因为这些工业资本家担心住房领域的冲突会演变为劳资冲突，而且工人获得满意住房对他们来说也是有利可图的。卡斯特尔认为，在那些由工薪技工组成的社区中存在着"很强烈的文化认同"，他们并没有与资本家直接发生冲突，这意味着虽然由克莱德工人阶级社区引发的房客抗租运动取得了胜利，但这场运动却不是传统意义上的阶级斗争。卡斯特尔指出（1983：36—37）：

> 无论从运动的角度，还是从政治影响的角度，格拉斯哥的房客运动都可被看做是阶级斗争的缩影。但是，由于没有与主要资本家发生直接的对抗冲突，运动对国家提出的要求也背离了阶级斗争所应有的性质，况且资本家也表现出了对新住房政策的支持态度，所有这些都清楚地说明，将格拉斯哥房客运动视为一种反资本家运动的观点是站不住脚的。

在考察对上述观点的批评意见之前，我们应该简要地思考一下 1915 年格拉斯哥房客运动与抗争形式中的一些关键问题。共产党下议员威利·加拉格尔（Willie Gllagher）（1978：52—53）是如此评价著名的格拉斯哥革命的：

> 在加文（Govan），芭豪尔夫人——一名典型的工人阶级家庭妇女——成为这场前所未有的运动的领袖。街头集会、篮球后场集会以及锣鼓、铃铛和喇叭等工具都派上了用场——想方设法使女性走出家门并将她们组织起来进行抗争。成百上千份印刷传单被贴上窗户：无论你走到哪里都能见到这些传单。在每条街道上，几乎每扇窗户都贴着这样的标语：我们拒绝支付涨价的租金。

在当时，这些抗争形式都是创新之举，与此同时，他们还以街头抗争、集会以及示威等手段为辅助。在大多数关于房客运动的解释文献中，都将女性抗争者视为运动的中坚力量。格拉斯哥社区里发展出很多新的抗争形式，苏格兰西部城镇如克莱德班克(Clydebank)则至多是采用直接行动——放弃了当时一般由工会组织抗争行动的原则。所以在本章的案例研究中,我们将思考长期以来在都市社会运动中形成的多样化的抗争手段。

现在,我们重新回到那些对卡斯特尔理论的批判观点。有从马克思主义视角进行批评的,如戴默(Damer,1980,2000),他认为1915年(及20年代早期)的格拉斯哥房客运动中具有显著的阶级斗争性质,这除了体现在针对地方政府的阶级属性上,还表现在该运动具有超越部门与宗派分割而达到一种更高层次的阶级意识上。戴默认为,抗争者们显然认为格拉斯哥的地主们就属于资产阶级,而且房客抗租运动的领袖与造船厂和机械制造厂的工人代表联合起来,从而"形成了一股反对资本主义的基础力量"(Damer,1980:106)。而且,戴默认为即使将格拉斯哥房客运动视为一种都市或消费运动,但从整体而言,该运动依然属于一种阶级抗争:

> 或许房客运动不直接与生产过程抗争相关,但这并不意味着它不是阶级抗争。理论上,该运动可以被定位为社会再生产过程,它是围绕社会再生产和社会福利(租金、住房、医疗、教育等)而发生的阶级抗争,而且较之于生产过程中的劳资抗争,这些抗争的艰苦程度往往有过之而无不及。

> (Damer,2000:94)

梳理这方面的争论是一项庞杂费时的工作(Lowe,1986)。对我们而言,首要的是去整理那些有助于我们理解和分析都市社会运动的一些重要争论,但是有必要强调一下卡斯特尔是如何抹去都市社会运动中的阶级关系和阶级动员的痕迹,并给"社区运动和都市抗争赋予了一种超越阶级冲突的属性"的(Susser,2006:214)。所以,在很多评论《城市与草根》的人看来(*IJURR*,2003,2006;*City*,2006),卡斯特尔乐意接受不同的阶级含义,尤其是韦伯主义的阶级含义(进一步确认了卡斯特尔的立场是不同于马克思主义的,也可参见Castells,2006),而且在卡斯特尔的理论中,身份与公民权是催生都市抗争的重要元素,这使卡斯特尔的理论与今日的社会运动理论较为接近。

卡斯特尔的研究建构了一个理论框架,对于我们理解围绕都市集体消费而展开抗争运动(无论是历史上的,还是目前正在发生的)均有重要意义。其中,卡斯特尔对地方政府角色的研究尤其具有重要意义(Cockburn,1977;Lowe,1986)。在国家体制中,地方政府的功能体现为它是地方的管理者,负责调控管制集体消费的形式，进而实现劳动力的成功再生产。因为市场手段无法满足集体消费，所以地方政府的干预才出现。比如，私有部门不能为工人阶级提供合适的住房，这对工人养育下一代产生了影响——这进而威胁到资本自身的积累过程。

因此，地方政府仿佛永远陷入到集体消费的相关活动中了，而且随之而来的政治后果也增强了。对于这些集体消费，国家不能轻易地放弃提供，因为一旦削减福利服务的支出就会引发新的抗争与反抗。但如果支付这些集体消费，就会导致国家的财政危机。因此，政府供给集体消费福利服务在城市里引发了不同形式的社会运动——在都市社会运动中，地方政府是抗争的焦点。本章接下来的内容将讨论这个问题。

社会运动和都市社会运动分析：二者是平行发展的吗？

在过去大约十年间，全球抗争和社会运动已经变得非常普遍了，都市社会运动几乎是过去抗争年代的"剩余"形式。从表面上看，它属于一种地方性的抗争形式，但却具有跨国界及相互关联的性质。从 20 世纪 80 年代后期起，激发新社会运动发生和组织的动力和兴趣同样也是都市社会运动所关注的，这意味着都市社会运动的展开不再是围绕集体消费的供给（住房、教育、医疗保健等）。相反，都市社会运动过去所关心的物质议题已经日益被新社会运动认同的议题所取代。这就带来了一个很重要的问题，即都市社会运动和一般社会运动（不管是旧的还是新的）的关系问题。显然，新社会运动的风头盖过了都市社会运动，其中，全球正义运动尤其突出。尽管如此，都市社会运动还是给研究者们、理论家们，当然还有活动家们提供了思考的机遇。一直以来，都市社会运动总是被我们忽略，但如今对于都市社会运动的兴趣日益高涨，正如我们之前所提到的，有些杂志已经对都市社会运动的性质进行了讨论和反思（*IJURR*，2003，2006；*City*，2006）。绝大部分的讨论都是城市在全球抗争运动中重要性的一种体现，在围绕集体产品所产生的地方性抗争中，城市继续居于中心地位。这些集体产品除了住房和医疗外，还有在全世界都能引发抗争和暴动的清洁和安全水源供给的问题。

著名的都市问题评论家皮克万斯（Pickvance，2003：104）认为，都市社会运动的分析和研究要与一般社会运动理论区别开（Miller，2006：208）。因为都市社会运动的兴趣点通常源自于一些都市研究、都市地理学和政治学所关注的主要议题,而且都市社会学尤其重要,它是激发都市运动兴趣点的一种重要元素,但在其他社会运动理论领域中则没有如此大的影响力。皮克万斯进一步指出,那些对新社会运动感兴趣的学者倾向于避免将都市社会运动当做一种争取物质满足的旧社会运动,比如劳工运动。

在皮克万斯看来,这种将都市社会运动独立出来的做法产生了深远的影响:第一,都市社会运动的研究者一般会更关注抗争结果,比如增加住房供应或者更好的医疗保健服务等,而不怎么关注抗争组织的类型。第二,都市社会运动研究者尤其关注政治权力以及都市运动和抗争形成的环境:尤其是都市社会运动所处的经济、社会和政治环境,因为都市社会运动的产生通常不但与都市贫困和物质剥夺相关,而且也与促进国家承担更多在集体消费品和集体服务供给中的功能相关。不过,皮克万斯也注意到,将都市社会运动理论与一般社会运动理论区别开来,会导致对运动的动员过程及更深层次的问题缺乏关注,也会导致都市社会运动研究失去对志愿组织、压力团体以及接受服务者群体的研究兴趣。在过去30年里,绝大部分的都市社会运动研究文献一直都关注一个关键问题,即"是否因为都市社会运动是都市的才具有特殊性,以及都市社会运动的特殊性到底有多大"(Lake,2006:194)。

当代都市社会运动

120

对于我们理解都市社会运动,尤其是21世纪早期的都市社会运动,什么才是切入点?根据皮克万斯(2003:106)的研究,我们认为第一个要点在于都市社会运动多样化的抗议要求:从基本的物质要求到争取更多参与和"非物质性"权利如认可和话语权等,正如迈耶(2006:204)所言:

> 随着都市社会运动的兴起与壮大,围绕都市议题而发生冲突的结构条件几乎没有消失,而且对都市政治和都市社会运动的研究表明,这些冲突和抗争多是围绕这些结构性条件展开的。如果有什么不同的话,就是社区和社会空间环境之间的联系增强了。

在本章开篇我们就强调指出,学界对都市社会运动的研究已重新兴起。不过学界多将之视为全球社会运动的一部分,而且过去或许属于都市社会运动的抗争形式，今天却被视为是全球正义运动的一部分。但是都市社会运动与一般社会运动一样，总是多样化、分散性且发展变化的。都市社会运动与其他不关注都市的运动在主题上有重叠或联系之处，而且很多都市社会运动已经被归为女权主义运动、反种族歧视运动、身份及文化运动的范畴。虽然如此，新都市社会运动还是出现了且长久存在，它是由国家行动干预或早期抗争运动的胜利果实被侵蚀而引起的。这些抗争的胜利果实是 20 世纪六七十年代经过艰苦斗争而取得的，到了 20 世纪八九十年代以及 21 世纪早期，新自由主义进一步侵蚀了这些胜利果实。

新自由主义是引发都市社会运动兴起的一个结构条件之一。在下文的案例研究中，我们将讨论这个问题。不过现在，我们首先关注的是因福利国家制度削减而引发的抗争，其中，国家住房供给、公共事业私有化，以及关闭公共设施如娱乐中心及社区便民设施（像游泳池等）尤其容易引发抗争（Mooney and Fyfe，2006）。重要的是，在这些都市社会运动中，参与抗争的运动者之间是能够相互联系的，而在过去，这要么被忽略了，要么根本就不被允许。在很多城镇都市，福利服务的受用群体和工会已经联合起来了，共同反对私有化或关闭医院、学校及其他公共服务部门和福利设施（Mooney and Law，2007）。都市社会运动的参与者能够实现全国范围乃至跨国和全球化的联合，而在过去这是限制"传统"都市社会运动抗争的一个重要元素。反对公共事业"私有化"和商品化是全球社会运动者共同的关键目标，这一点将不同空间的抗争者联系在一起。

提供集体消费的公共服务部门的私有化或关闭破坏了都市社会运动的抗争基础，至少从理论上来说，在近些年来的新自由主义浪潮中，这种破坏起到了效果。尽管影响的范围并不均衡，但是也重新激发了围绕集体消费和公共用品以及公共服务供给的抗争运动。在私有化的浪潮中，公共事业被疯狂地市场化和商品化，福利国家制度也随之瓦解，但直到今天，抗争者与地方政府/城市主管部门之间的关系依然没有被清晰地界定。正如迈耶（2006）所言，"公民社会组织"团结一致且积极地干预都市政策的制度结构，这从根本上改变了都市中的政治结构。她接着说：

> 随着地方政府政治权力和能力的逐渐削弱，它已经不再是都市社会运动的直接对手了。今天，地方政府扮演了指导伙伴和深化"公民参与"网络建构的角色；他们与"第三部门"和社区组织或宗教组织达成协议，从而使地方性社会运动成为一种具有"活力性"和空间性的行为……不过作为早期社会运

121

动主要议程的参与权争取方式,如今则主要是通过公私部门合作、社区委员会和圆桌会议等方式来实现。

(Mayer,2006:205)

不过,迈耶有可能高估了地方政府对都市社会运动的侵蚀,但无论如何,她确实清晰地指出了,在最近一些年里,地方政府无处不在而且对社会运动组织产生了很大影响。正如迈耶(2006:205)指出的:

> 激励新运动动员和新联合发生的动力源自于反全球化运动所关注议题的(再)地方化,即"旧"的社会正义议题(失业、贫困、工作福利、社会保障或监控)重新被提上日程。

我们将讨论这些曾经从社会运动日程上消失的社会正义/不正义议题。实际上,那些认为"旧"议题在某种程度上就是指国家供给集体消费(只要满足物质需求即可)的观点,忽略了这样的事实,即英国和其他国家有很多人参与了都市社会运动。重要的是,在过去,工人阶级社区的物质需求或物质愿望从未得到完全的满足。最近,很多工人参与了反对重要公共部门私有化和市场化的抗争,他们发现,自己所捍卫的国家支付的福利服务曾经就是他们抗争的目标(LEWRG,1980;Fergusoner et al,2002)。正如我们将看到的,这种情况也制造了新的矛盾与困境。

争取和捍卫公共住房:从 1915 年的格拉斯哥到住房股权交易,从 20 世纪到 21 世纪

> 有证据显示,国家将要实行一个广泛接受的福利服务供给原则,即以中央和地方政府为媒介,比较私营企业提供福利服务的标准,从而实现福利服务的社会自给。这种情况既适用于医院和诊所,也适用于学校和住房。政府所建造的简易的公共住房也将会配置娱乐设施和休闲空间,而之前这些设施一直都是私人住房社区所独有的。

(Grundy and Titmuss, Report on Luton, 1945,转引自 Kynaston, 2007:154)

公共住房的样式和位置并不总是如人所愿(Hanley,2007)。在上文引述的蒂特马斯与他人合著的报告中,我们能够看到,第二次世界大战后,已经出现这样的要求,即公共住房至少也应该提供一些之前只在私人住宅中才能享受到的提升

生活质量的设施。据评估，1945 年，需求迫切的新住房数量大约在 500 万左右（Timmins，1995：141）。1942 年的《贝弗里奇报告》中使用了"污浊"这个词，对抗污浊首先触及的是租金和住房补贴问题，以及城市规划问题（Timmins，2001）。解决住房短缺、对抗贫民窟的污浊和过度拥挤，以及提高整体住房质量成为 1945 年后福利国家努力实现的关键目标。

在贝弗里奇式的福利国家中，国有住房政策与其他领域如医疗领域的政策并无二致，住房成为很多人的迫切需求是在 1945 年工党政府执政后出现的。到 1945 年，国家提供公共住房已经被认定为一种福利国家的重要原则，在整个英国，公共住房成为大部分城镇和都市乃至乡村都存在的一道风景线。1915 年格拉斯哥房客运动导致了《1919 年住房和城镇规划法案》的出台，后来工党政府在 1924 年、1929 年和 1930 年相继出台了其他零星法规，提供租房补贴成为当时英国国家福利的重要举措。

在英国历史上，1915 年的格拉斯哥房客运动是围绕住房供给而展开的一场（或许是最重要的一场）抗争。从 20 世纪 20 年代到第二次世界大战后的这段时期，住房一直是一个重要的政治议题，也是引起各种都市社会运动的一个重要源头。当然，"住房运动"包含了多种抗争，既有单一议题抗争及地方性底层抗争，也有全国性的抗争。纵观整个英国的公共住房发展历史，其中充满了抗租金运动、因住房短缺而引发的抗争、房客运动，以及反对将公共住房私有化的运动（Bradley，1997；Burn，1972；Piratin，1978；Lowe，1986；Johnson，2000；Johnstone，2000）。回顾我们前文提到的论点，围绕"旧"议题如公共住房问题而发生的抗争，在今天依然是住房抗争的主要特点。现在，我们简要讨论一下 20 世纪 90 年代后期和 21 世纪初发生的针对新工党住房股权交易政策的抗议运动。在经济危机或国家赋税削减的情况下，国家会尽力削减福利服务供给上的开支，这就是卡斯特尔所指出的矛盾焦点所在。

新工党政府 1997 年执政后，继承了以前保守党政府的公共住房政策，其核心主旨是要将公共住房服务从地方政府职能中剥离出去，允许其自由交易，且允许租金随市场大幅上涨。房屋交易是从 1979 年出台的《适时置业计划》后开始的，该法案允许租房客以极低的成本购买他们所租住的公共住房，到了 80 年代和 90 年代，随着住房逐渐从地方政府福利服务供给中完全剥离出来，住房交易也随之发生了改变，房客们的购房成本上升了。这在新工党执政期间达到了前所未有的程度（Robbins，2002；DCH，2003；Ginsburg，2005；Mooney and Poole，2005；Watt，2008）。

顾名思义，住房股权交易指公共住房脱离政府住房委员会的控制后，卖给各种各样的"社会业主"（social landlords），如此一来，住房就由原来的地方住房协会所有转为由准私有业主和半官方组织控制。在有些城市，其中最有名的是格拉斯哥，甚至将公共住房的全部股权转让给新的业主，如格拉斯哥的房交所即如此（Daly et al，2005）。在英国，住房股权交易重新激发了房客们的抗争。不过由于各地区住房股权交易发展并不均衡，因而较之于过去，各地方的抗争更为碎片化。尽管如此，这些反对住房股权交易的抗争运动还是告诉我们，那些都市社会运动的"旧"主题在今天依然是都市社会抗争的一部分。对住房股权交易的反对者来说，住房交易实质上等于将一个重要的公共财产私有化——这是对满足英国上百万人福利需求的公共福利服务的破坏。不过，在有些地区（伯明翰和爱丁堡是其中最重要的两个城市），反对住房交易的抗争取得了一些重要的胜利，但在有些地区则未能阻止住房交易（如格拉斯哥和利物浦）。

在英国，保护公共住房运动（DCH）是一场席卷全国的抗议公共住房上市交易的运动，但是该运动却支持重新通过股票市场（已经被放弃了几十年）来获取公共住房的直接投资。保护公共住房运动属于一种单议题抗争——目的就是为了阻止公共住房上市交易。DCH不但吸纳了英国已有的房客组织，整合了全国性房客运动组织，而且还获得了左翼组织和党派、社会活动家、公共部门的工会，以及反对住房交易计划的下议院议员和地方议员的支持。DCH既是一种资源，也是一个全国性抗争，它能够吸引很多以往不参与运动的房客们的支持。住房运动和集会得到了一些全国性组织的支持，而且通过使用互联网，抗议者之间能够学习成功和失败的教训，分享其中的经验和斗争策略。有些反对公共住房交易房客的组织依然保持独立而不参与运动，其中很多组织是从20世纪70年代和80年代发展起来的，他们试图吸纳那些房客和社区活动的领军人物，从而实现一些除住房交易之外的新的住房管制形式。

对于捍卫公共住房的抗争运动而言，重要的是引起大众的关注而不是提出要求。换言之，发起抗争运动是重要的。捍卫公共住房运动首先是防御性的，目的就是为了督促国家保持对公共服务的支持和义务。但是DCH也反对将公共住房住户妖魔化和污名化（比如称之为"福利依赖者"），而且也反对将公共住房部门作为一种剩余性福利安排（Johnstone and Mooney，2007；Watt，2008）。很多早期的抗争者发现，他们不得不捍卫一个完全国有化的住房体系，而这是他们过去几十年一直抗议和反对的东西。所以，抗争运动就存在着一个矛盾，即一方面要捍卫公共住房的国家供给；但同时又要寻求超越国家单一供给（至少这是过去一直存在的方式）而形成新的公共住房供给模式，以满足几代房客运动所一直追求的高质量公共住房的梦想，正如格伦迪（Grundy）和蒂特马斯在上文所强调的。毫无疑问，DCH 成功地阻止了一些住房交易，但是它并没有成功地建构起一个全新的国有住房体系。

在保护公共住房供给方面，DCH 还取得了重要进展。DCH 抗议者通过强调银行和其他私人金融家的角色，以及倡导地方民主和真正的底层参与等议题（与新业主和房产中介公司所倡导的自上而下的社区参与不同），已经能够迅速而直接地将公共住房私有化与其他形式的私有化联系起来。而且通过反对公共住房私有化，DCH 也与全球的抗议商品化和私有化联系起来。

为城市而战：一场争取城市权的运动

让我们重新回到上文所言的与卡斯特尔理论相关的一个议题，即都市社会运动是变化，换言之，他们能够思考和运用新的运动和动员的方式，并且设计新的运动过程。颇有争议的是，这些设计对于很多今日的都市社会运动抗争依然具有至关重要的作用。都市意义及都市权问题已成为那些反对重构及重新描绘都市空间的新自由主义的都市社会运动的中心议题。在这一点上，我们可以认为都市的私有化反映了中产阶级和社会精英的需求，为富裕人士提供了一个安全且戒备森严的休闲娱乐区域。这是将特定都市空间局限在满足特定的"需求"上，然后管制城市空间时却排斥那些所谓的"让人讨厌的人"。

这使我们回到了卡斯特尔所言的城市意义及城市何为的这个中心问题上。在都市企业主义（urban entrepreneurialism）背景下，都市社会运动的很多方面都发生了变化。由于都市之间存在着竞争，区域营销和都市重新设计被广泛认可和接受，此举的目的在于树立一些城市"标志性"名片，吸引外来投资和企业家阶级进入城市之中（*Local Economy*，2004；Law and Mooney，2005）。与旧的城市相比，新城市正处于一种衰败、寄生性且无序化的境况之中。在这一点上，都市"促

125

进主义"、都市企业主义以及都市再造属于一种退化运动,因为它们只是寻求物质福利的至上主义,以及将集体消费视为都市生活的核心内容(至少在很多西方国家是如此)。在一些重要方面,都市治理的目的就是为了获得资本积累,这纵容乃至再生产了都市活动和生活方式中已经存在的特权行为。都市治理者反对其他替代性的都市治理方式,并将它们冠之为落后或多余的方式加以淘汰。他们所倡导的场景是,现代化都市应该是一个能够将其他较小的城市连接起来的文化中心和信息港。这些都市再造运动将城市精英、商业、跨国公司以及大部分学术和"研究者"聚集在一起(Allan, 2008),其首要目的在于,将都市从原来民主与义务的载体猛力地"再造"和"更新"为满足资本利益的实体。所以在本章中,我们将分别讨论不同形式的都市社会运动,这些都市社会运动要求国家以特定的方式,确保都市成为一个社会成员个体生产和消费的地方。

在格拉斯哥(1990 年欧洲的文化中心)和利物浦(2008 年欧洲的文化中心),都市特有的故事和景象已经被固定,其他议题则被边缘化了。在英国的很多城镇,都市社会运动抗议者不断地提出"这到底是谁的城市"的问题。为了反对都市里存在的边缘化、排斥和剥夺公民权等问题,法国哲学家亨利·勒费布尔(Henri Lefebvre)1968 年提出的适用于所有都市居住者的"都市权"议题立刻引起了广泛关注(Lefebvre, 1968/1996; Harvey, 2003a)。重新分割都市空间,即都市空间私有化以及将"问题空间"和"问题人群"边缘化,引起了广泛的争论(Leontidou, 2006; Mooney, 2008)。在我们看来,那些反对排斥、墨守成规以及污名化的"话语抗争"(discursive resistance)的重要性不应该被低估——它是都市抗争的一部分。与过去一样,今日的都市依然是一些最重要的抗争和反抗发生的地方。在全球反对新自由主义的斗争中,都市运动主义是其中的一支关键力量——既采用过去的抗争形式,也寻求新的抗争形式。

再次成为当今都市的重要议题:"种族"、移民及庇护问题

本章所讨论的都市问题,不但对于我们理解都市社会运动,而且对于今日一般意义的社会运动都具有重要作用。我们已经强调指出,都市社会运动以各种复杂的方式,与"广义"的社会运动和抗争紧密联系在一起。近年来,面对城市里高速公路建设及大型零售和商业广场的发展,维护都市绿色空间及都市生活社区的

抗争运动重新兴起。都市社会运动的出现与发展，也导致"地方"都市社会运动逐渐与跨国都市社会运动（反对新自由主义政治机构所推行的私有化、市场化及商品化）相融合。

有关这种融合的一个例证是，在过去十年里，英国很多城镇所出现的保护寻求庇护的难民运动。当时英国政府的政策是，将这些难民分散安置到那些更萧条落后的地区；有些时候，这种难民安置的做法会制造与当地居民之间的紧张气氛，也会带来种族歧视者及种族灭绝主义者的仇视。此举也常常会制造新的联合和组织，引发新的集体斗争。很多寻求庇护的难民发现自己已经深陷恶劣的环境，他们的家庭成员时刻经历着内政部官员和警察的突击检查及监禁，甚至驱逐出境，这使他们不得不团结起来以应对这些困境（Mynott, 2002；Sales, 2002；反驱逐全国联盟 www. ncadc. prg. uk）。

这些抗争运动使我们更加注意到"全球化"的不同方式，战争、全球化以及国际政策催生了新的移民形式，这反过来又促进了新抗争运动组织的形成。英国有长期的反驱逐传统，而当时的政府政策和做法又将这种传统推向了一个新的高度。为了保护难民的利益，全英国爆发了大量的运动。

在我们看来，有两个方面需要重点强调。首先，通过整合物质上的需求如住房、医疗、教育等议题与认可、话语和认同等属于新社会运动的议题，保护难民的运动再一次模糊了"新""旧"社会运动之间的界限。与集体消费得不到满足而引发抗争运动一样，由种族主义、新自由主义全球化、战争和压迫等议题，以及由社会正义和社会团结等议题引发的社会运动也都非常普遍了。这提醒我们必须对社会运动的全球和跨国维度进行关注。

其次是提醒我们要注意到社会运动研究（包括都市社会运动研究）中最常被忽略的问题，即"种族"和种族划分在都市社会运动中所扮演的角色。尽管围绕种族主义和压迫出现了一些著名的都市社会运动，但是关于"种族"的社会运动依然经常被人们所忽略（Gilroy, 1987）。整个 20 世纪 70 年代和 80 年代，抗议警察的骚扰是此类都市社会运动的一个主要特征（Wodery, 1986），但到了 80 年代和 90 年代，反对种族歧视政策和种族主义一般采用的手段则是"革命"和"骚乱"，比如在伯明翰、布里斯托、利兹、利物浦、伦敦和曼彻斯特所爆发的运动（Kettle and Hodges, 1982；Benyon and Solomos, 1987），到了 21 世纪，这种运动在英国的其他城市也出现了。围绕强制驱逐寻求庇护者和难民而发生的抗争运动与反种族

127

主义运动都提醒我们,应该对社会运动中的"种族"议题予以更多的分析和研究,尤其是对此类运动与其他类型社会运动之间的互动方式进行分析与研究。

结　论

　　与全球社会运动日益高涨的势头不同,都市社会运动的数量和重要性都呈现出下降趋势,而且在很多方面都遭到了反对。如今,都市里发生的抗争运动有复兴之势——不过抗争运动的目标是多元化的,正如我们在其他抗争运动中所见的,都市社会运动试图将目标普遍化,从而能够与其他社会运动联系起来。尽管"传统"的集体消费议题一直是社会运动和抗争的主要目的,但不能就此认为或暗示都市社会运动没有改变。无论是英国还是其他福利国家,福利国家体制都发生了很大的转型。在1945年前后的那段时期里,都市社会运动有助于推动国家提供更多且更好的集体消费品,同时对福利国家体制中的家长主义作风、对日常生活的侵蚀、排斥和边缘化问题群体,及其无力满足福利需求等问题也进行了批判。不过,即便在国家退场而私有营利性部门成为社会福利供给核心力量的情况下,物质性议题以及社会正义议题依然很难消失。集体消费和劳动力的社会再生产依然是当今都市社会运动的中心议题。

　　新组织形式和新抗争运动已经出现,运动之间的联系日益明显(地方性的、全国的以及国际性的),即使这并不总是在正式组织中体现出来。与认为当今都市社会运动或许有些地方化的观点相反,都市社会运动从全球正义运动以及其他很多全球性社会运动中吸取经验,从而形成自己的斗争风格。正如列昂蒂顿(Leontidou, 2006:265)所指出的:"跨国性运动和地方性运动在都市里实现融合、部分重叠以及重合。新都市社会运动同时既是全球性运动,也是地方性运动。"这些都市社会运动挑战了认为新自由主义提升了都市意义的主流观点。在这一点上,新都市社会运动不只是防御性的条件反射,而且是努力构建替代性的城市图景及替代性的社会团结模式。转型后的都市社会运动既提出了物质性要求,也提出了社会公平权、更多参与和更高程度的民主化(反对误识与他者化),以及话语权和社会认可的要求。

　　这将我们的思路带回到了本书第三章所讨论的社会运动理论中,尤其是关于美国和欧洲不同的社会运动理论视角。根据欧洲新社会运动理论的概念,都市社会运动属于一种较旧的社会运动形式。都市社会运动具有动态性，它们在组织和抗争形式上都处于变迁之中。很多议题是都市社会运动一直以来的保留议题——将来仍然是。但是它所引起的反响却是各式各样的，容易使人将都市社会运动归入"旧"社会运动行列而认为它前途暗淡，尤其是那些全球性的都市社会运动。至于美国的资源动员理论，它在解释一次性抗争运动上仿佛比我们的都市社会运动理论更恰当。但是资源动员理论只关注"主流"的抗争和运动政治形式，这使之不能够捕捉到今天和历史上很多都市社会运动所具有的激进性和转变性的特征。在这一方面，都市社会运动与本书所讨论的围绕其他议题的社会运动具有很大的相似性。

拓展阅读

在巴马科（Bamako）、加拉加斯（Caracas）以及卡拉奇（Karachi）召开的2006年世界社会论坛上，都市社会运动都是其中重要的议题。在此基础上，形成了《都市权利世界宪章》，而本章所讨论的昂利·列斐伏尔著作则为之奠定了基础。（参见 www. forumsocialmundial. org）

近年来，很多都市社会运动以及城市中的日常抗争运动常常使用不同的媒介和运动宣传印刷品，从而形成了新的方式。在很多已经出现的宣传方式中，我们重点指出三个具有代表性的方式：

Mute：www. metamute. org

Nerve：www. catalystmedia. org. uk

Variant：www. variant. randomstate. org

实用网址

都市漫步（City strolls）：www. citystrolls. com

捍卫公共住房运动（defend council housing campaign）：www. Defend-councilhousing. org. uk

IndyMedia：www. indymedia. org. uk

全国反驱逐运动联盟：www. ncadc. org. uk

129

第七章
对抗愚昧：社会运动与现代教育

导　言

　　围绕教育政策发生的抗争运动具有很长的历史，最早可以追溯到 19 世纪。当时，公民权社会运动主要是争取集社、集会和言论的自由以及在选举方面的政治权利等，争取免费普通教育同时也是其中的一个主要内容。20 世纪早期，这些运动与新兴的劳工运动联合起来以争取社会权利和社会福利（Marshall and Bottomre, 1992）。从教育的角度来看，这些争取公民权利的社会运动可以被概念化为"教育的条件"——这最终在 1944—1949 年间所建立的贝弗里奇式福利国家体制中得到了实现。在 1944 年颁布的重要法律《教育法》中（通常称为《巴特勒法案》，是由保守党政府的教育大臣巴特勒提出并获国会通过的），提出了要对抗"愚昧"问题，改革贝弗里奇所言的"五大恶魔"中的一魔被提上了日程（Timmins, 1995）。

　　《巴特勒法案》为英国建构了现代教育体系，而且随后发生的社会抗争运动多是围绕该体系的发展与改革而展开的。起初，这些社会运动大部分是借助劳工运动发展起来的（尤其是教师工会），20 世纪 50 和 60 年代，运动的主要议题是关于为解决社会阶层再生产而引入的综合学校体制。从 20 世纪 60 年代后期开始，"新"社会运动兴起，即学生运动，主要关注的议题是高等教育问题，换言之，这意味着反对教育歧视以及争取教育公平的运动已经结束。最近，在新自由主义横行英国的时代（从撒切尔夫人政府到布朗政府这段时期），发生了很多为保护学校免遭关闭的社区运动。为了反对政府的教育改革（将竞争和市场化机制引入教育体制中，同时假借"自由"和"多元化"的名目，减少国家的责任，并削减教育的民主管理制度），英国也爆发了全国性社会运动。

　　在本章中，我们将追寻英国历史上围绕教育体制发展而发生的社会运动及其影响。我们所研究的教育社会运动大部分是与学校机制相关的，由于本章篇幅有限，我们将不讨论与高等教育相关的社会运动（Crick and Robson, 1970；Harman, 1998）。本章首先将讨论在前贝弗里奇和巴特勒时代，为改善教育条件而爆发的社会运动；然后分析《巴特勒法案》所带来的影响；最后我们将对后巴特勒时代教育社会运动做一个简单回顾，这些社会运动多是围绕建构一个"教育社会"而展开的。通过对第一波和第二波女权主义运动经验的研究，我们会明白社会运动理论是如何解释英国围绕教育改革而发生的社会运动的历史动力的。在社会运动理论看来，教育政策是阶级力量博弈的结果，政策的结果体现了阶级利益、组织力量以及社会运动网络的强弱分别。

前贝弗里奇和巴特勒时代：为改善教育条件而进行的抗争

整个19世纪，为了争取免费义务教育体制，英国爆发了激烈的社会运动。这些教育社会运动通常与争取公民权、妇女解放、争取宗教信仰自由以及改善工人阶级生活、工作和住房条件的社会运动密切相关。从广义上讲，这些运动都可以被理解为是争取改善"教育条件"的社会运动（Simon, 1974）。一些在19世纪早期成立的组织，如实用知识转播协会、英国海内外教育协会以及国家教育协会，试图通过推动进步"中产阶级"教育机构的成长，进而实现社会和经济现代化的"启蒙"。一些著名的实用主义思想家，如杰里米·边沁（Jeremy Bentham）、詹姆斯·米尔（James Mill）以及约翰·斯图亚特·米尔（John Stuart Mill）指出，社会所有阶级都应该接受教育，这是形成唯才是用的现代社会秩序及民主政治体制的核心。如果只有统治阶级才能上那些排他性的、数量不多的收费公学和精英大学，而社会其他阶级的成员最多只能去读一些破旧的、办学资金不足的志愿性学校（通常是教会主办的），那么现代社会秩序和民主体制将会成为空谈。

19世纪20年代和30年代，出现了一些为工人阶级提供免费教育的雄心勃勃的试验计划，比如威尔士的道勒斯（Dowlais）铁工厂的寄宿学校试验以及罗伯特·欧文在苏格兰克莱德河流域一个小镇新拉纳克（New Lanark）所进行的试验。工人阶级运动家如理查德·卡莱尔（Richard Carlile）、托马斯·霍吉斯金（Thomas Hodgskin）、威廉姆·洛维特（William Lovertt）及威廉姆·汤普森（William Thompson）都主张为工人阶级中的成年人及其孩子提供免费教育，以此作为对抗剥削与压迫的工具——这与中产阶级不同,他们常常因为公开表达自己的观点而被投入监狱(McCoy,1998)。当时在工人阶级中,非正式的自我教育形式非常流行(也是必要的),这些教育形式主要是围绕家庭教师、阅读小组、图书馆以及政治性通讯社等形式展开的。社会主义者欧文在 19 世纪 30 年代和 40 年代开展了广泛的教育试验,为女性提供平等的受教育机会。相对于 19 世纪 60 年代爆发的组织性女权主义运动而言,欧文此举成为女权主义运动的先行者(Purvis,2005)。在《1832 年改革法案》遇到挫折之后(该法案没有能够实现突破财产限制而实现选举权的平等化),工人阶级真正的权利保障是在 19 世纪 40 年代通过大宪章运动和工会主义运动逐渐实现的。对工人阶级来说,争取选举权与获得国家免费教育支持是一回事。最后在《1867 年改革法案》中赋予了工人阶级平等的选举权(在革新联盟的领导下,工人阶级经过了艰苦的斗争,即便政府对大规模集会和示威进行了镇压,但是在最高峰时,海德公园里的抗争人群达八万之多),这使"差不多 100 多万名工匠成为注册选民,根据边沁的观点,实现全民普及教育是一种政治需求"(Simon,1974:12)。

"议会制"或"民主制"改变了社会运动的形式和内容。正如政治过程理论所指出的,抗争的手段通常是在法律允许的框架内进行的,抗争诉求也通常是围绕改革能实现的议题。急剧增加的社会运动成为一股新的力量,推动国家满足社会成员的需求。不过,社会运动内部也会因为对"如何在新法律框架下开展运动"这个问题的意见不同而分裂成不同派系。蒂莉(2004:53)总结了社会运动的政治影响:

132

- 减少了与国家政治行为建立长期互惠关系的重要性。
- 为政治企业家制造了新的机遇,他们能够在国家官员与各种利益受损的公民群体搭起暂时的沟通渠道。
- 突出了政府为一个特定利益群体代言的能力。
- 为不同利益群体创建了制度性的准公共会议,这反过来又成为不同群体提出利益诉求的临时场所。

在英国,民主化为一些重要劳工运动组织的出现提供了机遇,如劳工联合会议(TUC,成立于 1868 年)以及代表劳工利益的改革派政党(如 1893 年成立的独立工党和 1906 年成立的劳工党)。这进一步向国家提出了扩大公民民事和政治权利的要求,同时也给人们制造了新的动机去争取福利和社会权利(Marshall,

1950）。如1870年成立的全国教师联合会组织，他们在利用新政治制度推动对进步教育的广泛讨论上发挥了关键作用。这其中还包括战略协作，即在劳工运动、激进自由主义者以及反对旧教和保守政治体制的宗教异己之间建立起暂时利益联盟。

英国《1870年教育法案》第一次规定，义务教育体系要覆盖所有5岁至12岁的儿童。如果有些地方的现有学校（通常是教会主办的"志愿性"学校）无法满足全部义务教育的需求，那么可以由当地纳税公民选出成立的教育委员会建立新的小学作为补充。教育委员会能够以政府贷款的形式申请到资金，而且根据对办学的检查情况以及家长缴纳学费（教育委员会将为那些最贫困的学生缴纳学费）的情况，每年这些学校还能够获得少量的经费支持。该法案引发了社会各界的热烈讨论：教会（尤其是英格兰教会）持反对意见，因为该法案剥夺了他们对教育的垄断权力。很多保守派也反对，因为教育会增加"危险阶级"的自主性，"教育被视为一个私人事件，而不是国家有权干预的公共事件"——义务教育尤其被视为是侵犯个人自由和父母选择的事情，即便是该法案的起草者自由党议员威廉姆·福斯特（William Foster）也强调，应该通过保留学费鼓励父母承担义务（McCoy, 1998: 114）。《1870年教育法案》得以通过是因为《1867年改革法案》中赋予了工人阶级新的政治权利，进而打开了一个新的政治机会结构（Tarrow, 1994），这也使统治阶级认识到教育改革是实现经济现代化的必要条件——对于英国而言，打造一支具有一定文化水平的工人阶级队伍是其保持竞争力的基础（Salter and Tapper, 1981）。从工人阶级运动的角度看，《1870年教育法案》至少应该被视为是运动所取得的局部胜利，因为"虽然在《1870年教育法案》中，没有实现工人阶级的全部要求，但通过选举教育委员会使工人阶级的利益能够获得表达渠道，也使之看到了未来的前景"（Simon, 1974:12）。

缓和抗争的应对行为：《1902年教育法》

在接下来的30年里，工人阶级针对教育的运动越来越多地以社会主义形式展开，主要是通过工会组织、劳工政治党派及其他压力组织如费边社等进行活动——换言之，社会主义成为工人阶级实现教育要求的主要形式（Snow et al, 1986）。对那些争取改善"教育条件"的不同运动组织而言，社会主义运动为他们之间的联合与对话提供了一个强有力的平台,同时也为他们讨论将来或许建成一个"教育社会"(educative society)提供了空间(Simon,1974)。很多激进自由主义者和社会主义者被选入教育委员会,使工人阶级子女的小学入学率大幅度提高(1893—1894年,出于工人阶级家庭、年龄在12—13岁的孩子有75%进入了小学),而且年龄超过12岁的工人阶级孩子进入小学的数量也增多了(1894—1895年,年龄在13—14岁的孩子差不多有20万名)(Simon,1974:177),这种情况无可避免地招致了保守主义力量的反对。

1902年,不顾全国教师联合会(NUT)、劳工运动组织、自由主义者以及基督教新教徒的强烈反对,保守党政府通过了《1902年教育法》(有时也被称为《巴尔福教育法》,因为是由首相 A. J. 巴尔福提出的,并获得了英国议会的批准)。《1902年教育法》废除了地方教育委员会,规定由地方教育主管部门(LEAs)负责本地区教育,并通过天主教和圣公会来控制学校设施与课程。同时规定地方教育主管部门有权决定免费中等教育的扩展规模,当学生年满11岁时,要通过选拔考试才能进入中等教育学习。在新教徒看来,这就是"变相领取公共救济金"(rome on the rates),于是一场由激进浸礼会传教士约翰·克利福德(John Clifford)领导的争取免费中等教育的抗议运动爆发了。法案颁布不久,全国范围内的抗议运动迅速兴起。英格兰北部的抗议运动异常猛烈,并且在1902年7月使自由党人克利福德在利兹(Leeds)赢得了议员候选人资格,一直以来,利兹都是保守党稳操胜券的选区。1902年秋,利兹的抗议示威者人数达七万至十万之多,他们在六个不同的讲台上与16位国会议员对话。在此后的十年里,由新教徒和劳工运动积极分子发起组织的针对《1902年教育法》的抗议运动一直偶有发生,这为1906年自由党赢得大选创造了条件。

20 世纪早期的英国教育:阶级划分、阶级分化与治理停顿

霍布斯鲍姆(Hobsbawm,1990:169)从劳工运动的视角,毫不留情地指出了《1902年教育法》的反动属性,说它是20世纪早期英国教育的倒退:

> 不幸的是,《1902年教育法》颁布后,在由公学组成的新中等教育体系中,允许缺乏特权的新中产阶级自己建立学校,此举的主要目的是将属于工人阶级家庭的孩子排除在高等教育之外……所以,在新的英国教育体系中,

相对于维持僵化的阶级划分而言,知识,尤其是科学知识的学习显然被置于次要位置。因此进入 20 世纪后,英国出现了大量缺乏教育的人群。

1907 年,自由党政府要求中等教育提供部分免费的名额(要求占全部招生计划的 25％)。除此之外,在第二次世界大战之前,英国另一个关于教育的重要立法是《1918 年教育法》,该法案将英国义务教育的离校年龄提高到 14 岁,并且取消了小学学费。《1918 年教育法案》(苏格兰)还为单独发展国家支持的教会学校创造了条件。《1936 年教育法案》则进一步将义务教育的离校年龄提高到 15 岁,但是也有例外(比如在农村地区,因为需要年轻劳动力)。所以除了在第一次世界大战之前以及两次世界大战之间的那段时间外,英国政府在教育政策制定上相对处于一个停顿期,尽管对教育的不满依然很多,但是实际上很少触及阶级划分、性别歧视、宗教信仰、教育基础设施及课程设置等议题。这些议题一直是劳工运动与进步教师所讨论并为之抗争的主题(Barber, 1994)。

在以工人阶级孩子为主的学校里,教育主要集中于学生读、写、算等方面的能力培养(阅读、写作和数学)。所采用的教学是在高度纪律化的环境下以死记硬背的方式进行的,而且这种教学环境与这些孩子离开学校后所要进入的工作环境极为相似。当然,中产阶级家庭在决定孩子去哪里上学上能够有更多选择——学费昂贵的公学依然吸引了大部分有钱人;文法学校适合于新兴中产阶级;对于少数中产阶级而言,一些由教育家创办的试验学校也具有吸引力。这些开拓性的人文主义试验教育属于国际“新教育运动”的一部分。新教育运动的主要目的是将以学生为中心,排除性别因素的影响,对所有学龄儿童提供平等的教育机会(Hilton and Hirsch, 2000)。

在两次世界大战之间,围绕教育议题最富有争议的是学校分化问题——换言之,不同“类型”的学生上不同学校。在第二次世界大战之前,对于阶级、“种族”以及性别上的分化,优生学是一个很好的解释借口——在 20 世纪二三十年代,优生学为心理测试和以教育心理学为基础的学校体制披上了一件漂亮的外衣。这些心理测试及心理学宣称能够根据“心智类型”(这对发展具有潜在作用)的不同将学生归类。这与保守主义意识形态非常吻合,在统治精英阶层,甚至在一些主张实行“男女分校但平等接受教育”的有影响力的社会主义者那里,保守主义意识形态都非常流行。当时,政府委托斯彭斯(Spens)(担任中等教育顾问委员会委员,1938)和诺伍德(Norwood)(担任中等教育考试委员会委员,1943)撰写英国未来

135

教育规划报告,他们两个人都倡导实行三级教育体系(最终被巴特勒采纳了),此报告被认为是心理学影响国家教育政策达到最高点的表现(Lowe,1988:6)。

1923年,助理男教师协会(由文法学校的男教师组成)成为第一个反对实行教育区别对待政策的教师组织,该组织主张采取明确的政策,从而实现所有中等教育的免学费化(多变主义)。正如有人在该组织的年会上所指出的:

> 如果中等教育学校被设定为三六九等,那么这意味着,在目前的中等学校类型中(比如文法学校),对那些想进入不同类型新学校的孩子们而言,阶级出身就成为一个比其他因素更为重要的社会因素。
>
> (Simon,1997:14)

从那之后,英国工会联盟、其他教师组织如全国教师联合会(NUT)以及一些劳工运动都主张实行一种统一教育体制。工党内部在相关议题上还存在着分歧,因此尽管在1939年原则上接受了"多边主义",但工党的教育委员会依然执行着"科学的"区别对待政策,而且这是国家教育委员会二战期间重建政策的主要内容(Lowe,1988)。

贝弗里奇和巴特勒:教育条件得到改善了吗?

在第二次世界大战期间,兴起了一场"公共教学运动",要求政府实行进步性的教育改革(Barber,1994)。其中1942年爆发的先进教育运动(Campaign for Educational Advance)是重头戏,其参与者包括英国工会联盟、全国教师联合会、工人教育协会及合作社联盟(Co-operative Union)等。先进教育运动由社会主义教育家R. H. 托尼(R. H. Tawney)担任主席,并在第一年召开了规模超过200人的全国大会,出版了大量的文章和手册以支持左翼改革派的主张——包括实行全民免费教育、将义务教育离校年龄提高到16岁、消除教会对学校的控制,以及废除收费公学等。运动使该组织提出的要求迅速传播,但是对于政府而言,这些要求过于激进了,教育大臣巴特勒根本无法接受这些要求——如果没有这些教育社会运动,《巴特勒法案》本身并没有对进步性教育改革做出哪怕是很小的让步,但是在教育社会运动的推动下,最终还是让步了。正如巴伯(Barber)(1994:11)所指出的,教育社会运动:

> 有助于巴特勒说服他的同事有必要展开行动,同时教育运动也为争取财

政支持提供了手段。最重要的是，教育社会运动使巴特勒有能力制止了教会学校之间的争吵，而这些教会学校将自己的利益置于国家利益之上。

当然，教会也团结起来维护自身的利益。正如蒂明斯(1995:66)所指出的，就在巴特勒就任教育部大臣的两天后，就会见了英国大主教，三周后，他又会见了独立教会及英格兰教会代表团。公学试图通过保守党、上议院及教会组织来维护原有制度，最后他们搬出了《费莱明委员会报告》来维护自己的利益(教育委员会，1944)，该报告是巴特勒委托调查的，发表于1944年，它提出要建立一个有限度的"资助学费计划"(assisted places scheme)，公学要从地方教育主管部门资助计划中让出25%的名额。巴特勒最后接受了一个妥协方案，即立即执行资助学费计划，因为公学要求到二战后就不再让出这些机会了(Timmins，1995:86)。不同的政治力量对国家提出了不同的要求，而《1944年教育法》就是综合这些要求下的产物，由于该法案代表了各方政治力量的妥协，所以它最终实际上没有满足任何一方的要求。尽管该法案是一种折衷方案，但是它对于英国现代教育体系以及大福利国家体制的建立起到了关键的作用。

在1944年《巴特勒法案》颁布之前，《英国白皮书》以精英主义式的言辞指出了英国教育的目标："儿童教育应该取决于其能力及前景，而不应该根据其父母的经济能力来决定。"(*Educational Reconstruction*，1943，转引自Halsey et al，1980:27)《1944年教育法》第一次在英国建立了统一的免费义务教育体系，规定年龄在5岁至15岁的儿童和青少年均可享用。与欧洲其他国家采用的中央集中式教育体系不同(Moore，2004)，在英格兰，中央政府会不断地让权给地方教育主管部门(与战前不一样，教会只能控制一半的学校资产)。不过在苏格兰、威尔士以及北爱尔兰，《1944年教育法》会根据当地的实际情况进行一定的调整(Phillips，2003)。地方教育主管部门负责为学生提供：

> 各种各样的教学与培训，而且地方教育主管应该根据学生的年龄、能力及其天赋资质进行提供，同时在不同时期，要依据学生的各自实际需求对学校里实际的教学与培训内容进行调整。

> （《1944年教育法》，转引自McKenzie，2001:176)

这里重点强调"多样化""能力""天赋资质"以及"适合性"，这意味着在英国学校体系结构中，不同类型的学校将适合于"不同类型"的学生。英国中等教育体系包括三层：首先是文法学校，主要是培养学生的学习研究能力；其次是现代中学，

137

主要是培养学生的一般能力;第三是技校,主要给学生提供实践能力的培训。参加中等教育选拔考试的学生要年满 11 岁,然后根据智力考试成绩、以往在校考评记录以及家长意愿等因素,选择适合的学校。尽管不同的学校定位是不同的,但是"平等尊重"(parity of esteem)仍然被认为是控制教育等级化的重要理念。但事实上,文法学校面临着严重的供不应求的情况(既有地方教育主管部门的原因,很大程度上也因为历史偶然性)。所以在文法学校数量有限的地区,不得不采用选拔性考试的形式——那些"没有"通过考试的学生通常不得不进入现代中学(当时技校还很少)。一般来说,现代中学为那些能力较低的学生提供较文法学校更差的教育,这些学生将来主要从事的是地位低下的体力劳动职业(Halsey et al,1998)。

其实,《1944 年教育法》给学生提供了"一个竞争获得最好教育的平等机会"(Warnock,1997;Mckenzie,2001:177),但即使这样,这个"平等机会"也是有限制的,因为大部分收取学费的公学、教会学校以及独立学校都没有改革,所以精英主义理论所期望的该法案将为改革奠定坚实基础的愿望并没有实现(Halsey et al,1980)。这是《1944 年教育法》的重要缺憾,尽管它确实提供了一定范围的教育福利,包括为所有需要的学生提供学校班车、免费牛奶、医药和牙科护理以及免费学校餐等。《1944 年教育法》扩展了教育福利覆盖的范围,将社区的文化娱乐设施也纳入其中。这样,地方政府能够安排提供幼儿园、成人培训班、文娱活动、游泳池、社区中心以及其他的与教育相关的活动(McKenzie,2001)。

对于围绕教育、医疗、就业以及住房等议题而展开的进步性社会运动网络而言,第二次世界大战为它们开启了一个政治机会结构,使之能够向国家提出更激进的要求以争取新的社会福利权利。公平与正义的社会主义思想为这些社会运动提供了意识形态框架,从而将它们团结在一起。因此虽然这些运动内部在战略和策略上存在着不同,但是它们所倡导的改革项目或多或少是一致的。尽管较之于《贝弗里奇报告》所设计的福利改革计划及其普惠性福利供给,《1944 年教育法》有很多缺陷和不足,但是该法案还是意味着已经迈开了"教育条件"改革的基本步伐。所以,尽管教育社会运动的大部分激进要求没有实现,但还是实现了其中的一些关键要求:所有中等教育的免费化、地方教育主管部门重新承担起责任以及将义务教育的离校年龄提高到了 15 岁。与《1870 年教育法》一样,《1944 年教育法》也为将来的进步创造了一个法律保障框架。与此同时,统治阶级竭力保留收取学费的公学，使其免受《1944 年教育法》的影响，从而维持核心阶级结构的再生产。这就是蒂明斯（1995：86）所言的"错过了一个绝佳的机会"，因为或许在整个 20 世纪，20 世纪 40 年代早期是唯一"整合政治意志与选民的国家教育体系已融合一体化"的一段时期。而且，作为大众教育基础结构的三级中等教育体系激化了竞争，使社会阶级得到了再制。《1944 年教育法》是第二次世界大战期间，相互对立的上层阶级与底层阶级之间斗争妥协的产物。长期以来，妥协几乎很少能满足所有人的需求，而与教育相关的社会权利的实现只能激发起进一步改革的热情——在第二次世界大战后，劳工运动所争取的权利，以及新社会运动所重新定义的权利，都远远超过了《1944 年教育法》所规定的界限。

后巴特勒时代：社会运动与为建设一个"教育社会"而奋斗

> 教育是政治性最强的事物，因为它与未来密切相关。教育为人们勾画了所设想的未来社会景象。关于教育形成了两种针锋相对的观点：一派认为，下一代应该获得比目前更为平等的教育，所有人都要获得接受良好教育的平等机会；另一派则认为，不平等将永远存在，所以我们要正视现实，选拔更优秀的学生使他们能够飞得更高，所以，如果没有形成过高的期望，对这些优秀学生进行支持或许更为稳妥。
>
> （Timmins, 1995：65）

在蒂明斯所总结的第二派观点就是所谓的保守主义哲学，它在 19 世纪至 20 世纪早期成为英国主流的思想流派。其中《1944 年教育法》也是这种理念的体现，该法案所主张的"对学校进行科学地分等"的观念就是传统精英主义思想的现代表现。但是在第二次世界大战后，社会公共期望发生了变化（是由第二次世界大战后和平重建方案中的精英承诺而激发起来的），人们认识到，取得学校的毕业证书成为实现社会流动的必要条件，这也是实现经济现代化所必需的。这种转变意味着推进综合教育的时机成熟了。正如戴尔（Dale, 1989：99—100）所言："第二次世界大战后的和平重建方案给国家的合法性制造了巨大的负担；因为重建方案承诺了太多东西，国家也负担了太多的责任。在如何兑现这些承诺上，国家自找了麻烦。"到了 20 世纪 60 年代，这演变为一场系统的合法性危机，也导致了第二次世界大战重建计划在几十年后瓦解。正如哈贝马斯和奥菲（Offe）所指出的，

"新"社会运动正是这场结构性危机冲击下的产物,可以说这场结构性危机以不同方式席卷了发达资本主义国家,而且仍然在继续,尚未找到合适的解决路径(Habermas,1976)。

在英国,三级学校体系①是造成政治合法性危机的重要因素,因为很显然该体系根本无法兑现《1944 年教育法》中给所有人平等教育机会的承诺,而且平等教育机会日益成为民众所强烈要求的东西。这种三级学校体制的核心规定是,申请者要年满 11 岁并且要经过选拔考试,但这个规定越来越受到学生家长、教师以及社会科学家的质疑,他们怀疑这种做法是否能真正反映出学生的能力——比如,《罗宾逊报告》(高等教育委员会,1963)就对智力决定论提出了批评。到了1953 年,工党就正式将综合教育(comprehensive schooling)作为一个重要教育政策确定下来。从 20 世纪 50 年代到 60 年代早期,在劳工运动的推动下,围绕教育机会平等化以及教育是经济发展的驱动力问题上,自由主义者、教师组织以及地方政府达成了新的共识(Tominson,2005)。到 1964 年,工党重新成为执政党后,这种新的共识终于能付诸实践,而且在 1965 年,教育大臣安东尼·克罗斯兰(Anthony Crosland)在《10/65 号通告》(Circular,10/65)(《中等学校组织形态规划》)中,要求地方教育局设立综合学校。

尽管 1970—1974 年的保守党政府(由撒切尔夫人担任教育大臣)已经不再强制要求地方教育局必须建立综合学校,但是在随后的 20 年里,综合学校的增长速度非常快。到 20 世纪 80 年代中期,在威尔士和苏格兰地区,综合学校的普及率几乎达到了 100%。在英格兰,则达到了 94%(Simon, 1997),其余剩下的 6%则部分是文法学校,正如菲利浦(Phillips)所言(2003:5),这些文法学校的保留"成为20 世纪八九十年代,在综合学校一统天下的情势下象征性的替代性选择"。60 年代的工党政府也有很强的经济驱动力去扩大大学规模(到 80 年代后期和 90 年代早期,在撒切尔夫人和梅杰任首相期间,这种进程依然继续),他们建立了公开大学(Open University),为成年人提供教育机会,而之前他们是没有机会的。

综合性学校意味着,尽管阶级、种族以及性别等因素依然对能力水平有影响,但是对年轻人而言,他们可以在平等主义的制度环境下接受教育,而这是他们前辈人所无法想象的(Sked and Cook,1988)。大部分保守党及英国统治阶级从来

---

① 即文法学校、现代学校以及技校三级体系。——译者注

都不完全认为，这种综合性教育类型能够在英国成为主流，而且能够与英国过去的选拔性哲学相匹配。在 20 世纪五六十年代，右翼刊物上总会发表一些反对综合性学校的言论，而且保守派也发起了"保卫我们的文法学校"的运动——这些运动在 70 和 80 年代的经济和政治危机中得到了进一步强化，因为在那时，"进步教育"与 60 年代的"激进主义"以及 70 年代的道德"放纵主义"密切联系，由此带来了很多问题，并招致社会的广泛批评。在反对者看来，一个进步性的课程设置，以及"政治正确"和"时髦的左翼"教师都成为"教育妖魔化"过程中的一个组成部分（Tomlinson，2005：22）。

这些反对综合教育的呼声为撒切尔夫人、梅杰以及布莱尔政府的新自由主义教育改革准备了一种文化氛围，并对综合性教育中的平等主义构成了挑战。所以，《1988 年教育法》可以被当做是精英主义教育运动下的产物，该法案的内容主要包括如下几个方面：引进了国家课程（national curriculum）；极大地压缩了地方教育局的权力；增强父母在孩子教育上的选择权（这个规定主要是有利于中产阶级）；允许综合学校脱离地方教育局的控制；发布学校考试成绩结果，制定成绩名次表；鼓励兴办多种新形式的学校（城市技校、城市学院、教会学校等）；在教育中引入市场机制，通过民间融资方案（Private Finance Initiatives）及吸纳外界赞助费为学校基建和校舍筹集资金。当然这些精英主义改革引起了工会大会、进步教育家以及家长组织的反对，但是在新自由主义占据主导地位的情况下，将来仍然会是主导力量，这种反对将会是一场取胜无望的斗争。

案例研究：消除性别差距——第一和第二次妇女解放运动对教育的影响

20 世纪，英国社会运动所取得的成就除了表现在对新自由主义的反对上，另一个主要表现是女性在教育中的地位不断上升。正如莫尔（More）所言（2004：19），"20 世纪后半叶，教育领域发生的一个显著变化就是性别革命。70 年代，英国女孩的学校毕业率首次赶上了男孩，到 80 年代，女孩已经领先于男孩，而且从此以后一直保持领先。相关的研究表明，影响教育学习的因素是复杂且相互影响的，因此不能将影响女生教育学习状况的因素简单地归结为是教育行动（如在科目、考核方法、课堂教学方式等方面的变化，或者内容更广的教育计划、政策及程序等)的结果",不过,"显而易见的事实是,一代代女生的教育受到了经济社会变迁以及女权主义运动的极大影响"(Arnot et al, 1999:150)。

在第二次世界大战之前,大部分女孩子的教育都是满足基本要求的,而且教育的目的是将她们培训成一名传统的家庭妇女角色。

> 所有女性,无论其社会阶级背景如何,其理想身份就是结婚后扮演全职母亲和家庭妇女的角色。而且资产阶级家庭的典型特征是丈夫赚钱,妻子和孩子花钱。人们都认为这种家庭结构是公民社会的基石。
>
> (Purvis,2005:191)

当然在现实生活中,这种"理想"角色在工人阶级几乎不可能实现,女性工人阶级成为母亲后不得不从事报酬低廉的家政工作(比如缝纫工作)以补贴家用,单身的女工通常是从事家政服务或者在工厂里上班,而且那些属于中产阶级底层的单身女性通常是在男性主导的领域(比如教师这个职业)中工作,在忍受着性别歧视的同时挣钱糊口。经过多年发展后,那些争取女性选举权的运动已成为一股重要的进步力量,到第一次世界大战时,关于女性教育的议题已经与女性政治解放(很多情况下,是伴随着19世纪中期男性工人阶级争取选举权的运动而发生的)议题一样成为运动的重要内容(Purvis,2005)。这是一种跨阶级性的社会运动,参与者包括加入工会的工人阶级(尤其是大部分是女性的纺织工人)、教师以及在英国社会中处于上层阶级的家庭妇女(以及来自于不同阶级的男性运动积极分子)等——运动还包括女权主义者(如社会主义者、自由主义者,激进分子等),而且在20世纪60年代兴起的第二波妇女解放运动中,她们也以新的方式参与其中(Walby,1994)。

当时的女权主义社会运动有两个关键组织,即全国女性参政运动协会(NUWSS)和较激进的妇女社会政治联盟(WSPU),这两个组织负责发动教育运动、提出要求,并培养运动支持者和女性对运动的信心。基于此,在经过一些年的发展后,到第一次世界大战期间,WPSU已经拥有几十万参与者,设立了11个地方分支,并雇佣了30名事务管理者和45名办公室行政人员,同时该组织还拥有自己的出版社(女性出版社)以及一份发行量超过五万份、名为《给女性投票权》(*Vote for Women*)的报纸(Purvis,2005)。事实上,这种层次的组织能够吸纳大量的女人(包括男人)加入其中,并且在政治教育及传统教育中发挥重要作用。在珀维斯(Purvis,2005)看来,WPSU组织通过组织动员、抗议以及集体行动(通常是直接行动)等方式，实现了自我解放，也强化了政治意识和组织凝聚力。从美国的资源动员理论视角来看，这种选择性福利是妇女运动积极活动下的产物。巴克（Barker，1999：27）在研究社会运动中积极社会心理的影响时指出，从一般意义上来说：

> 这些运动动员、抗议及集体行动过程会对参与其中的个人产生影响。而且运动承担着大量的情感因素，这也不足为奇。所有的行为都具有理性认知和情感性两个面向，但是"非常态行为"通常倾向于有"非常态"的情感性面向。集体行动不管"成功"与否，都会改变社会中的原有的信心平衡状态。

显然，对于教育运动而言，WPSU 与妇女争取选举权运动在智力和情感上都对之产生影响。那些"非常态"的违法和违反社会规范行为(比如责问官员及向他们吐唾沫；砸碎时装橱窗玻璃；蓄意破坏艺术品；在高尔夫球场上泼洒酸性物质；锁住议会外的栏杆；反饥饿罢工)在运动分子中间制造了一种强烈的集体认同感，也引起了新闻媒体的大量报道，并且引发了人们在公共领域中对女方选举权问题的广泛讨论——从欧洲社会运动理论视角来看，这种类型公共讨论是进步社会变迁发生的前提条件（Habermas，1981）。另一个值得注意的问题是，不管 WPSU 发展到什么层次，却一直采用激进性的行动策略并坚持不妥协的政治立场——而这是资源动员理论所无法正确解释的。

第一波妇女运动也激起了一场反对社会运动，涉及了英国社会中妇女"信心平衡"的方向问题。从 1908 年以来，争取妇女选举权的运动就遭到全国反对妇女获得选举权联盟的反对，该组织大约有 4.2 万名女性成员。基于相同的意识形态观念，1910 年，反对女性获得选举权全国妇女联盟与由男人组织的反对女性获得选举权的全国联盟合二为一。这些反对性社会运动是反民主体制的，而且也反对劳工，其目的在于维护由男性统治的政治秩序，维护英国社会中的父权结构（Bush，2007）。在这场较量中，第一次世界大战成为转折点——这在英国形成了新的政治机会结构，因为战时，女性工人被要求去从事传统上由男性干的工作。到 1918 年，女权参政论者取得了重大胜利，因为他们为 30 岁以上的女性争取到了投票权，到 1928 年，这个年龄则降到了 21 岁。无论从哪个角度来看，这都是一场得不偿失的胜利，因为大部分女性依然无法担任政治职位，这些职位基本上由男性主导的政党所占据，而且在选民中普遍地持有父权主义态度。

在两次世界大战之间的那段时期，女性就业机会不断减少，因为女性不得不

143

离开工作岗位,从而为 400 万需要就业的复员男性军人腾出地方。这个过程与英国根深蒂固的父权主义意识形态是相一致的,即认为在这个社会中,男人扮演着"赚钱养家"的角色,而女人则是"家庭主妇"的角色。这种父权主义意识形态在社会主要部门包括教育(女教师的数量已经下降)中都颇为流行,而且在大众杂志如《好管家》(Good Housekeeping)和《女人与家》(Women and Home)的推动下,这种意识形态变得更加流行。正如在 20 世纪 30 年代大萧条期间所发生的大规模失业潮一样,男性雇员通常都是首当其冲的,因为随着女性雇员面临着婚姻问题,她们对男性占主导地位的工会的影响力也就逐渐衰退了(Pugh, 2000)。

与第一次世界大战一样,第二次世界大战同样推动女性进入了传统上主要是男性从事的行业之中,而且尽管复员军人也对很多就业岗位上的女性地位形成了冲击,但是英国贝弗里奇式福利国家的建设以及战后重建工作制造了一些新的就业机会,如在教育、医疗以及政府部门等,这在一定程度上缓冲了复员军人对女性就业的冲击。同样,与 20 世纪二三十年代相似的是,在四五十年代,英国依然试图通过大众媒体以及教育体系中的性别社会化,强化女性应该扮演家庭主妇角色的意识形态观念。但是,在四五十年代,理想与现实出现了裂痕,而且在要求与要求满足之间也出现了差距,这越来越多地引起女性(包括大量的已婚女性)的批评,因为这些女性在持续工作过程中,也使她们的生活从过去的私人领域转向了公共领域。这些女权主义意识的萌动最终在 20 世纪 60 年代发展成为第二波妇女运动,而且微观动员所处的复杂的网络环境对此次妇女运动产生了重要影响(McCarthy et al, 1988):"从家庭,到教室、公共影院以及工作场所都爆发了运动,而且这次运动是由女性发起且是为自己争取权利的斗争,目的是要实现社会变迁。"(Arnot et al, 1999:63)在这次妇女运动中,国家作为女权主义运动目标对象及调停者起到了关键作用。英国妇女解放运动形成于 1969 年,提出的要求包括"男女同工同酬;男女要享有平等的教育机会;女人有自主决定是否流产和避孕的权利;享受 24 小时生育护理服务等"(Arnot et al, 1999:63)。

经过工会和无数妇女组织和团体长期坚持不懈的斗争,尽管所采取的手段有常规的,也有非常规的,不过最终英国政府同意以法律的形式满足了她们所提出的要求,这些法律中具有标志意义的有《1970 年同工同酬法案》以及《1975 年性别歧视法》(该法案包括了一些关于教育的重要条款)。但对于《1967 年人工流产法案》中限制妇女流产问题上,没有取得什么进展,而且《1975 年性别歧视法》在生育护理议题上只进行了零星规定。到 20 世纪 80 年代早期,在学术界的后现代主义思潮(强调多元)与政治体制变迁的联合影响下,女权主义已经不再是严格意义上针对国家提出自身主张的妇女解放运动了。相反,女权主义运动已经碎片化为很多不同的抗争运动(比如,反对强暴、反家庭暴力或反色情等),分裂为不同的相互竞争的派系。不过,较之于公开的抗争运动,这些内部分裂通常是不可见的,但却意味着女权主义运动逐渐衰败了(实际上很多运动都是摇摆于活跃可见与潜伏之间)。女权主义者依然通过一些潜在的运动网络在文化层面上进行斗争(Melucci,1989)——比如在法律界、学术圈和媒体上。

女权主义运动在法律、就业、教育以及社会规范和价值观等领域都产生了重要影响,促进了英国社会中的女性地位及其发展机会的改善。就教育领域而言,第一次妇女解放运动为实现女性教育奠定了基础,培养了女性参与政治的信心,而女性赢得了重要的民事和政治权利。第二次妇女解放运动后,《巴特勒教育法案》所建构的三级教育体系在促进社会流动和提升生活机会等方面所起的作用,显然已经不符合民众的期望了。合法性危机的一个关键内容在于,那些在医疗、教育以及新成立的公共福利行政部门工作过的女性已经有了新的需求,而我们社会没有能够对这些需求提供相应的满足。这种需求未得到满足的情况形成了新的女权主义运动意识,从而引发了 20 世纪 60 年代第二次妇女解放运动,而且当时,工党政府 13 年以来首次执政,工党政府面临着二战后政治体制重建和经济现代化任务,这也为第二次妇女解放运动提供了新的政治机遇。在某种意义上,开放性政治机会结构与开放性教育机会结构相得益彰。开放性教育机会结构主要是指工党政府所承诺的实行综合学校体系,贯彻机会平等化价值观。这种平等主义理念意味着政府相对接受了女权主义的主张,即需要通过立法在教育形式和内容上(包括教学方法、课程设置、就业指导以及教师培训上)改变性别不平等的情况。

20 世纪 70 年代,除了实现在法律上规定女性与男性拥有平等机会外,女权主义运动最终导致使英国成立了平等机会委员会(Equal Opportunities Commission)以处理相关议题(后来在《1976 年种族关系法案》出台后,英国又成立了种族平等委员会)。正如阿诺特(Arnot)等人所言(1999:151),在实现女性教育平等过程中,关键点在于"将教育权力下放给地方,同时推进教师职业化和自主化。在'秘密花园教程'中,教师能够改变教育中女性的传统角色,给女学生提供实验机会,影响她们对未来的规划"(1999:151)。在关于教育的问题上,女权主义运动可以分为两种形式:一种是可见的、向国家提出要求的政治运动;另一种是潜在的文化运动,通过此文化运动(个人提出政治性要求),挑战过去价值观念及社会规范,并且说明教育体系的改变已经对女性教育起到了作用。在英国,即使在新自由主义主导下的教育改革也没有颠覆女权主义运动所取得的成果——女性获得的教育应该超过男性。当然,英国的保守派一直"强烈反对"女权主义运动的主张(Faludi, 1992),反对其在 20 世纪六七十年代所取得的改革成果,这说明"在教育问题上,女权主义运动的影响已经成功地使将女孩教育问题转变为关于男孩失败的道德恐慌"(Arnot et al, 1999:151)。教育机会的获取一直受到性别、"种族"及阶级等因素的影响,教师职业团体和教师会认为,这个过程不会因为目前的政策而发生改变,因为目前的政策只是强化了社会区隔,并导致社会阶层的再生产。

结论:社会运动与教育政策

所有教育社会运动所提出的要求,要么是关于结束歧视、争取平等教育机会,要么是关于推行积极的教育计划。在本章中,通过回顾英国教育体系的发展简史,我们发现,历史上没有一个社会运动一直都在争取教育权利或教育改革。相反,通过种种不同的方式,教育(是社会再生产和社会发展的一个关键动力之源)已经被纳入到意识形态框架,以及那些对现代福利国家体制产生重要影响的社会运动所提出的政策要求之中。不过,以历史的视角来看,那些对政府的教育政策产生特殊影响力的教育社会运动具有重要意义——这些运动挑战了国家传统体制,并提出了改革主张。就所有这些抗争运动而言,参与者既来自于松散的跨阶级网络,也有的来自于其他抗争性社会运动组织之中。教育社会运动的兴起与衰败取决于国家政策、可利用的资源以及政治机会结构的相对开放性等因素(Tarrow, 1994)。

在英国,第一阶段的劳工运动和妇女解放运动主要是为争取教育条件改善而斗争(基本的民事、政治和社会权利)——民主制和社会主义是两个主要的框架,而贝弗里奇福利国家建设以及《巴特勒教育法案》的出台使运动达到了高峰。在第二次世界大战后,"教育社会"概念逐渐成为社会的主流,倡导无论阶级、性别或种族如何都享有平等教育机会的理念。原有的三级学校体系作为战后资本主义合法性危机的一部分而被人广为诟病。在争取设立综合性学校体系的斗争中，劳工运动再一次冲在了前头，而且 20 世纪 60 年代的第二波妇女解放运动，以及当代兴起的其他社会运动（围绕种族、残疾人及性解放等议题）都进一步向国家提出了消除歧视、实现机会平等的要求。

作为对这些社会运动的回应，20 世纪 70 年代，英国政府出台了关于教育机会平等的法案，并组建了一些新组织负责监督。在后来的新社会运动中，有关教育议题所取得的成果有限。在 20 世纪社会运动取得的所有成就中，妇女解放运动在教育领域掀起的"性别革命"是其中最显著的。不过在新自由主义流行的年代，英国教育领域的区隔被忽略了，阶级区分得到了强化，社会流动也出现了逆转，统治精英也收回了他们在 20 世纪六七十年代在社会政治上所做出的妥协。在 21 世纪的最初十年里，教师会发起了抗议运动，反对在学校设施上采用公共部门与私人企业合作的模式，反对学校自治的做法（比如，反学院联盟）、反对教会学校等。在英国围绕教育不公而展开的社会运动发展历史中，这些运动都是最新的表现。

拓展阅读

大量的历史文献对劳工运动与争取教育改革运动之间的关系进行了深入的讨论，其中有两个文献最为重要，即布莱恩·西蒙（Brian Simon）所著的《教育与劳工运动：1870—1920》（Lawrence & Wishart 出版社 1974 年版），以及罗伊·劳斯（Roy Lowe）所著的《二战后的教育》（Routledge 出版社 1988 年版）。

在尼古拉斯·蒂明斯（Nicholas Timmins）的《五大恶魔：福利国家的发展史》（Harpercollins 出版社 1995 年版）一书关于教育的章节中，对巴勒特改革（Butler reforms）进行了深入讨论。不过米歇尔·巴伯（Michael Barber）的《1944年教育法出台始末》（Cassell，1994）一书讲述了巴勒特改革的更多细节。

有两本文集为研究女性主义运动和早期女权主义者对教育的影响提供了很好的素材，这两本文集分别是：克里斯蒂·斯科尔顿（Christine Skelton）和贝奇·弗朗西斯（Becky Francis）主编的《女权主义对教育的批判》（Routledge 出版社 2005 年版）；玛丽·希尔顿（Mary Hilton）和潘·豪斯（Pam Hirsch）主编的《实践的幻象：女性、教育及过程》（Pearson Education 出版社 2000

147

年版)。

萨里·特姆林森(Sally Tomlinson)在其专著《战后福利社会中的教育》(开放大学出版社 2005 年版)一书中对围绕教育改革发生的争议进行了论述。

实用网址

查看当代教育运动以及相关社会运动的资料,可访问如下网址:

反学院联盟(Anti-Academies Alliance):www. antiacademies. org. uk

全国教师联合会:www. teachers. org. uk/topichome. php? id=54

反全国课程考试、制定教育目标以及进行学校排名的运动:www. teachers. org. uk/story. php? id=2264

英国人权委员会反教会学校的运动:www. humanism. org. uk/home

第三部分 当代社会运动与社会福利

第八章 捍卫家庭：LGBT运动与保守派的反对运动

第九章 反对歧视：反种族主义运动

第十章 保护环境：生态福利运动

第十一章 反新自由主义：全球社会正义运动

第八章
捍卫家庭:LGBT 运动与保守派的反对运动

导　言

在这个社会中,"家庭"扮演着重要角色:家庭不但能够为缓解现代生活中的紧张与压力提供一个"安全"的庇护港湾,而且也能够为我们提供在这个社会中的认同与位置。在《贝弗里奇报告》(1942)中,福利国家体制是以传统核心家庭为基础的,在这种家庭结构中,丈夫是家庭收入的唯一支柱,妻子和母亲则是家庭主妇,从事无报酬的照顾家庭的工作(Wasoff and Dey, 2000)。随后的英国政府基本上也是依赖传统核心家庭来贯彻其福利政策的,而那些背离传统核心模式的家庭,则常常被国家视为属于"问题"家庭,进而成为国家干预的对象(McKie et al, 2005)。比如,20 世纪 80 年代和 90 年代,单身母亲就是媒体及英国政府广泛关注及批判的对象。

尽管家庭饱受批判,尤其是女权主义者认为家庭是父权主义实践的最主要机构,但是大部分人都相信在社会中,家庭的角色是必不可少的积极力量。20 世纪后半叶,家庭结构经历了普遍转型,主要体现在如下几点:人们的初婚年龄都提高了,家庭里传统的性别角色也发生了改变。同时,家庭的规模也变得更小且更不稳固。更重要的是,人们关于家庭的观念也发生了改变。家庭的转型不但改变了我们的生活方式,而且影响了女权主义者以及 LGBT 对传统核心家庭的批评。但是,并不是所有人都对这种家庭属性的变迁感到高兴;大西洋两岸的基督教运动都在捍卫核心家庭结构和"传统"家庭价值观,以防止社会陷入放纵主义的泥潭。

近年来,保守宗教团体(比如基督教学会、基督教行动研究和教育组织以及福音派联盟等)与 LGBT 组织之间的斗争对英国的家庭政策以及关于"家庭"的官方定义产生了重要影响。《1988 年地方政府法》第二十八条规定就引起了关于同性恋合法性及地位的广泛讨论,即同性恋是否在性行为法定年龄、同性恋领养以及同性性伴等方面享有平等的权利,后来这个条款被废除了。比如,《苏格兰地方政府法》第二十八条认为异性恋比同性恋更进步,同性恋关系只不过是一种"冒充的家庭关系"。不过新工党执政后,其所颁布的家庭政策则认为同性恋关系同样属于家庭关系,此举没有顾及基督教团体和保守组织的激烈反对,动摇了传统核心家庭观念的支配地位。这个更加包容性的家庭政策意味着 LGBT 斗争成功地影响了公共政策和公众观念。LGBT 权利斗争必须克服的一个主要障碍是,基督教团体及其他组织广泛地以"儿童保护"为框架来反对重新定义家庭及其他相关议题如同性恋领养权。这种观点认为同性恋属于一种道德败坏行为,会传染给年轻人。而且,尤其是男性同性恋通常被认为是会对青少年产生性威胁;性侵犯者会引诱那些本属于异性恋的男孩接受同性恋的生活方式。

在本章中,我们将详述英国在 20 世纪后半叶发生的"围绕家庭问题产生的战争",斗争是在如下两方之间展开的:一方是反动基督信徒和保守派,另一方则是由进步性社会运动构成,尤其是 LGBT 和妇女解放运动。这一章将分析如下问题:即在基督教传统价值观占主导地位的社会中,那种认为同性恋家庭属于一种"冒充的家庭关系"的观念是如何渐渐瓦解的。这种观念的变化也对法律变迁产生了影响,其中包括废除第二十八条法令、领养法的变革,以及通过了允许同性恋可以结婚的同性性伴侣法律等。

在社会运动理论方面,本章分析了基督教徒们是如何利用"儿童保护"框架来破坏 20 世纪后期的性解放运动的,以及又是如何与 LGBT 争取权利运动进行斗争的(Miceli,2005)。20 世纪 80 年代,基督教徒们以"儿童保护"为武器的斗争只取得了有限的成果(Thompson,1994),到 20 世纪 90 年代和 21 世纪初,1997 年新工党赢得大选以及 1999 年苏格兰、威尔士和北爱尔兰的地方自治制造了新的政治机会(Rayside,2001),这使重新兴起的 LGBT 能够成功地对英国基督教权力构成冲击。与此同时,本章还讨论了 19 世纪末 20 世纪初基督教徒发起的禁酒运动所具有的象征性(Gusfield,1986)以及 20 世纪后期基督教徒们所发起的捍卫家庭运动。比如,第二十八条法令反映了这样一个事实,即法律上认为同性恋婚姻只不过是一种"冒充家庭关系",是不能等同于异性恋婚姻的。从这一点来说,与美国在 20 世纪早期发生的禁酒运动一样,第二十八条法令的颁布只不过是英国占主流地位的基督教价值观及其家庭观念所取得的一场象征性胜利,这掩盖不了基督教价值观在地位及影响力方面日益衰落的现实。

家庭与基督教改良运动

英国家庭模式的变迁(比如日益攀升的离婚率、越来越多的单亲家庭和同居现象,以及官方对同性恋的认可)使保守派惊呼家庭"危机"到来了。在英国,保守的宗教组织,如基督教行动研究和教育(CARE)、基督教学会和福音派联盟等,已经对传统家庭观念的瓦解以及政府对多元家庭形式的认可倍感失望。在这些宗教组织看来,提倡传统的核心家庭价值观是他们反对宽容社会的核心工具,也是他们重新建设社会道德的必要组成部分。

基督教认为,家庭重要性不仅仅在于婚姻是上帝赐予的(福音派联盟的新闻),而且也因为家庭是向下一代传播基督教信仰的主要渠道。

> 婚姻意味着组成家庭的丈夫与妻子之间达成了新的关系。稳定的婚姻家庭是价值观的主要载体。通过家庭是一种最有效的价值观代际传递途径。在家庭里,儿童学会了辨别是非,学会了与他人相处,也学会了如何控制自身的自私动机。
>
> (基督教学会,2002:7)

所以,家庭是基督教生活赖以建立的基石,任何损害家庭的行为都是对基督教和上帝的一种损害。基督教团体进行了多种形式的家庭捍卫活动,从反对堕胎权,到参与目前关于性教育、同性恋领养、性别辨识、同性性伴侣及关于异性同居合法化等方面的讨论,形式是多种多样的。尽管基督教捍卫家庭的运动具有较长的历史,最早可追溯到 18 世纪,比如当时的反堕落协会(the Society for the Suppression of Vice)(Thompson,1994)。当代所爆发的"围绕家庭而展开的斗争"与堕胎合法化密切相关:一是 1967 年英国将堕胎合法化;二是 1973 年美国高等法院对罗伊案做出的判决,第一次在美国使怀孕不满三个月进行堕胎的行为合法化。正如伯杰夫妇(Berger and Berger)所指出的(1983),对基督教徒而言,堕胎合法化跨出了一大步,以至于他们从此以后不能仅仅专注于削弱妇女的自我选择权利上。

在英国,基督教团体认为,政府越来越不愿意通过法律途径来推进基督教价值观,世俗人文主义与日俱增的影响力都对家庭构成了破坏。基督教团体认为,英国在 20 世纪 60 年代进行的宽容性改革(1959 年《淫秽出版物法》(*Obscene*

Publication Act)、1967 年《性罪行法》(Sexual Offences Act)、1967 年《堕胎法》(Abortion Act)以及 1969 年《离婚改革法》(Divorce Reform Act))意味着英国社会已经发生了灾难性转型,即从基督教社会转变为世俗社会。

1967 年《性罪行法》(Sexual Offences Act)规定,同性性行为在特定情况下是合法的;最糟糕的是,此法"修改"了 1929 年《婴儿保护法》的内容,同时也为 1967 年《堕胎法》(Abortion Act)和随后带来大量屠杀(除了使用"屠杀"这个词外,我们不知道如何描述)胎儿现象(大约有两百万未出生胎儿被堕胎)的《堕胎法改革法案》的出台打开了方便之门。

1969 年,英国颁布了《离婚改革法》。该法案破坏了婚姻的神圣性,对家庭生活的稳定也产生了不利影响,给成千上万个青年儿童带来了数不清的痛苦……这意味着,英国已经从原来立足于圣经道德教化及基督教信仰之上的社会,转型为一个以世俗道德价值为基础的社会。

(Whitehouse, 1985:25—26)

为了应对日趋严重的放纵现象,基督教徒们开始组织起来了。比如全国观察者协会(NVALA,是在 1964 年的电视节目净化运动中形成的)和 1967 年成立的保护未出生婴儿协会(SPUC),这两个组织都反对放纵性法律条款,他们试图通过世俗话语来维护传统的基督教价值观(Durham,1991)。就宗教组织的反对运动而言,通过这种框架对于扩大其需求在普通大众中的影响力具有重要作用。当然,其中最成功的框架是将"儿童保护"作为一种正当理由,比如,玛丽·怀特豪斯(Mary White-house)所讨论的对电视节目中暴力和性内容、色情刊物以及"淫秽"音像采取更严格的审查制度(Druham, 1991; Thompson, 1994; Snow et al, 1986; Micelini, 2005)。这个框架支持了反对第二十八条政府法令的运动,也支持了反对赋予同性恋者领养权的运动。1971 年 9 月,全国福音基督教纪念光明节组织在特拉法广场上举行了活动,这进一步强化了基督教反对宽容社会的力量。到 1983 年,全国福音基督教纪念光明节组织更名为基督教行动研究和教育(CARE)(www.care.org.uk),到 1990 年,又成立了基督教学会(www.christian.org.uk)。

"冒充家庭关系"

整个 20 世纪 80 年代,基督教斗士们如玛丽·怀特豪斯以及保守的基督教组织志在利用撒切尔政府亲他们的立场以压住日益高涨的放纵浪潮。在反对成人电影院、性用品店以及淫秽音像等方面所取得的胜利具有重要的象征意义(Thompson,1994),但是,宗教组织期望撒切尔政府会在英国社会中重建宗教道德的愿望落空了,因为撒切尔政府改革的首要任务是在经济领域(Durham,1991)。尽管撒切尔和梅杰政府常常提倡传统家庭价值观,且认为家庭是减少福利国家支出成本的一个重要机制。但是宗教团体最终还是充满了失望,这既体现在他们对保守党政府出台的反家庭的经济政策上,也表现在他们无法推动一些法令的制定上,如限制女性堕胎(尽管梅杰政府最终将堕胎法定时限从怀孕 28 周降到 24 周)以及禁止小报上刊登无上装模特等方面的法令。

基督教团体斗争所取得的一个成果是,撒切尔政府最终支持了第二十八条政府法令。该法令目的在于推动地方政府或地方政府支持的组织将同性恋家庭视为一种"冒充家庭关系"。第二十八条政府法令是围绕《珍妮同艾利奇和马丁一起生活》(Jenny lives with Martin and Eric)一书所展开的争论基础上形成的。该书讲述的是一个女孩与其父亲及父亲男友一起生活的故事。在几个伦敦行政区里,该书被当做一种教学资料。但是,第二十八条政府法令背后的真正议题并不是要求小学生不能看此书(他们也做不到),而是关于基督教团体所关心的学校里性教育所存在的问题——将同性恋视为与异性恋婚姻完全等同的关系。就这些主题而言,最初是在霍尔斯伯里伯爵 1986 年提出的一个私人议员提案中提到的,后来在保守主义家庭捍卫运动推动下,第二十八条政府法令满足了基督教运动反对学校的性教育材料及同性恋的要求,而在基督教原教旨主义团体中,这种反对声音已经流传了十余年(Durham,1991;Annetts and Thompson,1992)。

关于第二十八条政府法令的讨论由于 1987 年英国大选而被打断了,直到 1987 年 12 月,大卫·威尔希尔(David Wilshire)重提此法令时,它才正式地为政府部门所接受,因为公众"日益关注"政府是在使用纳税人的钱来助长同性恋的势头。对于政府而言,还有两个支持此法令潜在的重要缘由:第一,为政府提供了机会,以进一步打压和制约工党所控制的委员会的活动(Smith,1994);第二,意在通过此举改变基督教团体对保守党"反家庭"经济政策的批评(Thompson,1994)。对第二十八条政府法令的支持,是保守党对基督教团体支持的回报,而且保守党政府没有在自由市场价值观念上做出让步(Annetts and Thompson,1992)。

相对而言,第二十八条法令在法律上几乎没有什么影响力,但是法令却具有

155

重要的象征性价值,说明同性恋关系不是也不能被等同于异性恋关系和异性婚姻。可以说,这与美国禁酒运动在 1920 年所取得的胜利一样,禁酒运动的胜利意味着在美国改革价值观占据着主流,尽管越来越多的美国人反对这样的价值观念。虽然 18 世纪美国的宪法修正为节欲价值观的主流地位提供了法律保障,但是这并不说明会得到大众的支持,结果不到 13 年,禁酒令就失效了;而且民间禁酒运动再也没有恢复(Gusfield, 1986)。与此类似,英国的基督教徒们并不是期望看到,在他们成功地使政府出台了第二十八条法令的同时,也使 LGBT 运动重新复兴及重新政治化,从而更具进攻性。正如禁酒令是美国禁酒运动的尾声一样,第二十八条法令的出台是基督教捍卫家庭及反对扩大 LGBT 权利斗争的高潮。

在 LGBT 看来,第二十八条法令所造成的长久影响是让他们明白需要团结起来为改革变迁寻求代言人,而不是继续从事皮特·塔切尔(Peter Tatchell)(1992:238)所言的"消防队式的行动主义":

> 对于争取同性恋平等权利而言,这种"消防队式的行动主义"不仅仅只是一种防御性政治,而且还是一种鲁莽及不可持续的政治行为策略……面对恐同性恋者(homophobic)的攻击,我们必须做出应对。但是,我们也需要寻求设立我们的代言人,从而提出我们的要求。

在第二十八条法令颁布后,同性恋运动变得更加主动且更加公开化。同性恋组织石墙(Stonewall,成立于 1989 年)和愤怒(Outrage,成立于 1990 年)有了更多的渠道展开新 LGBT 运动。尤其是石墙组织,针对一些议题,比如性行为法定年龄,LGBT 平等就业权,女性生育权,以及同性关系合法化等方面,他们组建了立法游说团队。石墙组织效仿早期的同性恋法令改革协会的做法进行游说。同性恋法令改革协会成立于 1958 年,它推动了 1957 年《沃尔芬登报告》(*Wolfenden Report*,即《同性恋犯罪和卖淫问题调查委员会报告》[*Report of the Departmental Committee on Homosexual Offences and Prostitution*], 1957)中超过 21 岁成人同性性行为除罪化的主张转变为法律。1967 年,英格兰和威尔士从法律上规定成人同性性行为是合法的,苏格兰是 1980 年出台相关规定,最后是北爱尔兰,是在 1982 年。这种专业性的游说组织在美国更为流行,因为美国去集权化的政治体制为游说者提供了更大的政治空间(Engel, 2001;Rayside, 2001)。石墙和愤怒两个组织的政治游说行为对 20 世纪 70 年代的同性恋解放阵线(GLF)和行动起来(ACT UP)的不正式民主结构产生了很大影响。整个 90 年代,GLF 和行动起来这两个组织一直采用直接行动和公民不服从的斗争方式抗议针对 LGBT 的歧视和不公平对待。比如,OutRage 最主要的抗议是 1990 年 9 月在伦敦特拉法广场上举行的同性"接吻行动",其目的就是抗议 1986 年《公共治安条例》所规定的男同性恋者在公共场合接吻将被逮捕的政策(Lucas, 1998)。可以说,这场表演性抗议运动是公开地使警察感到尴尬,而且确保能获得最大范围的媒体关注。颇具讽刺意味的是,在英国,尽管 LGBT 运动未能"阻止第二十八条法令的颁布",但是该法令成为英国同性恋运动政治的一个转折点(Plummer, 1999;Engel, 2001)。围绕第二十八条法令展开的斗争使同性恋团体更加自信,也为新近政治化的同性恋运动积极分子提供了达成组织网络的机会,从而反对针对 LGBT 人群的歧视行为。

在 1988 年 5 月,"第二十八条款"作为修正案加入了《地方政府法》。该法令的影响不仅仅在于禁止同性恋结婚,更在于它向同性恋者传递一种声音。现在,幻想破灭了。更明确的情况是,对于很多同性恋者来说,事实已经表明还存在着为数众多的政治斗争力量。第二十八条法令导致同性恋者成立地方和全国性的组织,这些组织成为他们后来继续斗争的基础。

(Lucas, 1998:6)

废除第二十八条法令

在英国,保守党执政使 LGBT 几乎没有什么机会去推动改革。尽管LGBT运动取得了一些胜利,比如苏格兰在 1980 年及北爱尔兰在 1981 年实现了同性性行为的除罪化,以及在 1994 年将男性同性恋性行为合法年龄降至 18 岁,但是撒切尔和梅杰政府依然不愿意扩大 LGBT 的权利,也不愿意看到 LGBT 更加公开化(Smith, 1994;Engel, 2001)。随着 1997 年新工党赢得大选,以及苏格兰和威尔士自治,从本质上扩大了 LGBT 运动的政治机会(McAdam, 1996)。英国在保守党执政时期,LGBT 的这些政治机会是受到严格限制的,相比之下,美国在里根和老布什执政时期,LGBT 面临的机会则宽松很多。其原因在于,英国集中型的政治机制和政党体制使英国政治体系相对封闭(Engel, 2001;Rayside, 2001)。所以,政治机会通常取决于社会运动与精英团体如政党之间达成密切关系的能力,这种关系有希望使政党给社会运动组织做出承诺,一旦当选将会兑现这些承诺。当然也有些同性恋组织比如 CARE 和石墙宣称自己是非政治性组织,而且保守党政府比较倾向于支持基督教团体所倡导的传统价值观,而新工党一般更同情同性恋组织。比如工党承诺将废除第二十八条法令,并且将男性同性恋合法性行为年龄从 18 岁降低到 16 岁,这样使男同性恋与女同性恋合法性行为年龄一致起来。但在 1999 年,新工党政府的政策招致了上议院的强烈反对,上议院议员们反对将男女同性恋的合法性行为年龄都规定为 16 岁,这迫使新工党政府最终依靠《议会法》而强行迫使议会通过《2000 年性罪行法修正案》。

但是,新工党政府在废除第二十八条法令以及同性性行为合法年龄的法律改革方面却迟迟不见进一步动作,这使 LGBT 运动分子非常不满。比如大卫·诺思莫尔(David Northmore)(同性恋报纸《粉报》的新任主编)1999 年在《卫报》上发表文章指出,除了新工党政府摆出亲同性恋的姿态外,现在同性恋有三个重要要求尚未得到满足:同性性行为合法年龄依然是 18 岁;第二十八条法令依然没有被废除;同性恋者依然被禁止参军(《卫报》,1999 年 1 月 13 日)。

最后在 1999 年的《女王致辞》中,表明工党政府有意废除第二十八条法令,但由于工党政府要迎战伦敦市长的最后竞选,所以废除此法令(《地方政府法》)只能被搁置了。有媒体报道指出,工党政府的部长们已经意识到废除第二十八条法令"将会遭受议会的阻碍",而且"一旦议会否决,那么废除工作将会搁置"(《独立报》,1999 年 10 月 25 日)。毫无疑问,工党政府不得不放弃废除第二十八条法令的努力,因为伦敦市长竞选刻不容缓。于是在 2000 年 7 月 25 日,政府发言人埃姆斯庄女士宣布,第二十八条法令废除工作因为遭到议会的反对而没有实现。不过,埃姆斯庄女士还指出,政府将积极努力寻找合适的机会"废除该法令,以清楚表明,政府将为所有公民建设一个宽容且积极向上的社会,给学校的孩子们适当的尊重与保护"(《英国议会议事录》,2000 年 6 月 25 日)。

在苏格兰,自由党—工党组成了联合政府,由于没有上议院,所以苏格兰的改革应该不会遇到什么阻碍。但是情况并非如此。在 1999 年 10 月 28 日发布的《苏格兰政府通告》中,苏格兰政府宣称"一有机会就废除第二十八条法令,并在《公共生活道德准则》框架下制定出适宜性的法令"(《卫报》,1999 年 10 月 29 日),基督教团体组成了一个联盟竭力阻止政府废除《1988 年苏格兰政府法令》中的第 2a 条法令(在苏格兰,与第二十八条一样为人所知)。这个包括天主教和新教徒的联盟组织力量强大,由英国的百万富翁比安·苏特(Bian Souter)出钱资助。苏特是国际运输公司 Stagecoach 的掌门,他是一名虔诚的基督徒,是佩斯三一基督教会(Trinity Church of the Nazarene)的成员。苏特为阻止政府废除第二十八条法令拿出了 100 万英镑,用来资助苏格兰学校委员会(SSBA)所领导的运动。苏特的发言人指出,苏特此举并不是出于对同性恋的恐惧,而是对民主的追求。

> 苏特先生相信这是一个关于民主的重要议题。这不是一种同性恋恐惧症。在苏格兰,所有为人父母的都认识到,废除第二十八条法令将意味着什么,而且那方面的材料将会进入教室影响到孩子们。
>
> (BBC 新闻在线,2000 年 1 月 14 日)

第二十八条法令支持者有两个主要关心的议题:首先有必要保护儿童免遭那些关于同性恋的色情杂志的侵害;其次,绝不能让同性恋关系在道德上被等同于异性恋和婚姻。

在苏格兰、英格兰和威尔士,即便是相对温和的宗教团体也担心,一旦废除第二十八条法令,将会导致同性恋关系获得与异性恋婚姻相同的地位。比如,大主教凯里认为,政府必须"阻止同性恋关系等同于婚姻,从而为性亲密关系打造一个合适的氛围。无论是否有第二十八条法令,我们都必须确保对学校和学生们要有足够的保护"(《卫报》,2000 年 1 月 24 日)。对基督教所界定的家庭内涵来说,第二十八条法令为之提供了法律依据,而且根据此法令,同性恋关系只不过是"冒充的家庭关系"。

废除第二十八条法令的运动起源于苏格兰,后来,对于 LGBT 的权利问题,在英国其他地方,人们的态度也悄然发生着变化,基督教运动的影响力也逐渐减弱。尽管基督教学会、天主教会以及苏格兰的苏特运动等组织都竭力地危言耸听,指出一旦废除第二十八条法令,将会使儿童面临着风险,那些同性恋诱惑将会进入学校,而同性恋色情杂志将会威胁到儿童健康的性成长,但是这些反对废除法令的声音缺乏广泛的公众基础。这部分反映出这样的情况,即公众越来越认为你不能教训别人别做同性恋。比如马修·韦茨(Matthew Waites, 2005:551)认为:

> 关于第二十八条法令和同性领养权的讨论都会触及性取向的问题。主流群体(异性恋)支持为同性恋者提供"平等"的教育环境,而不是由父母决定其性取向的形成。

不过,这些讨论也是在英国议会和苏格兰议会强烈支持异性家庭和婚姻背景下出现的(Dunphy,2000:189)。尽管苏格兰政府在废除第二十八条法令上动作迅速,但是他也必须安抚来自教会和苏特所领导的反对与抗议。政府答应将由教育部给予指导,以确保"在校学生接受正常的价值观,如稳定的家庭生活、明白为人父母的责任,以及建设能够培养孩子并能为之提供安全、稳定和幸福的家庭关系"(《苏格兰政府通告》,2001年第2期)。这种类似承诺在威斯敏斯特也有,只不过并没有安抚住议会中的反对声音。最后,在英格兰和威尔士,废除第二十八条法令在三年后通过2003年《地方政府法令修正案》才得以实现(Waites,2005)。

在英格兰和威尔士废除第二十八条法令问题上,以及在苏格兰废除第2a条法令上,基督教团体抗议游说并没有成功。这表明,LGBT运动取得了成功,而且英国社会对LGBT认可的态度日益增强。尽管新工党政府以及苏格兰和威尔士自治政府依然持全力支持家庭的立场,且一直在强调家庭的重要性,但同时对多元化家庭形式或非传统家庭结构也逐渐认可了,并采取了支持立场(CRFR,2002;Wasoff and Hill,2002)。第二十八条法令和第2a条法令的废除为LGBT运动提供了机遇,使他们能进一步为争取包容性家庭(即同性婚姻)而斗争。

同性伴侣与家庭再定义

过去,英国政府的家庭政策都倾向于保护传统核心家庭,抑制单亲家庭、离婚和同居比率的过快增长,因为政府相信核心家庭和传统家庭观念是治疗大多数社会疾病的万能良药。撒切尔和梅杰政府都认为家庭因其承载的福利功能,在福利国家体制内将能够扮演重要角色(Clarke and Langan,1993)。保守党政府不但通过第二十八条法令,还通过其他各种法律,如《1990人工生殖和胚胎法案》(*Human Fertilisation and Embryology Act*),将同性恋关系排除在家庭关系之外。例如,《1990人工生殖和胚胎法案》规定,在妇女决定进行人工授精怀孕之前,必须仔细考虑孩子的福利问题,其中包括孩子对父亲的需要。该法令有效地阻止了同性恋及单身母亲获得相关福利,同时强化了异性恋婚姻及家长制家庭的主流地位(Smith,1994)。不过在法律上,并没有认识到同性恋关系所导致严重的后果,比如在同性恋家庭中,如果其中一员过世了,那么就意味着这个家庭就消失了(Auchmuty,2004)。1997年新工党赢得大选为LGBT运动分子带来很高的期望,他们觉得推动自己权利平等化的时机到了,而这在保守党执政期间是无法进行的。

在家庭政策方面，新工党加速促进家庭政策向更加直接和更严厉的方向转变，而此举意味着政府对家庭生活进行直接干预的意愿越来越强烈。在过去，对家庭生活的干预多局限于"问题"家庭之上，但现在，国家的干预范围扩展了很多，甚至包括儿童照顾。这些政策的出台，模糊了家庭这个私人领域与政府行为其中的公共领域之间的界限（Wasoff and Cunningham Burley，2005）。工党政府通常通过惩罚性家庭政策来支持双亲式家庭以及减少儿童贫困，比如通过儿童抚养机构（Child Support Agency），而且工党政府对从福利到工作计划持强烈批评态度（Wasoff and Cunningham Burley，2005）。布莱尔政府继续支持双亲式家庭政策，以为儿童成长提供最好的环境，而且布莱尔政府相信，此举最终将会有利于社会建设以及减少贫困与犯罪。这样，新工党家庭政策一直对后来的英国政府都有着重要影响，而且后来者更强调选择性福利和个人责任，并继续推进市场化取向的改革（Wasoff and Dey，2000）。

然而，工党政府也强调健康的儿童照顾需要以健康的家庭为基础，因而他们主张一种更加包容性的家庭概念（CRFR，2002；Wasoff and Hill，2002）。石墙同性恋组织在 2000 年举行抗议运动并成功地迫使政府改变其移民政策，即"在同性恋男女经过与未婚异性恋夫妻经历的相同审核后，允许他们进入英国"（Auchmuty，2004：107），尽管其影响没有立刻显现，但这已经显示出人们对同性恋的认同程度越来越高。这在《2002 年儿童收养法》上得到了体现，该法不但认可了同性恋关系，而且也认为同性恋者能够为领养儿童提供稳定而充满关爱的生活环境。

《2004 年同性伴侣法》是包容性家庭概念得到认可的最重要的体现，这也说明 1997 年以来，LGBT 及其组织得到的政治认可日益提高。同时这也说明，英国政府对"非常规家庭"的认可度有了很大的提高。《2004 年同性伴侣法》为同性恋爱人提供一个机会能够以民事形式正式地注册为一对，享有与异性夫妻相同的权利与义务（Land and Kitzinger，2007）。该法律最初是政府应石墙同性恋组织数十年不懈斗争而做出的反应，同时伦敦地区和曼彻斯特分别在 2001 年和 2002 年同意同性恋爱人合法注册成家庭，这进一步推动该法律的出台。可以说，这是 LGBT 运动在同性伴侣立法方面争取平等所取得的一个主要胜利，也直接挫败了基督教斗士及"传统"家庭观捍卫者试图将同性恋关系处理为一种不合法的"冒充家庭关系"的企图。不过，同性伴侣是同性恋爱人之间"没有名分的婚姻"，但正如

161

奥克缪蒂所言(2004:102),名分很重要：

> 英国政府在其计划书中订立的目标是实现同性恋爱人在婚姻上享有平等的法律保护,在我看来,婚姻远非仅仅是一套制度所能覆盖的。婚姻本身所凝聚的象征意义远超过其法律和物质内涵。对社会成员来说,婚姻是给予他的最高社会地位和社会认可。所以,同性伴侣本质上是不同于婚姻的,即使法律上承认同性性伴侣享有同等的权利。

所以,即使英国政府从法律上规定,注册后的同性爱人享有与异性夫妻相似的权利,但是依然被排除在婚姻制度之外。其中一个例子就是 2004 年,加拿大人苏珊·威尔金森(Susan Wilkinson)和西莉亚·基青格(Celia Kitzinger)之间的婚姻被英国认定为是无效婚姻。后来,两人不服此裁决并提出上诉,指出该裁定违反了《1998 年人权法》。2006 年,也就是《2004 年同性伴侣法》通过后不久,受理此上诉的马克·波特(Mark Potter)法官维持了原判,指出她们的婚姻属于同性性伴侣关系,而且原裁决没有损害她们的民事权。(Harding, 2007)一些 LGBT 运动分子及女权主义者批评新工党政府,没有给予同性恋者真正的平等。比如哈丁(Harding, 2007:224—225)认为,“不让同性恋爱人结婚实质上是‘传统家庭’父权思想的翻版”,在哈丁看来,这也是“稳定和重新定位家庭中性别角色的方式”。

所以,同性性伴侣关系得到 LGBT 分子和社会运动组织如石墙和苏格兰的平等网络(The Equality Network)的大力支持,这些组织为同性恋方面的立法改革而不断努力。一些 LGBT 运动分子及学术界对《同性性伴侣法》提出了批评,认为此法律更加使男同性恋爱人被排除在婚姻体制之外,尽管该法在同性性伴侣上已经取得了重要进步。相反,该法律不但没有给同性恋者提供权利上的平等,而且还在法律上形成了歧视。比如皮特·塔切尔在《卫报》上撰文指出：“工党政府的做法实际是在法律上制造双重标准,其结果是在性组织间造成区隔。在一个民主体制内,每一个社会成员在法律上都是平等的。区别对待就是不平等的”。(《卫报》,2005 年 12 月 19 日)

不过,我们也应该认识到,同性性伴侣立法及其他方面的立法比如同性恋爱人的领养权方面的立法已经极大地改变了法律上的家庭概念,而且动摇了基督教家庭观的支配地位。但是,基督教徒和团体拒绝接受这些变化,继续努力斗争以否定 LGBT 的权利。比如,尽管 2007 年出台的《性取向法》(Sexual Orientation Act),禁止任何公共机构歧视个人性取向,但基督教学会依然资助一位因拒绝主持同性恋婚礼仪式而遭解雇的伊斯林顿的登记员去打官司，这位名叫莉莲·拉迪尔(Lillian Ladele)的登记员是一名虔诚的基督教徒，她认为同性恋是一种罪。劳资法庭支持了拉迪尔的主张，认为她的宗教信仰没有得到尊重，而且在"宗教和信仰自由上遭到了歧视"(伊斯林顿地方议会，2008)。但事实上，这种斗争并不总是成功的。比如，基督教领域机构认为基于对他们宗教信仰的尊重，应该允许他们拒绝同性恋爱人的领养申请，但英国政府否定了他们的要求。

结　论

在保守宗教团体与 LGBT 和女性解放运动之间，家庭一直是双方社会运动斗争的一个主要焦点。双方斗争的其中一个核心问题是关于到底一个家庭是由什么构成的。在围绕家庭而展开的斗争中，支持传统价值观的基督教徒们和保守分子与 LGBT 运动分子都竭尽所能去影响政府的家庭政策，并且各有所获。比如，英国各界政府都赞同基督教分子的信念，认为传统核心家庭是社会稳定的必要条件。这种观点带来的结果是，那些不符合理想家庭模式的所谓"问题"家庭被妖魔化，其中尤其是单身母亲家庭更被谴责为浪费国家资源，是造成未成年人犯罪的主要原因。

无论是在保守党政府还是在工党政府眼中，传统核心家庭都是治疗社会问题的灵丹妙药，且能够有效地减少福利国家的成本。不过从 1997 年新工党执政以来，LGBT 运动已经成功地迫使政府接受更为包容性的家庭概念，即认为同性恋爱人也能够组成"真正"的家庭。废除将同性恋关系认定为"冒充家庭关系"的第二十八条法令，赋予同性恋家庭领养孩子的权利，以及在同性性伴侣及性取向方面的立法，所有这些都意味着 LGBT 的争取权利斗争取得了重要胜利，与此同时，也对基督教团体过去所取得的成果形成了冲击，这在撒切尔政府期间尤为明显。但是，同性恋运动所取得的这些胜利在政府拒绝提供真正平等的情况下大打折扣。尽管《2004 年同性伴侣法》已经规定同性恋爱人享有与异性恋夫妻同样的权利，但他们依然没有注册结婚的权利，正如异性恋夫妻不能成为民事伴侣①一样。

163

---

① 在英国，《2004 年同性伴侣法》规定同性恋爱人享有与异性恋夫妻一样的权利，但是法律上不允许同性伴侣"结婚"，只将他(她)们的关系成为"civil partnership"，即民事伴侣关系，从而避免将之称呼为具有宗教色彩的"marriage"，以免引起宗教人士和保守派的反对。本文的翻译会根据上下文的需要，灵活处理，有时候翻译为"同性伴侣关系"，有时候翻译为"民事伴侣关系"。——译者注

　　根据社会运动理论,本章描述了成功社会运动的重要框架。基督教斗士们非常成功地运用了"儿童保护"的框架以抵制20世纪后期所出现的放纵主义,同时破坏LGBT争取权利的斗争。作为反击,LGBT运动使用平等、歧视及自由等话语作为框架,最近十年来,LGBT成功地实现了同性性行为年龄的平等化,并成功地使第二十八条法令被废除了,而且同性恋爱人也获得了领养儿童的权利。1997年新工党赢得大选从而为同性性伴关系被认可创造了政治机会。本章还讨论了19世纪末20世纪初禁酒运动(Gusfield,1986)具有与20世纪后期基督教所发起家庭捍卫运动类似的象征意义。比如,第二十八条法令的重要之处在于它实际在法律上明文宣布,女同性恋和男同性恋不等同于异性恋婚姻,只不过属于一种冒充家庭关系而已。从这个意义上来说,与20世纪早期美国的禁酒运动一样,第二十八条法令的颁发实际上属于一种象征性胜利,它表明,在英国,即使基督教价值观的重要性和影响力事实上都已经衰落了,但基督教价值观及其对家庭概念的界定依然占据主流地位。

　　尽管LGBT运动通常使用一种文化政治的斗争方式,故被认定为属于"新"社会运动,但是其行动政治依然对国家产生了挑战和影响。自从同性恋被除罪化以来,基督教徒与LGBT运动分子都竭力地试图对公众性观念施加影响,不过双方都需要依赖于更主流的机构政治行动以确保他们的价值观能够获得法律上的支持。

164

拓展阅读

　　关于家庭和家庭政策的讨论,可参考两本书:琳达·麦基(Linda McKie)和塞拉·坤宁汉姆·伯雷(Sarah Cunningham-Burley)合著的《社会中的家庭:边界与关系》(政策出版社2005年版);范·沃斯弗(Fran Wasoff)和戴伊(Lan Dey)合著的《家庭政策》(Gildredge出版社2000年版)。

　　马丁·德汉姆(Martin Durham)在其著作《性与政治:撒切尔年代的家庭与道德》一书中,很好地讨论了20世纪80年代英国的道德政治学。

　　如果你想更多地了解英国的LGBT历史,可参见马特·库克等人的著作《英国同性恋历史:中世纪以来的男同性恋之间的爱与性》(Greenwood世界出版社2007年版),以及由杰夫·威克斯(Jeffery Weeks)所写一本名为《走出来：19世纪以来的英国同性恋政治》的书（Quartet出版社1990年版）。

斯蒂芬·恩格尔（Stephen Engel）在其专著《未完成的革命：社会运动理论与同性恋运动》中（剑桥大学出版社2001年版），从社会运动理论的视角对近期的同性恋运动进行了很好的论述。卢卡斯（Lan Lucas）在《暴行》（Cassell，1998）一书中对同性恋运动组织历史进行了很好地阐述。

马修·维特斯（Matthew Waites）撰写了大量出色的论文，研究那些关于性行为法定年龄以及反同性恋的二十八条条款废除的运动，其中的代表作是《公共领域中性别认同的固定性：后现代背景下的生物医学知识，自由主义和异性恋/同性恋》，该文发表于《性别》杂志，2005年第8(5)卷：539—569。

实用网址

性别关系与家庭研究中心：www. crfr. ac. uk

平等运动网络——苏格兰的一个LGBT组织：www. equality-network. org

石墙——英国最主要的LGBT运动组织：www. stonewall. org. uk

对基督教反同性恋运动感兴趣的，可参见：www. christian. org. uk

第九章
反对歧视：反种族主义运动

导言：歧视与公民权

20世纪后半叶，受60年代美国黑人民权斗争成功经验和策略的影响，越来越多的社会运动以"公民权"话语为斗争框架来提出其要求。利用公民权作为斗争的"主框架"(Snow & Benford, 1992)将会使社会运动合法化，且可以将运动者的怨恨情绪转为一种不公平事实，这种转变被认为是社会运动微观动员的关键过程(Gamson, 1995；Klandermans, 1992)。在英国，反对歧视和争取平等权利是LGBT运动，以及黑人和失能人士社会运动的核心诉求，这些运动的成果主要体现为英国政府所出台的一些反歧视的法律法规。比如，1970年的《同工同酬法》(*Equal Pay Act*)、1975年的《性别歧视法》(*Sex Discrimination Act*)、1976年的《种族关系法》(*Race Relations Act*)，以及1995年的《残疾歧视法》(*Disability Discrimination Act*)等，这些法律都是政府在社会运动压力推动下所出台的(Lawrence & Turner, 1999)。不过有人认为，尽管这些法律是人们争取平等权利斗争所取得的胜利，但是并没有解决英国的歧视问题。女性的薪水依然低于男性，种族主义依然在我们的体制里阴魂不散，同性恋爱人被拒绝赋予结婚的权利（尽管在法律上，将之界定为民事伴侣关系，但这是不平等的），而且残疾人、老人以及青少年都被阻止完全参与国家的经济社会事务。

需要说明的是，在此我们不是想贬低英国社会在反歧视上所取得的成就。然而与这些成就相伴随的是，通过均等机会和政府资助等形式将社会运动招安到体制内。这导致了在英国兴起了更加专业化的社会运动，这种社会运动与美国的相关利益群体有着千丝万缕的联系，且弱化了原初社会运动的激进性。在社会运动理论研究者看来，社会运动由"挑战者"角色转变为更加关注运动经费等议题的被招安了的角色的过程，值得深入研究(Lo, 1992)。

近期，英国颁布了一个主要针对《1998 年人权法》的法律改革，即将《欧洲人权公约》与英国和苏格兰的人权法律统一起来，并在 2000 年 10 月 2 日实施。《人权法》为社会运动争取更充分的权利，也从法律上挑战歧视和歧视行为创造了新的机会。但是，新出台的《人权法》到底能够多大程度上改变原来的歧视文化尚不明确。歧视问题在所有政府部门均存在，而且在有些领域歧视行为很常见，比如移民政策（Webber，2001）。

法律层面的改革，比如 1976 年和 2000 年的《种族关系法》改革、1998 年的《人权法》改革，以及 2006 年的《平等法》改革等，都显示出英国政府试图通过反歧视立法来管理多元化的"问题"。这些法律改革的推进也与当时执政的工党政府越来越强调"英国人"和"公民权"有关系，其意图在于通过反对文化多元主义来推动宗教极端主义（Kundnandi，2007）。而且以《人权法》为例，该法不但关注个体和群体的权利，而且还关注了跨国公司的权利，进一步增强了跨国公司的力量。赋予个体和群体权利的机构，通常具有一定的资质，比如 1995 年的《残疾人歧视法》规定了雇主和企业有义务尽量满足残疾工人的需要，即便是对所提的要求做出调整，也只能是做一种"合理性调整"（Lawrence and Turner，1999）。

在本章中，我们将重点讨论英国黑人和少数种族针对社会里明显的制度性种族主义所进行的抗争。从 20 世纪 70 年代英国社会所存在的激进性黑人反种族主义运动，到撒切尔夫人执政时期的运动，都更加关注福利议题。本章的案例研究告诉我们，在英国社会的特定部门里依然充满了歧视，没有完全实现公民权。首先，我们来简要地阐述一下英国社会的"种族"及相关政策。

"种族"与政策

1948 年颁布的《英国国籍法》为来自新英联邦成员国的移民打开了大门，赋予他们及其家庭在英国工作与定居的权利。英国移民主要来自加勒比海国家，其次来自亚洲，他们分散于英国的不同经济领域，以解决第二次世界大战后英国面临的劳动力短缺问题。这些移民一般从事的工作是英国本土工人不愿意做的低薪体力劳动。为了鼓励移民，有些公司比如伦敦交通公司甚至在加勒比海设立了招聘办事处（Mason，2000）。正如西瓦南丹（Sivanandan，1982）所言，过去的殖民地成为英国发展的"劳动力储备地"，英国本土工人从中解放出来并获取薪水更高且更合意的工作岗位。在英国绝大多数的大城市里，新近移民不得不住进贫困地区的济贫院里。在资本家残酷剥削这些廉价劳动力的同时，他们之间的矛盾也日益升级。

> 移民劳动力所带来的效益并没有为整个社会所共享，而只是被少数部门所占有了（包括英国本土白色人种工人阶级），然而移民的基础"成本"却是由那些处境最困难的人来承担。这并不是说移民（或者以移民的身份）就将导致社会问题，毕竟英国属于一个净迁移国家，但是在英国大城市贫穷落后区域的移民集聚现状充分凸显出（并再次强化了）英国社会里所存在的社会剥夺问题。

> (Sivanandan，1982：104—105)

随着矛盾的累积，1958 年，英国最终爆发了"种族"骚扰，使当局不得不重新检视其移民开放政策。于是英国在 1962 年颁布了《英联邦移民法》，在移民工作中引入凭证制度，从而将那些在移民英国之前获得企业工作岗位聘任的人与未获聘任的人区别开来。而对于那些未拿到企业岗位聘任的人，除非其有特殊技能，否则将不允许其入境。1968 年颁布的《英联邦移民法》进一步限制了来英国居住和工作的条件，规定英联邦公民只有"本人或父母、祖父母中有人在英国出生的"，才可以自由出境(Mason，2000：27)。在 1967 年肯尼亚非洲化政策之后，英国政府制定此法律的目的在于控制肯尼亚裔亚洲人移民英国的数量(Sivanandan，1982)。最后，1971 年《移民法》"终结了"从新英联邦国家迁移到英国的"移民浪潮"(Mason，2000)，从而使英国移民政策重新指向欧洲。正如费赖尔(Fryer，1984：381)所言，在 1958 年和 1968 年，英国政府向种族主义屈服了，这"逐渐地使种族主义制度化、法律化和国家化"。

在 20 世纪 50 年代颁布开放性移民政策之后，英国就开始实行日益严格的移民政策以限制过去英属殖民地国家中的黑人和少数种族移民英国，因为这些人通常牵扯到"种族"关系问题。在西瓦南丹(1982)看来，英国移民政策从开放向封闭的转型是英国资本家在"种族"矛盾中所付出的累积成本效应的体现。在政治上，应对这些成本的权宜之计就是采用严格的限制移民的政策，同时"种族主义"问题也说明使用新英联邦国家的劳动力是不可持续的。

英国政府通过出台一系列的《种族关系法》(1965，1976，2000)来管理种族多元化所带来的"问题"，而这主要体现为黑人和少数种族社区所出现的问题，而不是白人的种族主义。

劳(Law,1999:211—212)认为,20世纪90年代早期,英国使用"新公共管理方式"来应对种族多元化所带来的"问题",实际上属于一种"种族管理主义",其目的在于:

> 建构"协商式民主"(consociationalism)(Lijphart,1977),在这种体制下,自由民主国家接受种族多元化,同时在英国和其他欧洲国家里,在公民身份资格的获取上积极地建构更具排斥性的移民标准。
>
> (Law,1999:212)

劳认为,在"种族管理主义"制度下出现的所谓种族特权会带来大量的负面影响,这不仅体现在"种族代码"(racialised coding)强调的是黑人和少数种族是不同于其他人的另类,而且还表现在20世纪90年代和21世纪初,英国政府进一步将之视为寻求庇护者和恐怖主义者的主要来源。这为英国采取更严格的人口管理政策提供了合理支持,如使用生物资料身份证、增加政府机构之间的信息共享等。尽管这些生物资料身份证根本无法阻止针对英国的恐怖袭击,也无法阻挡为逃避国内压迫和迫害而流向英国的移民,但是却允许政府管理授权。政府管理授权又强调融合,指出带有"英国基因"是获得英国公民资格的必要条件。此举实质上是对多元文化主义理念的一种冲击。不仅如此,新工党政府还强调指出以"社区凝聚力"(Worley,2005)作为其新种族关系政策的基础。新工党政府越来越多地使用"社区"这个概念,这使威斯敏斯特政府无需去辨识特定的社区,从而有助于提高少数种族社区融入英国主流社会的程度(Worley,2005;Mooney and Neal,2009)。在布拉德福德(Bradford)、伯恩利(Burnley)和奥尔德姆(Oldham)发生骚乱后,英国政治官员和自由派人士指出,隔离亚裔社区及强迫其集中居住是导致骚乱发生的一个主要原因。在美国9·11事件和2005年伦敦7·7爆炸事件之后,这种社区隔离的危害再一次引起了社会各界的关注。这些恐怖袭击事件使政界开始出现批评文化多元主义政策的声音,指出此政策"过分包容文化的多元性","允许英国北部城镇的亚裔自我隔离居住",从而在亚裔与白人之间"制造了种族矛盾"(Kundnani,2007:26)。文化多元主义成为政治家推脱责任的替罪羊,因为政治家们可以将种族矛盾归咎于社区自身的问题,而不是20世纪90年代以来,英国政府推行反移民及反庇护移民政策而导致的种族主义结果。

在西瓦南丹看来(2006:2),政治庇护和反恐战争已经制造了一种种族主义,

169

即将所有黑人和少数种族群体视为外来者、非法移民和潜在恐怖分子。

反庇护移民的战争因为9·11事件而提前到来了。但在伦敦7·7爆炸事件之后，两股力量（反恐战争和反庇护战争）汇聚起来制造了种族主义，而并没有将定居者与移民者、移民者与寻求庇护者区分开来。只要从外表上一看是黑人和亚裔人，那么就多认为是恐怖主义者或非法移民。

黑人与亚裔民权运动

在美国，社会运动理论家对黑人民权运动已经进行了大量的研究。而在英国，关于黑人及少数种族群体反抗种族主义的研究则非常少（Farrar，2004）。其实，在英国，很多黑人和少数种族群体都积极组织起来反抗他们在日常生活中所遭受的歧视。20世纪50年代和60年代迁到英国的移民不但要与英国社会中漠视移民文化和宗教信仰的现象做斗争，而且还必须与将他们视为下等人的殖民心态做斗争（Fryer，1984）。英国媒体对移民持歧视态度，即认为英国的移民大多是不劳而获者，他们通过"欺骗"抢走了英国白人的工作岗位。而媒体的这种态度进一步强化了英国种族主义者的观念。在政策层面上，黑人和少数种族群体也被建构为一种麻烦，其中一个例证就是伊诺克·鲍威尔（Enoch Powell）1968年所做的题为《血流成河》的演讲。这种"对仇恨的激发"增强了人们认为移民是问题制造者的看法，人们并没有注意到种族主义的错误，也没有注意到由街头小报和法西斯组织如国民阵线在其中所起的推波助澜的作用。小报和法西斯组织都积极地传播这样的观念，即"犯罪"的年轻黑人是对遵纪守法的白人的主要威胁（Gilry，1987）。尽管鲍威尔被迫离开了保守党而成为在野党，但他依然具有重要的影响力，正如米尔斯（Milies）和菲扎克利亚（Phizacklea）所指出的（1979：8），鲍威尔使"种族主义在英国备受推崇"。20世纪70年代，在鲍威尔的种族主义论调和极右派势力日益强盛的背景下，以及在美国黑人民权运动胜利的影响下，英国爆发了波及范围广且激进的反种族主义运动。

新近迁至英国的移民与爱尔兰移民后裔一样，都饱受种族主义的歧视和剥削。黑人和少数种族群体开始反对他们在英国资本家那里遭受的歧视待遇。在很多情况下，这些工人用辞职、静坐等方式反抗种族歧视，其中一个事例是，一位饱受虐待的巴士司机将巴士车直接丢弃在主干道上（Sivanandan，1982）。面对日常生活和工作场合所遭受的歧视与虐待，黑人和少数种族群体除了采用这种个体抗争行为外，还通过组织工会、社会主义运动以及组建自己的组织等方式来进行集体抗争。比如，1951 年在利物浦的一个军械厂里，工人成立了西印度联盟；1953 年，一个名叫印度裔工人联盟又成立了。不过，到了 20 世纪 70 年代，反抗种族主义的斗争越来越暴力化，此后十年里，黑人和亚裔青年与英国当局不断发生对峙与冲突。

在法勒（Farrar，2004）看来，红树餐馆事件审判是英国黑人和少数种族群体反抗日常生活中遭受歧视和暴力虐待斗争的一个重要转折点。1971 年 8 月，为了反抗"警察对弗兰克·克里奇洛（Frank Critchlow）（位于诺丁山的红树餐馆老板）的折磨"而爆发了斗争，当局逮捕了九名参与斗争的黑人，并对之进行了审判，这就是红树餐馆事件审判（Frarr，2004：224）。随后，警察试图逮捕支持示威抗议运动的英国黑豹（the British Black Panthers）组织的成员。尽管对于这九名示威者的指控罪行非常严重，包括"挑起骚乱和意图谋杀警官"，但是最后法庭还是判处九名示威者无罪释放。发生在红树餐馆的反抗事件说明，对于"黑人力量"的关注越来越强，正如吉尔罗伊（Gilroy）所言（1987：92—93），"在其他黑人文化娱乐场所——舞厅和酒吧里所发生的接二连三的暴力冲突事件"，进一步增加了外界对年轻黑人的恐惧。在吉尔罗伊（1987：93）看来，20 世纪 70 年代所发生的年轻黑人与警察之间的冲突事件，代表围绕保护被逮捕者，一种新的对抗形式和组织被建构起来了，包括在法庭外进行抗议。

> 法律被当做一种控制力量，它使用合乎宪法的和民主的方式进行控制。所采用的战略是努力展现和利用法律解决过程中的不同政治力量，为不同的批评意见创造表达的平台，其间还可以将主流的观念、地方的不满以及组织化社区的支持组合在一起。这种组合策略，以及法律体系内外同时抗争的手法，成为黑人运动政治斗争的主要手段。

整个 20 世纪 70 年代，在查珀尔敦（Chapeltown）、利兹、布里克斯顿和诺丁山，不断发生种族暴乱（Cilroy，1987；Farrar，1999，2004），有些暴乱是由警察的种族歧视行为引起的，而且媒体的种族歧视报道（移民是不劳而获，而白人工人阶级的穷困境地却被忽略了）也激发了"种族"仇恨。20 世纪 70 年代，媒体报道中歧视黑人和少数种族群体的典型标题是 1976 年《太阳报》的"600 镑丑闻与一周移民"（Scandal of £600 a week immigrants）（Ramamurthy，2006）。

171

在反种族主义运动中,除了上述的直接冲突外,还有其他斗争形式。比如亚洲工人更倾向于参加工会运动。不过,雷克斯认为(Rex,1979:85),西印度协会与亚裔社区在斗争政治上存在着很大不同,后者与英国阶级斗争政治具有极强的一致性。

　　亚裔社区的斗争政治与西印度协会存在很多不同。一方面,较之于西印度协会,亚裔社区在表达方式上更为英国化。亚裔传统文化能够较为容易地与社区关系委员会(Community Relations Commission)(现在重组为种族平等委员会)所提供的父权主义框架相吻合。印度劳工组织和马克思主义组织也想方设法力图使印度劳工更加英国化。

20世纪70年代,英国亚裔工人反抗雇主的斗争主要表现为一些影响大、历时长的罢工。其中最著名的两次罢工分别是:1974年5月莱斯特皇家打字机厂工人所发起的罢工,以及北伦敦根维克摄影器材厂亚裔女工所发起的历时两年的罢工。这些斗争在工人,尤其是亚裔工人与英国工会主义者之间制造了一种团结的气氛。

20世纪70年代,英国法西斯主义也有所抬头。由于国民阵线所获得的民众支持越来越多,导致有目的地攻击黑人与少数种族群体的现象也不断增多,尽管警察勉强承认这些袭击带有一定的种族主义色彩。国民阵线利用媒体中将年轻黑人描述为令人恐惧的袭击者的报道,扩大其法西斯主义的影响力(Nugent and King,1979)。与此同时,由于20世纪70年代日益恶化的经济危机,更加激化了白人群体与黑人和少数种族群体之间的矛盾。为了抑制势头渐起的国民阵线,左派开始组织起来反对法西斯主义和种族主义,而且在1976年社会劳工党的支持下,通过成立反纳粹联盟及摇滚反种族主义组织,进一步推动了反法西斯和种族主义的斗争。摇滚反种族主义组织是从文化角度挑战英国日益严重的种族主义,而且一些公开的反法西斯和种族主义声明是由很多摇滚明星做出的。摇滚反种族主义组织通过音乐杂志《临时围墙》(*Temporary Hoarding*)(创刊于1977年),以及举办一系列摇滚音乐会来传播其反种族主义的思想(Gilroy,1987)。

　　显然,这些反种族主义的运动与黑人和少数种族群体之间存在着一种团结一致性,同时在白人、黑人和年轻亚裔人之间的裂痕却不断加深——这种裂痕部分是由于种族疏离感引起的。来自加勒比海的年轻黑人对这种疏离感体会最深,且在一些媒体刊物如诺丁山的《草根》的推动下,进一步激发了这些移民黑人的文化

民族主义。法勒认为(2004：227—228)，与《草根》类似的出版物宣传一种"黑人所
渴望的，完全不同于白人的文化和社会生活"。在20世纪30年代牙买加黑人塔
法里教运动(Rastarafarian Movement)的影响下，文化民族主义取得了重要进展，
尽管它还"没有成为种族运动所举行的集会等形式的主要话题，但是却对年轻黑
人产生了重要影响，因为它表达了在白人主导的英国社会里，很多人所体会到的
深深的疏离感"。黑人运动的力量对新一代英国亚裔青年也有重要意义，因为这
些亚裔青年也开始将自己定位为政治地位上与黑人类似的群体，他们所经历的种
族主义歧视也与黑人和其他少数种族群体非常类似。与此同时，在运动过程中，
尤其在1976年，很多亚裔人被杀害，这也促进了新一代亚裔青年在政治上的觉
醒，使20世纪70年代后期亚裔青年反种族主义运动不断高涨。

1976年7月4日，由于苏豪的警察当局对杀害古尔迪普·辛格·扎嘎的凶手
处理不力，这成为亚裔青年暴动的一个直接导火索。出于对凶手的愤怒，以及警
察当局拒绝承认其在处理此凶杀案件上存在着种族歧视问题，当地的亚裔青年动
员起来了，进而形成了苏豪亚裔青年反种族主义运动。很快，这场运动又激发英
国其他城市亚裔青年行动起来，比如1977年布拉德福的印度裔进步协会，该组织
是在当地亚裔青年运动爆发后成立的。与英国其他城市的亚裔青年反种族主义
运动一样，布拉德福的亚裔青年运动也是20世纪70年代英国亚裔青年危机感的
体现。受黑人运动的影响，这些亚裔青年积极模仿英国黑人及少数种族群体所采
用的反种族主义斗争方式。正如拉马默蒂所言(Ramamurthy，2006：45)：

> 亚裔青年并不是仅仅将黑人视为肤色上的特征，而是将之视为一种政治
> 地位的象征，这种出发点对全英国的亚裔青年运动都产生了影响。"黑肤色"
> 这个词赋予斗争群体一种集体认同和团结，这不但体现在街头的反种族主义
> 斗争上，而且还表现在反移民法律中的制度化种族主义现象上。

当时，英国亚裔青年反种族主义运动具有包容性且是非宗教的，但20世纪80
年代，在调查1981年布里克斯顿骚乱的《斯克曼报告》(Scarman Report)出版发
表后，英国政府加大了对少数种族社区的资金投入，此举在一定程度上缓和了亚
裔青年的反种族主义运动(Scarman，1981；Barker and Beezer，1983)。政府在对
少数种族的资金投入中发挥了树立运动领导者的功能，通过此举可以将这些运动
领导者的力量管理起来，使其远离公然的政治行动。与此同时，政府通过分化统
治的策略，即政府不是给一定区域所有少数种族群体社区完全一样的支持，而是

173

根据少数种族群体社区的表现给予不同的资金支持。

法勒认为(2004:232),20 世纪 70 年代是一个重要阶段,因为在这十年里,"英国社会中的一个新社会行动者表达出了他们的决心:黑人公民发出了他们的战斗宣言,当局不得不对此做出回应"。英国政府的回应包括颁布 1976 年《种族关系法》,成立种族平等委员会以反对种族歧视和推进平等。法勒指出,70 年代黑人反种族主义暴乱还带来另外四个结果:认可了受压迫群体的权利,将他们归属为"独立自主的群体";制造了一种"日常生活的文化政治"(法勒认为 20 世纪 90 年代街头游行就是受此文化政治的影响);使新一代英国青年开始"推崇黑人文化",而且问题"种族"是一种被建构的现象;因此,"多元文化主义和反种族主义逐渐远离了生活在英国种族多元化城市里的青年们的日常生活"(Farrar,2004:232—233)。当然,法勒没有认为 20 世纪 70 年代末的英国是一个多种族融合的乌托邦。相反,他认为虽然英国反对种族主义的斗争发展不均衡,但是到 70 年代末,英国也不再是一个"种族主义者普遍横行"的国家。

法勒认为,根据曼纽尔·卡斯特尔的研究,20 世纪 70 年代美国所爆发的激进黑人运动可以通过如下概念进行成功地解释:"集体消费"需求、"认同"议题,以及"民权运动"(Farrar,2004:236)。不过,与拉马默蒂的观念一样(2006),法勒认为,1981 年在伯明翰、布里斯托尔、利物浦、伦敦以及曼彻斯特等城市发生骚乱后,保守党政府所采取的行为对激进主义运动起到了压制作用,使黑人社会运动转向一种碎片化、更具改革性,且以社区为基础的福利运动。

具有讽刺意味的是,20 世纪 80 年代保守党政府的行为制造了区隔与疏离,这又会进一步激起宗教极端主义,而且对依然在英国很流行的制度性种族主义如史蒂芬·劳伦斯案件几乎不起作用。[①]媒体及政界将为寻求庇护而来到英国的难民视为非法,这进一步增加了种族之间的疏离感。这些难民为了逃避本国的政治迫害、种族清洗以及战争而来到英国,他们将英国视为安全天堂。1997 年新工党上台执政后,继续将难民移民问题化,新工党政府认为必须防止以寻求庇护为幌子而试图进入英国的经济移民。与欧盟新近出台的严格的反移民政策一样,英国

174

---

① 史蒂芬·劳伦斯(Stephen Lawrence)是一个年轻黑人,他在 1993 年被种族主义者杀害。警察调查了五个年轻白人嫌疑人,但没有一个受到指控。劳伦斯的家人对这五个人提起了诉讼,但法官裁定指控这五个人的证据不足。后来,在高等法院法官威廉·麦克弗森爵士(Sir William Macpherson)的主持下,政府对案件重新展开了调查。1999 年公布的调查结果显示,这个案件的侦查过程存在着不称职、制度性种族主义等问题。——译者注

政府也制定了驱逐移民出境的目标(Fekete, 2005)。不过,随着美国和英国发起针对伊斯兰原教旨主义的战争,积极支持以色列镇压巴勒斯坦,这些全球的变迁对于英国青年回到社区而安分守己起到了重要作用。正如拉马默蒂(2006:57)所指出的,全球形势对亚裔青年运动成员如何定义自己产生了重要影响:

> 在大多数亚裔青年运动成员看来,比如克什米尔人和印度锡克教徒们,黑人政治身份与其文化和宗教属性之间几乎没有冲突。但近年来,全球形势出现了变化,主要表现在英美基督教原教旨主义的兴起及其对犹太复国主义的支持、印度民族性的兴起,以及伊斯兰教组织的发展——部分是在冷战期间美国人所支持培育的伊斯兰教群体基础上形成的。到20世纪90年代,这些对前亚裔青年运动成员如何定义自己产生了影响。

于是,原来基于肤色特征上的种族主义转变为新的以宗教和文化为基础的种族主义。近年来,伊斯兰恐惧症(islamophobia)成为种族主义的新表现,这强化了穆斯林青年的疏离感。西瓦南丹认为(Sivandan, 2006:7),造成这种疏离的原因在于,西方国家将"控制难民移民的战争"与"反恐战争"统一起来,而且国家工作的重点从关注"人民的社会福利"转向关注"企业的经济福利"。西瓦南丹认为,这种优先考虑"企业价值"是以牺牲"道德价值观"为代价的,价值观上的变化已经导致穆斯林青年开始"不但将伊斯兰教作为一种信仰体系,而且还将之视为一种运动"。

平等的21世纪?

雷克斯认为(1979),英美两国的黑人民权运动存在着很大的差异。比如,在英国没有形成"美国风格"的黑人民权运动,即成立了全国性组织如全国有色人种协进会(NAACP)以展开运动。唯一类似的是,英国有一个短期的反种族歧视协会。英美两国差异形成的部分原因是由于两国政治组织的差异,这尤其表现在政治机会上,美国的宪法为反抗种族歧视运动提供了合法框架。在过去,英国的社会运动在通过司法审查过程来挑战政府权威上所拥有的机会是有限的。从1966年成立欧洲人权法院(ECHR)以来,直到1998年英国才通过了《人权法案》,并首次将《欧洲人权公约》(*The European Convention on Human Rights*)内容纳入到英国人权法律之中,从而为英国反抗歧视社会运动提供了新的机会。所以毫不奇怪的是,从 2000 年 10 月 2 日《人权法案》生效以来,出现了大量不同种族人群寻求人权司法保护的案件。

不过,尽管 1998 年《人权法案》或许是英国社会运动有力的斗争武器,尤其是在反抗不公平待遇如法律上强制驱逐寻求避难者上,该法律还是存在着诸多不足,从而限制了其影响力。正如韦伯(2001)所言,该法案的主要缺憾在于,它规定公司也是有人权的,换言之,跨国公司与社会个体一样是无权无势的,需要政府进一步的保护。而且在辨识某人是政府所反对的寻求避难者还是被政府误认为的恐怖分子时,政府有决定权。但是《人权法案》确实也提供了基本层面的人权保护,对一些群体而言,此种保护虽然有限,但却是必需的。

> 不过,企业可以自由印刷刊物传播名人八卦,以自由名义为烟草产品大做广告,并且在因计划不力而使其财产"人权"受到损害的情况下,也能够得到补偿。在我们这个社会,对一直是警察和移民管理部门所排斥和关注对象的弱势群体而言,人权保护高高在上,与底层需求相差甚远。
>
> (Webber,2001:92)

结　论

20 世纪 50 年代和 60 年代,来自新英联邦国家的移民不仅薪水低廉、居住和工作条件恶劣,而且还饱受种族主义歧视。极右主义运动使"种族"矛盾冲突更加剧烈,英国政界和种族主义媒体向政府施压,迫使其修改过去的移民开放政策,并对"种族"和"种族关系"议题实施全新的控制政策。20 世纪 60 年代末 70 年代初,伊诺克·鲍威尔的种族主义论调、法西斯组织国民阵线的兴起,以及简单粗暴的移民政策,都激起了青年黑人和青年亚裔的反抗。受到美国"黑人力量"及黑人民权运动的成功与战略的鼓舞,这些青年人向英国社会中的法西斯主义和种族主义提出了挑战。他们组建了左翼组织,如反纳粹联盟和摇滚反种族主义组织,以反抗英国很多城市里日益严重的法西斯和种族主义问题。整个 20 世纪 70 年代,他们与英国警察之间的对抗一直都没有停止,并在 1981 年达到了高峰,引起了大范围的骚乱。在调查 1981 年布里克斯顿骚乱的《斯克曼报告》发表后,撒切尔政府开始实行社区支持计划,将这些青年分散到他们各自的社区中,鼓励不激进的争取福利的社区运动。不过,尽管 1998 年颁布了《人权法案》、2006 年出台了《平等法》，但是英国的种族主义问题依然没得到有效解决，相反，近年来的反避难移民和反恐战争又激发起"种族主义"和"宗教"仇恨，并且进一步增强了英国社会对黑人青年和少数种族群体的疏离。

根据社会运动理论，反歧视运动（如黑人和亚裔民权运动）、妇女解放运动以及最近的残疾人运动，都成功地将公民权作为其向国家提出诉求并改变其受歧视遭不公平待遇的合法框架。20世纪70年代，不公平感在警察与黑人和亚裔青年之间的对抗中得到了体现，这些黑人和亚裔青年在日常生活中饱受警察的骚扰和刁难。在这些斗争运动过程中，黑人运动分子形成了一种新的斗争手段，即他们将法庭作为政治平台来表达他们的要求，从而与法庭外抗争人群里应外合。在这种情况下，法律成为反抗种族主义的一个工具。

卡斯特尔关于都市社会运动的研究对于我们理解20世纪70年代激进的黑人民权运动同样有效。这场黑人民权运动不但建构了广泛的黑人文化认同，而且也动摇了白人社会对黑人和亚裔青年的主流认知，以及对他们的排斥。法勒指出（1999，2004），根据卡斯特尔的定义，20世纪70年代的激进黑人民权运动就是一场成功的都市社会运动，不过到了20世纪80年代，政府的招安政策破坏了这场运动，从而使之转向社区运动。这不但加大了亚裔青年、黑人青年与白人青年之间的鸿沟，而且也使这些社区内宗教认同的重要性日益增强。

拓展阅读

马克斯·法勒（Max Farrar）在两篇文章中对20世纪70年代和80年代的亚裔青年运动进行了精彩的讨论，这两篇文章分别载于：巴格雷（Bagguley）和豪恩（Hearn）编写的《多种族聚居的贫民区里的社会运动：25年来的兴衰》（Macmillan出版社1999年版）；托德（Todd）和泰勒（Taylor）编写的《社会运动与种族抗争》（Merlin出版社2004年版）。

皮特·弗兰亚（Peter Fryer）在其著作《保持力量：英国黑人历史》中，对第二次世界大战后英国黑人和少数民族移民历史进行了精彩研究。

艾姆伯拉威诺·西瓦南丹（Ambalavaner Sivanandan）的著作《一个不同的渴望：黑人抗争叙事》（Pluto出版社1982年版）是研究黑人抗争运动的经典作品。

实用网址

2007 年,种族平等委员会、平等机会委员会和残疾人权利委员会被撤销了,取而代之的是平等和人权委员会:www. equalityhumanrights. com

英国穆斯林协会:www. mcb. org. uk/

英国难民行动,是指与难民一起努力,帮助难民在英国建立新生活的行动:www. refugee-action. org. uk

难民委员会:www. refugeecouncil. org. uk

第十章
保护环境：生态福利运动

导言：社会运动与环境福利

我们将在本章集中讨论环保主义在社会福利理论和实践层面的贡献。首先，我们将讨论过去几十年里环保运动的演化过程及其影响。然后，我们将借鉴环保社会政策制定者和学界的观点来重新定义生态福利。接着，我们将讨论 20 世纪90 年代的反马路运动，因为它是生态福利主义斗争的一个主要例子。根据社会运动理论，我们分析了发生在格拉斯哥的反对拓宽 M77 号马路的抗议运动，通过个案研究展示出社会议题和环保议题是如何以一种创新形式被联系在一起的，进而使社会运动逐渐摆脱政治批评传统而焕发新的生机。我们认为，这些方面的实践是进步性环保社会福利政策出台的前提条件。

环保主义：社会运动和我们的当代哲学？

作为一种有活力的社会运动，同时也作为一种政治意识形态，环保主义包括很多竞争性且多元化的组成部分（Pepper, 1996；Dobson, 1997）。各种政治团体组织，压力团体、保护协会、非政府组织、抗议运动组织、单主题抗议运动组织，以及环保运动的参与者和领导者等，他们相互之间在运动策略、战略以及运动组织方式上常常存在着分歧和内部的争论。尽管如此，大部分环保主义者都支持的共同议程首先是集中批判占据社会主流的理性主义（Promethean rationality），以及经济增长与利润优先的原则，因为这些已经损害了现代社会的发展并且给地球生态体系带来了灾难性危机；其次，需要在长期可持续发展的基础上重建人与自然的关系，必须认识到这个世界的所有生命都是相互联系的。

21 世纪早期，环保运动带有"新"社会运动的鲜明特色和斗志，而"新"社会运动是在 20 世纪 60 年代末期、70 年代早期兴起的激进型暴力抗争的基础上发展起来的。污染、资源枯竭、物种灭绝、生境破坏、人口膨胀以及全球变暖等等,在最近几十年里,都已经从社会政治舞台的边缘转变成为当代文化和世界各国政府所广泛关注的中心议题,同时这些问题也为环保主义提供了存在的理由。通过不断地将这些议题置入公共领域中,环保社会运动已经成功地普及了这样的科学知识,即工业经济和消费资本主义(对人类生活和非人类生活一样)将对生态环境形成破坏,这促使人们去探索新环境科学以保证社会和经济发展的可持续性。公众也清楚地认识到,需要养成"绿色生活方式"(比如循环利用、节约能源等),并在发展、市场以及消费领域,大规模地扩展"环境友好型"产品。有关环保问题的文章、环保艺术时尚以及环保运动组织,如绿色和平组织和地球之友等抗议压力团体,也都迅速地增长;另外,相对保守的环保游说组织,如国民信托(National Trust)和皇家鸟类保护协会(Royal Society for the Protection of Birds),在环保事业上所起的作用大大超过了主流政治团体(Rootes, 2003)。

在政治领域,关注环保问题为 20 世纪 80 年代新成立的绿党赢得了很多选票,而在澳大利亚、德国、瑞典、比利时、卢森堡以及荷兰等国家则表现得更为突出,绿党借此赢得了议会的重要席位。在英国,绿党面临着更加困难的境地,因为在英国普选中实行的是得票多者当选议员的选举制度(first past the post)(Rootes, 1992),但在欧洲议会和苏格兰议会选举中,绿党还是取得了有限胜利,因为这两个地方实行的是比例代表制和在地方政府层面上的选举制度。即使在一些尚未形成国民议会制的国家如英国,环保运动依然成功地使传统政党组织与绿色组织协作,如新工党与(新)保守党,以对环保议题进行讨论。这对政府在国际和国内层面上的政策制定产生了连锁影响,为了保护生态自然环境,控制污染、废料和农药的使用,以及管理绿地使用和城市规划,政府在环保领域的立法急剧增加。在全球范围内,绿色环保组织也取得了一些成就(尽管存在着分歧且没有达到环保运动的预期核心目标),分别在里奥(Rio, 1992)、纽约(1997)和约翰内斯堡(2002)举行了地球峰会,全世界各国首脑齐聚一堂共同商讨保护地球生态环境的方式。2005 年《京都协议》(签订于 1997 年)正式生效,所有签约国家承诺将碳排放量减少至 1990 年的水平,以应对全球气候变暖。

社会运动理论家如戴泽克(Dryzek)等人认为,过去伟大的社会运动竭力将其利益诉求融入到国家的核心权威中,从而给现代国家和社会带来了翻天覆地的变化。不过较之于这些伟大的社会运动，当今的环保运动同样具有重要意义。这些社会运动理论家认为，为了实现自我利益的最大化，中产阶级对封建制度提出了挑战并建立了自由国家制度；类似地，工人阶级为谋求政治合法地位对资本主义国家提出了挑战并建立了福利国家体制；所以环保主义对现代国家提出了挑战，促使其接受新的环境保护理念，从而实现经济和政治上的现代化。戴泽克等人认为，这将在历史上创设一个新型国家——绿色国家。在环保主义社会评论家看来，戴泽克的论点是一种国家中央统制论，生态现代化的过程应该覆盖社会的所有部门，尤其是经济领域（Young，2000；Mol and Sonnenfeld，2001）。

在多布森（Dobson）（2003）看来，蕴含激进环保思想的生态主义创造了一种全新的公民身份，超越了传统的以自由权和公民共和主义为基础的公民身份概念。多布森所说的"后世界主义"公民身份，是从事环保的全球公民，其权利和责任超越了传统民族—国家的界限，也将公民权内涵不再局限于传统的私人家庭范围，而将之扩展到了公共领域（与此类似的是，强调个体政治的女权主义；也可参见迪安在 2002 年关于生态社会主义公民权的讨论）。在其他社会运动理论家看来，当代环保运动的发展意味着"西方文明"转向了一个"新阶段"（Grove-White，1997），不同的阶段可以称为后工业化社会、后现代化社会，或者说风险社会、网络社会（Castells，2000）。

或许人们对于过去几十年环保运动所取得的显著成就并不认同，对于环保政治行动在反抗贝克所言的资本主义体系"有组织的不负责斗争中"（1992）所起到的关键作用也有不同意见，但环保主义已经成为激烈批判资本主义（比如在当代全世界范围内反资本主义运动中都有环保力量）所采用的主要意识形态框架。在当代，对旧社会运动（劳工运动、女权主义运动、都市社会运动等等）来说，通过框架重组（frame realignment）从而与环保主义主要框架相一致成为重要的斗争动员手段（Snow et al，1986）。当然，环保主义运动也遭到了很多组织的强烈反对，这些反对者既有代表企业利益的组织，也有不同意风险社会观点的评论者（Furedi，2002；Taverne，2005）。他们自相矛盾地反对无可辩驳的科学证据，即人类使全球变暖，他们借文明之名致使环境恶化（Rowell，1996；Monbiot，2006）。正如约翰·保罗·萨特（2004）在其 20 世纪 60 年代的著作中将马克思主义描述为"那个时代的哲学"一样，可以说，环保主义是 21 世纪的哲学。

环保社会福利：走向生态福利主义吗？

上文已经说明，第二次世界大战后，英国福利国家建设是围绕社会福利展开的，将就业、教育、医疗、住房和普惠型社会保障体系置于中心位置。20世纪50和60年代，争取建设福利国家的社会运动（其中以劳工运动最突出）成为获得少量社会正义的固定模式，意图在于竭力深化和扩展社会政策的作用边界。不过，20世纪60年代后期和70年代早期，福利国家和福利概念的传统内涵显得越来越不合时宜。那时的"新"社会运动指出，福利国家体制和社会福利概念过于狭隘了。女权主义运动和其他各种争取少数种族群体权利的运动坚持认为，由于白人和男性工人享有优待，而妇女和少数种族群体受到歧视，这使普惠型福利国家并非名副其实，相反，福利国家体制的大众化属性却显示出该体制差异性大、官僚化、缺乏弹性且是受控制的。当代的环保主义对传统社会政策依赖的社会福利概念提出了多角度的批评，因为此概念没有被正确地认识到：

1. 生活质量是社会福利的重要议题。从这个角度来说，过去的社会福利概念通常仅仅关注经济福利以及消费者的物质需求。生活质量扩展了福利概念，使之覆盖到了社会成员个体在社会、身体及心理方面的福利——当然这依赖于社会成因个体满足基本需要的能力（及其生活社区的能力），但同时也需要培养社会成员的个人态度、树立生活目标、形成社会关系网络，进而享受生活。而保持良好的自然环境就是高质量生活的一个内在组成部分（Cahill，2002）。

2. 社会服务、医疗福利、住房福利、教育福利以及社会保障等福利的提供需要有可持续性。可持续概念影响力很大，最初来自于《布特兰报告》（Brundtland Report）（联合国，1987：8），此概念针对的是目前我们的发展情况，即"只考虑满足当下的需求，而不考虑子孙后代需求的满足"。

3. 整合型社会福利视角（与过去不同，过去传统的视角是坚持区隔型的社会福利）。绿色环保运动认为，对于社会福利而言，认识到社会政策领域之间是相互决定的，这至关重要。巴里和多尔蒂（Barry and Doherty，2002：126—127）给我们举了一个生动的例子："住房政策与交通政策及医疗（包括精神医疗）政策密切相关，因为住房能够影响到人们的健康水平。住宅的兴建常常需要考虑交通政策的影响，如马路建设项目、土地使用和规划等，这些都对社会成因健康和福利以及自然世界产生重要的影响。"

4. 创造机会实现社会福利提供主体多元化，通过发展参与民主，第三部门以及社会企业等形式来强化地方组织在福利提供方面的作用。地方自治是绿色环保运动政治理论的关键内涵，他们对权力转移的前景进行了多次讨论。绿色环保运动最著名的口号是"脚踏实地、心系天下"(act locally and think globally)，与此同时，这也反映出环保运动试图实现运动的全球化互动。正如霍格特(Hoggett, 2002:145)所言，在美好社会(good society)的理想图景中，"生态福利主义"是其重要组成部分，这主要指的是"人与人之间以及人与自然之间的关系质量所带来的福利"，生态福利主义理想只有在民主分权体制下才能付诸实施，而通过主流的代表体制是完全不行的。

在社会福利政策领域中的环保社会科学家和环保主义者看来，社会福利的理论和实践都需要根据"生态福利主义"重新定义：(社会福利)是一个关于人类与地球的总体性概念，与以社会正义为中心的传统概念相比，社会福利概念应该将可持续、生活质量以及参与式民主置于中心地位。

环保运动如何影响福利政策制定的一个突出例子是《二十一世纪地方议程》(*Local Agenda 21*)。1992年的里奥地球峰会上，参会国签署了关于全球可持续发展宏伟蓝图的《二十一世纪议程》，而《二十一世纪地方议程》则是其中的一个组成部分。在生态福利主义方面，《二十一世纪地方议程》坚持：

> 全球所有国家都应该在消除贫困问题上通力合作，将消除贫困作为可持续发展的必然要求。而合作的目的在于减少各国在生活标准上的差异，从而更好地满足大多数人的需求。

（联合国，1992:10）

而且：

> 环境保护需要全体公民的参与。在国家层面上，全体公民应能够从政府当局获得有关环境方面的信息，包括社会中危害环境的物质和行为，以及决策参与机会等方面的信息。国家通过广泛地提供信息，从而为公众认识环境问题提供便利，并鼓励其参与环保事业。国家要提供有效的司法和行政程序，包括补救和修正措施。

（联合国，1992:11）

183

这些明确规定的原则具体表现在消除贫困、提高生活质量、增强民主制责任以及地方环保自治等方面的政策制定,这些政策的目的在于实现全球可持续发展。当然,对于签署《二十一世纪议程》的国家而言,这些原则只是名义上的承诺。不过在环保运动看来,这些国家所做出的承诺具有重要意义,因为这说明世界上已经有很多国家开始接受或者至少已经认识到可持续发展的重要性,同时这也为环保运动提供了一个运动基准。环保主义运动的目标是关注里奥及其他几次地球峰会后各国的环保成果,签订国际环保协议就是为了迫使各国竭力兑现承诺。

在《二十一世纪地方议程》文件中有一个重要条款,即"地方政府应该与当地公民、组织机构以及私有企业建立沟通对话机制,以共同制定一个适合当地的二十一世纪议程"(联合国,1992:402)。《二十一世纪地方议程》要求地方政府在决策过程中要"公开商讨并达成共识",从"公民、地方组织、公民组织、社区、商业组织以及企业组织"中吸纳征集意见,从而获取对"可持续发展战略制定最有帮助的信息"(联合国,1992:403)。《二十一世纪地方议程》继续指出:

> 商讨过程将会提高普通百姓对可持续发展的认识。在实现《二十一世纪议程》规定的目标上,地方政府与之相关的项目、政策、法律法规应该经过评估并可以调整修改,从而使其发展规划被百姓所接受。而且可持续发展战略不但体现在地方支持的项目上,而且要体现在国家、地区以及国际性项目上。

(联合国,1992:403)

在里奥地球峰会后,《二十一世纪地方议程》对英国的地方政府产生了很大影响。英国地方政府认为,他们的项目自然是受欢迎的,而且社会和环保议题之间过去就存在着联系,最早可追溯到 19 世纪的公共医疗保健运动。实际上,认为现代环保运动植根于保护性协会,并认为它起源于维多利亚时期由地方政府发起的公共医疗保健,这种观点是值得商榷的。在英格兰,成立于 1865 年的公有地保护组织(the Commons Preservation Society)是第一个全国性的环保组织——其目标是保护公众进入空地和绿地的权利,所以其首要功能是提高都市工人阶级的生活质量(Rootes, 2008)。在执行旨在整合社会政策和环保政策的《二十一世纪地方议程》的过程中,英国每个地方政府的执行程度并不相同。在这个过程中,培养社区对可持续发展议题的认知、进行环境审计,以及社区代表和第三部门在消除贫困和提供环境舒适度上通力合作等,都是其中的组成内容(Cahill, 2002:20—45)。

当然,在重构福利如生态福利的道路上,会有很多结构性阻碍——其中最突

出的阻碍是追求经济增长及相关基础设施发展的系统化经济动机。比如 20 世纪
90 年代,地方政府一方面忙于履行《二十一世纪地方议程》的协定,另一方面还要
执行中央政府在《1989 年交通白皮书》提出的当时最庞大的马路建设计划。这个
马路建设计划的投资将达到 230 亿英镑,而这与《二十一世纪地方议程》的协议内
容直接冲突——该计划将会破坏和污染当地的建筑环境和绿化空间,为人们享受
自然制造了阻碍。更严重的是,马路建设项目倾向于牺牲最贫困社区的利益,因
为规划中的市区马路通常是穿过这些社区的,而那些穷人根本没有汽车,因此这
些马路建设对他们毫无用处。新马路建设计划是开车上下班族以及交通运输企
业游说下的产物,即使政府部门对新马路建设进行科学的分析,结果还是会产生
更多马路建设的需求(SACTRA, 1994)。

保护环境福利:反马路运动

地方社区动员起来捍卫其生活空间,反对外界的干扰和侵入,形成了发
展最快的环保运动斗争形式,从而直接将人们所关注的环保议题联系起来。
这种环保运动是地方性的,虽然它不必然是地方性的,但它通常肯定地方居
民维护生活质量的权利,反对企业和官僚的利益。所以地方性环保运动提出
的问题包括:一方面,马路建设项目对低收入社区和少数种族居住区而言是
无效的;另一方面,在空间征用决策上不公开透明。

(Castells, 1997:115)

185

在里奥全球峰会后,英国公众对环保议题的认知有了极大的提高,地方政府
也强调要根据《二十一世纪地方议程》的协议赋权于社区,所以 20 世纪 90 年代中
期,英国政府大规模的马路建设计划自然引发了大规模抗争,这一点并不令人意
外。或许让人感到意外的是,抗争迅速发展成为最具对抗性的运动,并且成为从
20 世纪 80 年代后期人头税反抗运动以来,成功影响政府政策的另一个运动。
1992 年,在特怀福德(Twyford)爆发了反对汉普郡 M3 高速公路的抗议运动,这
为未来几年的反马路运动奠定了基调。在长期的法律申诉无效后,大量"在地方
有地位"的反对者与激进的生态主义者联合起来,进行集体非暴力直接抗议行动
(NVAD),所采用的方式包括树坐抗议(tree sitting)、破坏机器以及集体扎营
(group trepasses)等。他们的抗争行为触犯了法律,与马路建设项目保安人员直

接发生肢体对抗,导致很多人被警察逮捕。这些事件成为新闻的头版头条,吸引了大批媒体前往马路建设工地,从而对这些抗议运动起到了积极的宣传作用,也推动了以后几年相关抗议运动的发展(Porritt, 1996)。随后,以特怀福德高调的马路抗议运动为模板,伦敦地区的旺斯特德和莱顿(1994 年,反对 M11 号马路的运动)、巴斯(Bath)(1994 年,反对 A36 号巴斯顿公路)、格拉斯哥(1994—1995 年,反对 M77 号公路)等地区都爆发了类似的运动。另外在英国,围绕马路建设还发生了大量小规模的抗议运动。这些运动通常以戏剧化的方式来表达其需求,运动涉及的主题包括生活质量、民主、规划、贫困以及可持续发展等有关生态福利的方方面面。

20 世纪 90 年代,反马路运动达到了高峰。一个名为警戒英国(Alarm UK)的全国性反马路组织有 300 个左右的分支运动团体且遍布于英国全境。由于警戒英国在反马路运动中立场强硬,而且明确支持采用 NVDA 方式,所以该组织在地方反马路群体与激进生态环保主义者之间搭建起一个连接的桥梁,而之前生态环保主义者通常与新成立的"厌恶组织化领导机构"的地球优先组织(Earth First!)以及奉行无政府主义的环保团体收复街道联盟(Reclaim the Streets)进行合作(McNeish, 2000)。在反马路运动中,所有这些激进群体通过直接行动而发挥了重要作用。

在争取自身权利过程中获得成功的环保运动为数不多——喔士利森林运动或许是其中最重要的一场胜利,这场运动的胜利依赖于人们在马路开工建设之前就威胁采取大规模的直接行动。到 1997 年,面对大选临近的政治压力以及财政压力,已经极度不得民心的保守党政府开始削减公共开支,其中马路建设开支预算削减幅度超过 2/3,只剩下 60 亿英镑的预算。在新工党政府上台后就发布了《道路评估报告》,进一步削减道路建设规模,而且《道路交通改善法案》(*Road Traffic Reduction Bill*)规定,到 2010 年将实现削减 10% 的马路建设规模,该法案在 1998 年正式生效。一些引发争议的马路建设项目依然保留了下来(比如,伯明翰北部缓解交通压力的疏导马路在 2003 年完工,以及虽然遭到反 M74 号联合行动组织的反对,但目前依然在建的格拉斯哥 M74 号马路扩建工程)。20 世纪 90 年代后期,反马路运动至少取得了暂时胜利——以至于在 1999 年警戒英国组织遍布全国。反马路运动的兴起正当其时——当时对激进绿色环保运动的政治机会结构(Tarrow, 1994)是相对开放的。不过与之前的保守党政府一样,新工党政府也屈从于马路建设游说组织的强大压力（该组织属于英国工业联合会），21世纪初，新工党政府宣布了一个庞大的公路交通建设计划，并大幅度增加英国高速公路建设局的预算。面对这种情况，那些已经退隐的、在20世纪90年代甚为风光的反马路抗争者不得不"重出江湖"，并表示将重拾直接行动的斗争武器（Sadler，2006）。

案例研究：生态福利主义者的实践——反 M77 号公路扩建计划的抗争

今天，我们相信地球面临着巨大的生态破坏。反对纵容此类破坏生态暴行的各种政府行为，以及保障未来生活的安全，既是我们的权利，也是我们义不容辞的责任。……我们竭力与英联邦王国政府以及斯特拉思克莱德区地方议会保持良好的关系。但英联邦王国政府以及斯特拉思克莱德区地方议会的做法并不民主，他们提出的《刑事司法与公共秩序法》（*The Criminal Justice and Public Order Act*）和 M77 号公路扩建方案具有破坏性和压迫性，非常不受欢迎，而且在面对我们的合理诉求时，他们的做法非常不合理。这迫使我们别无选择，只能与之进行分离对抗，从而将我们的未来掌握在自己手中。

（《波拉克自由联邦人民的独立宣言》，1994 年 8 月 20 日）

时至 1995 年 1 月至 3 月，反对在格拉斯哥南部进行的投资达 5 300 万英镑的 M77 号马路扩建计划的运动（历时 25 年）达到了高峰。居住于当地公共住宅（council estates）的民众与环保主义者联合起来成立所谓的波拉克自由联邦阵营，采取各种形式的直接行动反对马路扩建计划。警察和保安队与抗争者进行斗争，很多人被逮捕。苏格兰的媒体也乘机落井下石，他们通过主导民意调查，将赞成游说团体观点的人塑造为英雄，而将反对者塑造为恶棍。在苏格兰，这是第一次围绕政府马路建设项目而引发的对抗性环保主义行动，而在整个英国，它则是紧随特怀福德反马路运动之后发生的。在苏格兰历史上，M77 号马路扩建计划除了遭受到当地居民的强烈反对外，它无疑也是最具争议的一个马路建设项目。该项目使格拉斯哥执政工党中的地区议会和地区市政局发生了意见分歧，而且该项目的路线使之成为一个具有国际影响力的环保事件，因为它不但侵害了很多公共住宅居住者的利益,而且还破坏了波洛克遗产(Pollok Estates)中具有重要历史意义的绿化带。1939 年,约翰·马克斯韦尔爵士将 1 118 英亩的地产捐赠给格拉斯哥当地人民,成为当地优美环境的"永久"象征,而这块地产的维护则由马克斯韦尔创办的苏格兰国家信托基金会进行管理。这块地产具体包括波洛克府邸、波洛克国家公园以及世界著名的汇集了古董和艺术品的伯勒尔(Burrell)收藏馆。

M77 号公路扩建计划是在《格拉斯哥公路规划》中(格拉斯哥城市建设公司,1965)首次出现的,马路主体在格拉斯哥南部,通向艾尔郡,这个想法源自于 1946 年的《克莱德谷地方规划》(the Clyde Valley Regional Plan)。20 世纪 70 年代,居住在考克黑尔(Corkerhill)公共住宅的人们最先发起了抗议运动,他们立足于社会正义,要求政府别在波洛克公园(这是考克黑尔主要的休闲场所)修建马路。到了 80 年代,这股反对力量通过与城市环保运动及公共交通运动分子的联合而得到了快速发展。城市环保运动及公共交通运动分子被 1988 年出台的《地方公共咨询方案》(the Public Local Inquiry)中的法律补救问题折磨得焦头烂额。1988 年《地方公共咨询方案》报告指出:"考克黑尔地区有很高的失业率,到处是贫民窟,而且疾病流行。可以说,几乎没什么社区设施和'环境'值得 M77 号公路建设计划去破坏的了。"(SRC,1988:65)不过,M77 号马路建设确实会对考克黑尔地区带来五大负面影响:噪音、空气污染、视野障碍、视觉侵扰以及移动阻碍(SRC:114—116)。尽管如此,该报告依然支持马路建设计划。最后,到 1994 年,反马路运动分子成立了阻止艾尔郡马路建设(STARR)联盟,从而使运动达到了高峰。该联盟总共有 20 多个不同社区、环保组织、福利协会以及公共交通压力团体参与其中。起源于 70 年代的一场规模小且影响不大、以追求社会正义为主要目标的社区抗争已经发展成为一场规模较大的冲突抗争,而其中的社会议题基本上被框定在环境问题上。随着时间的推移,运动发展到了不同的阶段,同时由于新运动分子、新运动组织以及新游说群体参与其中,从而导致了框架整合过程的出现(Snow et al,1986;Snow and Bedford,1992)。

在反 M77 号公路扩建计划运动的最后阶段,波洛克自由联邦是运动的中心阵地所在。它由格拉斯哥的地球优先组织与成立于 1994 年 6 月的当地反马路运动组织 STARR 联盟联合组成,该组织直接在规划的马路建设线路上建设营地。此举是对《刑事司法与公共秩序法》(The Criminal Justice and Public Order Act)的公然反抗,因为《刑事司法与公共秩序法》的条款不但对民众集会、抗议、游行以及不合传统的生活方式的权利做出了严格限制,而且还解除了民众被捕时可以保持沉默的权利。

1994 年 8 月 20 日,经过几个月的"工事建设",自由联邦成员建造了防御和生活宿舍之后,宣布从英国中独立出来,并且开始给那些"持有共同信念、理想以及追求"的人发放护照,一起捍卫其环境和自由免遭马路和《刑事司法与公共秩序法》的破坏,因为它们既不符合可持续发展的环境要求,也是不民主的(PFS,1994:1)。接下来的几个月里,领取自由联邦护照的人超过了 1 000 名,自由联邦成为一个创新抗争运动的聚集地。苏格兰、英国,甚至欧洲和世界其他国家的一些人都聚集到这里,接受关于非暴力直接抗议行动方面的培训,参加生态破坏方面的演习,以备在最后时刻与国家和马路建设者决一死战。同时,他们也不可避免地参与政治、意识形态以及环境方面的争论,同时与社会各界如 STARR 联盟、激进左翼政治组织(最突出的是苏格兰武力工党——苏格兰社会主义党前身),以及绿色环保组织(最突出的是地球优先组织)进行讨论,表达自己的观念,这成为自由联邦生活的流行特征。这种讨论对话内容混杂,综合了反无政府主义和广义生态学的内容,这些内容是自由联邦中的生态保护主义者、地方社区中持社会主义立场的工人阶级和左翼群体的主要观点。《波洛克自由人民大学宣言》指出:"本大学授予的学位是一种证明,即自由联邦推动下的对话是有意义的。"(Habermas,1987b)

1995 年 1 月,在抗议者和媒体上已经有很多传言,即马路建设工程即将开工,自由联邦和其他四个小的居点将会被摧毁驱逐。建立居点的抗议者们和其他一些支持者开始通过打树钉①来阻止滥砍乱伐,同时还采取设置路障、架设高架走道以及搭建树屋等方式,以做好最后决战的准备。在规划马路的沿线,"小心"(look-outs)的标语早已经贴好,以作为一种警示体系说明游行队伍随时可以集结出发,与马路施工者展开对抗。在《预言者》(*The Herald*)中,莱恩(Laing)对抗议者的行为提出了批评:

> 当马路施工人员进入示威区域时,反抗者就会吹响集结号,数小时之内将会聚集起 200 多人。直接行动蓄势待发,而且参与其他抗议运动的活动成

189

---

① 打树钉是指在不给树木造成伤害的前提下,向树木中钉入异物以降低其经济价值,以此阻止滥砍乱伐。——译者注

员已经答应,将对格拉斯哥抗争运动施加援手。反 M77 号马路运动尽管失败了,但它将被作为一件大事载入 1995 年抗争运动的历史中。不过,它的确是环保运动中不光彩的一页。

直到 1995 年 2 月,示威者与马路施工者之间才爆发了第一次严重冲突。温佩建筑公司加强了保安力量以保护其建设项目顺利开展,但 2 月 2 日那天,12 名保安与抗议者在著名的"波洛克庄园"的树林中发生了冲突,这距离马路扩建的终点牛顿莫恩斯不远。抗议者用链子将自己拴在伐木机器和运输工具上,以阻止温佩公司的施工并迫使其撤离。在最初的冲突中,警察并没有卷入其中,维护马路建设计划的力量尚小——所以,抗议者节节胜利。但是温佩建筑公司吸取了失败的教训,并开始请大量的警察和保安人员来维护工程施工。尽管两天后,反马路示威者又取得了胜利:当时,苏格兰事务部部长艾伦·斯图尔德(Allan Stewart)任伊斯特伍德(Eastwood)保守党下院议员,与一帮手持镐的抗议者直接对峙而发生冲突。民众对他的行为大为不满,最终迫使他在 2 月 7 日辞职。从那以后,意图阻止施工的直接行动更激烈了,当地警察开始逮捕这些抗议者,于是反马路的抗议者们开始成为格拉斯哥郡法院的常客。这些被捕的抗议者面临两难选择:如果想获得假释,那么必须停止靠近、阻碍以及干扰温佩公司的施工;如果拒绝此假释条件,那么他们就要被囚禁在巴拉尼(Barlinnie)监狱等待审判。随着时间的推移,当地政府发现,此举有力地打击了反马路抗议运动采取直接行动的势头。

1994 年 2 月 14 日,在波洛克自由联邦营地,一场激烈的冲突爆发了。由 200 名警察(在一架直升飞机的支援下)、150 名保安组成的队伍,与开着推土机的拆迁人员一起进入自由联邦营地,意图清除此营地。此举使保护自由联邦的反马路抗议者措手不及,在强大的攻势面前,他们很快失败了,并且一部分人被逮捕。但就在仿佛一切都结束了的时候,附近巴拉尼初中的一百多名学生打着"不要 M77 号公路"的条幅从一座山头上涌过来,阻止推土机的前进。面对此情形,施工者不得不撤退。有 26 名保安放弃了行动,他们表示"不对青年动手"。地方官员、"道德败坏"的下院议员,以及公共评论者都在媒体上对学生的行为进行批评,呼吁地方教育主管部门对这些学生的行为进行适当的处理(Bell, 1995)。同时,他们还对苏格兰武力工党提出了批评,指责其鼓动学生参与抗争。对此,时任苏格兰武力工党顾问的汤米·谢里登(Tommy Sheridan)(前苏格兰社会主义党领导人,也是前苏格兰议会社会主义党议员)表达了不同意见。他指出,包括他在内的任何

苏格兰武力工党党员都没有鼓动学生去参与抗争,学生的行为是基于以下原因:

> 真实的情况是,巴拉尼中学已多次获得环境保护知识竞赛的一等奖,而且学校也开设了这方面课程。该中学学生因在环保知识工作上的出色表现而受到很多赞扬,但当他们试图参与环保运动时,却遭到了批评。参与上述行动的学生中大部分是高中生,他们获悉了自由联邦营地所发生的事情后,毫不犹豫地支援那些抗议者。我不得不说,如果这些学生不这么做的话,会让人以为他们力量渺小而无法阻止环境破坏行为——这些学生以自己的实际行动回应了这种猜疑,并对反马路运动的延续起到了重要作用。现在,虽然媒体将学生的行动描述为不理性的愚蠢行为,甚至全国新闻也如此评价,但他们却再次将马路建设置于公众舆论的顶峰。有人公开问我:"你谴责这些学生的行为吗?"我回答:"我为何要谴责他们? 我不会去塑造他们自己的生活。"——我们断定学生行为鲁莽、窝里斗且肆意破坏公共物品的指责过于草率——这些学生只不过想保护环境,他们谴责的是那些破坏环境的行为……马路建设是环境破坏者。

(Sheridan, 1997)

巴拉尼中学学生们的行为刺激了该地区其他学校的学生,他们也开始追随罢工者和示威者的步伐,走出校园支持罢工。这些学生定期在自由联邦的"自由大学"中集会,并且与马路施工方时有冲突。在接下来的几周里,发生了一些重要事件,包括2月18日抗议者将很多报废的汽车倒过来,浇上混凝土,在马路上摆"汽车阵";2月25日,STARR联盟从格拉斯哥中心的乔治广场(这是市政府所在地)开始游行示威,直到自由联邦营地,整个游行队伍超过2 000人。

当马路沿线的自由联邦营地遭到清除时,也意味着直接行动的抗争方式开始走向尾声。马路施工商的新策略是用铁栏杆将有树区域隔离起来,而且加上警察的协助,这招效果明显。几周后,不顾示威者日益激烈的抗议,施工方砍伐了成千上万棵树。3月22日,在最后一次抗议行动中,16名抗议者因扰乱公共秩序罪而被逮捕,在波洛克自由联邦周围聚集了250名警察。就在当天,温佩建筑公司宣布他们的树木砍伐项目已经完成了。在此之后,小规模的抗议行动仍时有发生,但是树木被砍伐后,意味着继续开展直接行动的现实基础消失了。不过,自由联邦主要的生态营地依然存在,因为施工方觉得不值得花费时间和精力再与抗议者决一死战。施工方修改了部分路线规划,以避开生态营地。一直到1996年11

月,波洛克自由联邦依然是环保主义者聚会的一个场所,也是获取环保资源和教育的一个中心。到 1996 年 12 月,M77 号马路扩建工程正式开工。

结论:反马路运动,环境与生态福利

从一开始,反 M77 号马路的运动就将社会和环保议题整合到一起,从而成为一场生态福利运动。第一,该运动的议题是捍卫地方民主和社区对所辖环境的自主权。M77 号马路是国家工程,关系到地方的就业和经济发展,所以尽管此计划遭到当地社区、社区议会、地方议会议员、下议员以及格拉斯哥区议会的强烈反对,但最终还是开工建设了。第二,该运动还关注因种种剥夺而一再降低的生活质量。马路建设计划将在健康和休闲设施上对工人阶级社区带来严重的负面影响——1988 年出台的《地方公共咨询方案》得到了政府的认可,而以发展经济为借口将会牺牲掉一些村镇(比如考克黑尔)的利益。第三,抗议运动还关注马路建设给环境可持续发展所带来的消极影响。M77 号公路经过波洛克庄园,公路施工将会破坏庄园的环境,而且一旦公路建好后,繁忙的交通运输将会制造更多的环境污染。反过来,公路建设将会给绿地带来更多的商业开发机会,也降低了周围铁路运输的利用率。史密斯(Smith, 2001:163)在概述反马路运动的特性时说道:

> 我们面对着两种完全不同的建筑伦理,两种不同的伦理培养方式。马路建设支持者立足于抽象的经济实用主义,认为这是他们的合法权利,而反马路建设的运动者强调的是捍卫当地特有的生态和风气,捍卫当地独一无二的特色、特殊的品质,以及传统。

反马路运动属于一种生态福利运动——将社会议题和环保议题整合到一起,从而为可持续和公平社会的发展奠定基础。

20 世纪 90 年代的反马路运动所产生的影响并不局限于在政府的马路建设项目上。抗议者组织了激进的组织如警戒英国、地球优先以及收复街道联盟等,这些抗议组织不但反对马路建设者,而且还促使不同组织自行联系起来以组建环保行为者联系网络,从而为"环保建设"奠定了组织基础(McKay, 1998)。这种网络的形成与发展,创造了一些能够将不同生态福利运动成员纳入进来的新运动组织。那些生态福利运动五花八门:有反对机场扩建的(比如目前正高涨的反对希思罗(Heathrow)机场跑道扩建的运动);有围绕住房、零售店、垃圾处理点、电话线杆及相关基础设施建设等方面的;也有围绕基因农业,以及传统的风险如核能和核武器等方面的(Law and McNeish, 2007)。在具体运动实践层面上,反马路运动主要采用的"斗争手段"(Tarrow, 1994)是非暴力直接抗议行动的斗争策略,如搭建防御营地、侵入以及其他各种阻挠和破坏的新方式等,这些斗争方式大多数直接或间接地触犯了法律。反马路运动将这些斗争方式标准化,从而使之成为当代社会运动都能广泛接受的方式(更多的讨论参见第三章中的资源动员理论和政治过程理论)。

在更抽象的理论层面上,哈贝马斯(1981, 1987b)从交往行动理论的角度对"新"社会运动进行了分析,从而为我们理解反马路运动、环保运动以及生态福利运动所具有的解放潜能提供了一个切入点。在哈贝马斯看来,"新"(当代的)社会运动的解放潜能来自于他们反对国家和资本指令、创设替代性制度和实践的能力,新社会运动倡导参与式民主,捍卫生活世界以防止外界的系统侵入,新社会运动的功能在于为人们建构一个新社会的模式,一个具备平等、普世权利和激进民主的社会。各种不同的生态福利运动组织,比如反 M77 号马路建设运动,将社会议题和环保议题整合到一起,从很多方面体现了哈贝马斯的积极评价。比如,新社会运动创设了一种社会空间,从而为社会团结和对话、对抗社会疏离提供了机会;就违法的非暴力直接行动而言,这种斗争方式使国家权力的残酷性得以暴露;为底层群体的参与提供了空间;拒绝接受国家的压制型法律和计划。在满足哈贝马斯的高度评价方面,生态福利运动如反 M77 号马路运动不但使那些破坏可持续发展的政策决定过程公开化,而且更重要的是,这些运动使决策及其他更多的相关议题被置于公共领域中,从而为相关的批评和政治行动打开了大门(McNeish, 1999;也可参见本书第三章中关于新社会运动的讨论)。

▮ 拓展阅读

关于环保运动政治的思想有两本必读书:大卫·佩珀(David Pepper)的《现代环保主义简论》(Routledge 出版社 1996 年版)和安德鲁·道博森(Andrew Dobson)的《环保运动政治的思想》(Routledge 出版社 1997 年版)。道博森(Dobson)的另外一本名为《公民权与环保》的著作也讨论了这个议题。

米歇尔·卡希尔(Michael Cahill)的专著《环保与社会政策》(Routledge 出版社 2002 年版),及其与托尼·弗兹帕特克(Tony Fitzpatrick)合编的一本文集《环保议题与社会福利》(Blackwell 出版社 2002 年版)都对环保社会政策进行了研究。

布莱恩·道尔蒂(Brian Doherty)等人编的文集《英国环保主义中的直接行动》(Routledge 出版社 2000 年版)对英国环保运动演化过程进行了很好的阐述。克里斯·罗提斯(Chris Rootes)在其专著《西欧环保主义运动》一书进行了比较研究(牛津大学出版社 2003 年版)

德里克·沃尔(Derek Wall)在其专著《地球优先！与反马路运动》中告诉我们,社会运动理论是如何被用来分析和解释环保主义运动的。

《环保政治》杂志电子版可以在线下载:www. ingentaconnect. com/content/routledge/ep;jsessionid＝a3uskuza5tb. alexandra

实用网站

地球优先！:www. earthfirstjournal. org

地球之友:www. foe. co. uk

乔治·蒙比特尔(George Monbiot)的网址:www. monbiot. com/

绿色和平组织:www. greenpeace. org. uk/

收复街道联盟:http://rts. gn. apc. org/

第十一章
反新自由主义:全球社会正义运动

导言:关键问题与争议

在全球的社会运动中,成千上万名甘于奉献的积极分子发挥了连结作用,动员了数千万人参与其中。在柏林墙倒塌及弗朗西斯·福山所言的"历史的终结"之后十年里……全世界日益认为资本主义在全球取得了胜利……新一轮反资本主义运动秉持一个很简单的观念,即今日的资本主义渗透已经太深了。因而运动变成了一种反资本主义文化的行为。这是针对资本主义企业的所作所为而不得不做出的行动。资本主义企业,尤其是上市企业,通过发行股票而获得更高的利益,掠夺自然环境资源,破坏我们的生活,也没有兑现其让穷人富起来的承诺。人们担心民主体制已经无法阻止资本主义企业的贪婪,因为政治官员们已经被资本所收买,而且国际政治机构也成为资本主义企业的代言人。

(Harding,2001)

2008年爆发的全球金融危机是1929年以来最严重的经济危机,这场危机使人们重新思考国际银行和金融体系可能面临的失败——也打破了过去30年来一直流行的神话,即市场是有效调节全球经济的唯一方式。这次全球金融危机不但严重破坏了全球经济的一个关键支柱,而且也为反全球化者提供了更多的理由,比如反全球化者在2009年4月伦敦G20峰会期间的抗议就如此。

在过去20年里,"反对全球化"已经成为全球抗争运动中一个重要组成部分。"反全球化"这个词是媒体和政治界常用的词,反过来又成为人们关注的对象,出现了大量描述各种抗争方式的文献和资源,其中大部分是不同网站、博客以及其他形式的电子媒体。这些抗争形式的产生多发生在一些重要的运动中,如我们在导论中曾经提过的1999年西雅图反WTO运动,以及一些定期性抗争运动如世界社会论坛(World Social Forum)和其他全国或国际性的论坛举办过程中,反全球化运动形成很多新的抗争形式。这极大地增加了将抗争形式概念化和理论化的难度,比如,反全球化、反全球资本主义就对已有的社会运动概念和理论提出了新的挑战。

在本章中,我们将阐述一些关于全球化社会运动以及社会正义运动的核心理论与关键议题,尤其要集中讨论反全球化运动在运动动力、组织形式及其与其他运动和主流政治团体的关系等方面的议题。这些将如何影响我们对当今世界各地发生的社会运动的理解呢?

在本章中,我们也将讨论一些重要概念。对于我们理解全球社会运动来说,"争议"就是一个重要概念。比如,反全球化运动(我们认为这是一个值得讨论的概念,后文将详述)到底反对什么呢?换言之,"反"的内容是什么?实际上,在一些媒体看来,所谓的"反全球化运动"其实就是一种"反对运动"。本章还讨论了另外一种观点,即认为所谓的反全球化运动本身并不是反全球化的,这种观念倡导一种以社会正义、生态福利和平等为基础的全球化,从而建构另一种全球化。

一个相关的争议之处在于,在我们看来,全球社会运动主要是(甚至完全是)一种反对力量和反对形式,或者是将制造新行为和生活,以及组织经济与社会生活的新方式。对于社会福利领域来说,新福利提供和社会政策制定方式是一个尤其重要的议题。近年来,国内或国际性社会运动通过讨论、行动以及抗争等手段而达成新的社区团结及社区参与,进而建构一种积极的福利满足方式。愈演愈烈的在环保和可持续发展方面的运动也起到了作用(也可参见第十章)。所以我们认为,全球社会正义运动是一种反对企业全球化、争取利益平等分配、公平贸易以及全人类团结的运动。

但是,在全球新近兴起的社会运动与"传统"劳工或工人阶级的社会运动之间有什么关系呢?与此密切相关的另一个问题是:左翼与"新"社会运动之间的关系。正如我们在本书中已经讨论的,这些议题一直都是社会运动的传统问题,比如本书第六章中所讨论的阶级运动与都市社会运动之间的复杂关系,就有助于我们理解上述议题。不过,全球社会正义运动也使这些议题具有了不同的性质。

这些议题提醒我们,在社会运动的理论研究方面,全球化和全球社会正义重新引发了长期的讨论和争论。本章的目的是对一些关于全球正义问题和全球社会运动抗争形式等方面的主要议题进行讨论,同时思考为何这些议题对于我们理解社会福利具有重要影响。在我们的世界和全球经济和社会生活组织中，是什么导致了多样化社会运动的形成呢？

全球不平等、全球不公平和争取全球社会正义

我们的世界是一个充满不平等的世界。在我们所生活的地球上，不平等已经达到了前所未有的程度（Callinicos，2000，2003；Ferguson et al，2002；Harvey，2005；Glynn，2006；Milanovic，2005，2007；Greig et al，2007；Held and Kaya，2007；Yeates，2008a；Wilkinson and Pickett，2009）。我们暂且抛开这些不平等现象在定义、概念及方法上存在的争论（Ridge and Wright，2008），一个不争的事实是，在这个充满财富的世界里，依然存在着大量的贫困和饥饿。世界银行经济学家布兰科·米兰诺维克（Branko Milanovic，2007：40）指出：

> 在这个世界上，5％的最富有的人占据着全世界1/3的财富，而处于最底层的5％的人口，其收入只占全世界的0.2％。可见，收入最高的5％的人群的收入是最贫穷的5％的人群的165倍。而这个世界收入最高的10％的人口的收入占全球收入的50％，而90％的人口则拥有剩下的50％。

当然，这种描述是根据财富收入占有率来反映全球不平等状况的，还没有考虑到资产情况。通过"离岸"的避税生产，全球的富翁们都努力隐藏其资产和资源，这是政府（包括英国政府）怂恿下的产物，这也使全球不平等状况更难被估算。不过托马斯·波格（Thomas Pogge，2007：132）提醒我们：

> 全球资产上的不平等情况更为严重（远甚于基于收入上的不平等），因为，对富人而言，其资产比年收入要多很多，而对穷人而言，年收入则意义重大。在这个世界上，最富有人群的投资收益远高于穷人的全部收入总和。

21世纪早期，这个世界10％的人群占据着全球85％的资产，而50％的人只拥有1％的资产（Yeates，2008a：95）。而今天，全球不平等日益固定化。

就整个世界而言，不平等普遍存在，它表现在不同层次上：在世界不同地方，如南半球与北半球，或者在南（北）半球内的不同国家和地区。以收入和资产为依据来评估不平等尽管很重要，但却无法覆盖全球日益多样化的贫困形式，也不能体现出因生活变迁而导致贫困这一问题。

强调富人与穷人之间在收入和资产上的差距和"鸿沟"非常重要，但是如果我

197

们不考虑全球不平等的多维性、动态性、深刻性，及其与剥削和压迫之间的相关性，就无法理解上千万在生存边缘挣扎的人们需要什么——有些人甚至无法生存。在 2007—2009 年间，全球又经历了一次粮食危机，影响了南半球很多国家——也波及了北半球的部分国家。但全世界的媒体和政界都集中关注席卷全球的金融危机，它让人类付出的代价非常明显：饥饿、营养不良、饥荒以及死亡。

在国家之间以及国家内部都存在着不平等。世界上有富人区，有配备警卫的社区，以及富豪的乐土如迪拜，戴维斯和蒙克（Monk，2007）称之为新自由主义的"梦想世界"和"魔鬼天堂"。与此形成强烈对比的是，世界上还有很多穷苦的人，他们居住在城市的角落，生活在一个完全不同的世界（Neuwirth，2006）。

根据联合国人类住区规划署（人居署）的统计（2003，2006），全世界大约有 1/6 的人——约十亿人——居住在贫民窟、临时搭建的简易房子、棚户区中，到 2020 年，居住在贫民窟的人口数量将会再增加 4 亿——总数将达到 14 亿。在印度的新德里，每年大约有 50 万人涌入这个城市，其中有 40 万最终将生活在贫民窟。一位印度专家对此表示了担忧："如果这种情况继续下去，那么在这个城市里除了贫民窟外将一无所有。"（Davis，2006：18）贫民窟在大部分拉丁美洲国家的大城市里很常见，这些"贫民窟化"（favela-isation）趋势在许多国家上演，这表明 21 世纪初期的贫富差距和不平等现象已日益严重。

与此同时，所有的事实都表明——穷人和富人之间在经济收入和社会地位上两极分化的现象越来越严重——这个世界的财富达到了前所未有的充裕，但是其为人类提供食物、衣服以及给全球有需要的人口提供安全庇护的能力却也减弱到最低点。21 世纪初，地球在一周内的生产能力相当于 1900 年一年的生产力。较之过去，这个世界更富有也更健康了。然而，地球这些经济能力、丰富的产品和财富在占有上却存在着严重的不平等。这种不平等不但一直延续下去，而且还不停地扩大且滋生出新的不平等，比如在"资讯富人"与"资讯穷人"之间产生的所谓"数字化鸿沟"。对于此类新型的不平等，我们并没有太多了解。对很多穷人来说，他们的生活标准和质量都降低了。实际上，有些国际组织如国际货币基金组织（IMF）已经接受这样的观点，即认为在最近几十年里，世界上有 1/5 的人口在经济能力上出现了倒退（Greig et al，2007：5）。

借用全球著名经济学家阿玛蒂亚·森（Amartya Sen）的话，这是一个"空前繁荣"与"极度贫困"并存的世界（转引自 Greig et al，2007：5）。与这个世界不平等状况日益恶化状况相伴随的是,人们越来越认识到,对财富积累、经济增长的无节制追求同时也正在导致全球气候发生变迁,引发更多的生态和环境灾难,比如从印度尼西亚到孟加拉等地发生的自然灾害,以及在北半球如 2005 年 8 月遭受飓风卡特娜重创的美国新奥尔良,全世界的穷人都为这些气候变迁付出了巨大的代价。污染正在改变气候和整个生态系统,而且转基因作物、森林砍伐、农业综合企业和集约化农场、侵占湿地、城市化,以及急剧增多的汽车等都对生态系统构成了威胁。

在世界上还有很多其他因素和行为会加剧人们在日常生活中所面临的安全隐患和风险。贫穷、环境退化、食物短缺和不平等都被认为属于"社会危害":它们是社会性问题,对社会及其成员都产生影响(Newman and Yeates,2008a; Cochrane and Walters,2008)。我们如何创造一个使人类更加安全、更有保障、更加平等的世界呢? 我们又如何面对恐惧、风险以及不确定性呢?

这些问题都与社会正义、世界人群以及公民权——世界公民权等问题有关。全世界的社会不公平问题凸显了平等、社会正义以及全球社会正义的重要性(Callinicos,2003; Mayo,2005; Craig et al,2008; Nweman and Yeates,2008a,2008b)。与此同时,这些问题还与我们如何理解造成社会不公平的原因以及不平等的驱动力是密切相关的。这直接触及一个问题,即"反全球化"社会运动到底反对什么呢?

全球化或新自由主义全球化?

199

我们都知道,"全球化"在概念上是存在争议的。但关于全球化概念的讨论和争议不应该成为阻碍我们分析的理由。就其最简单的含义而言,全球化是指全世界的经济、社会政治以及文化组织以多元和不平等的方式密切联系在一起的过程。很多反全球化运动一般都是不加批评地使用"全球化"概念(或者有时候直接用"全球化运动"来代替)的,但众所周知,"反全球化运动"的概念是狭隘且不全面的,因为正如上文所言,它无法覆盖和解释多元化且丰富多彩的各种全球化问题——或者多样化的"全球化运动"。当然,有一点必须明确,全球社会运动、全球公平运动或者争取全球民主或公民权运动(只是强调一些过去经常使用的概念),就其本质而言并不是反对全球化的。因为它们都努力寻求在全球(或跨国)进行运动组织。比如,全球社会正义运动就努力发展成为一种全球性社会运动,尽管有些研究者认为那种完全意义上的全球化运动并不存在(Cumbrs et al, 2008)。据此而言,上述全球化运动概念没有考虑到在全球化的参与者、理念、行动策略、战略以及目标上的异质性,而是关注不同的全球化类型:有时候是一种"替代全球化",或"另立全球化"、"去全球化"、"反自由主义全球化"、"反企业全球化",或"反资本主义"等。正如德赛(Desai)和赛德(Said)(2001:51)在评论全球社会运动时所言:"反全球化运动者很少反对全球化本身,而主要是针对企业全球化、资本主义全球化、新自由主义、跨国公司、国际金融机构以及全球贸易协定等。"

1999年西雅图反全球化运动后,全球社会正义运动开始认识到,狭义上的反全球化运动与早期的国际主义者或早期全球议程并不是轻易就能等同起来的。相反,反全球化运动者越来越多地认为,他们所追求的不过是一种新的全球化替代形式。正如娜奥米·克莱因(2002:4)分析1999年西雅图反WTO运动的影响时所指出的:

> 有件事情是肯定的:西雅图反WTO的抗议者并不反对全球化;正如正式会议中的贸易律师一样,这些抗议者也已经打上了全球化的烙印。如果说,西雅图的新社会运动反对什么的话,那么它反对的是企业全球化,反对将一切商品化的逻辑——减少市场管制、提高流动性和开放性,即认为商品化将有利于每个人。

在很多不同的场合,一种新型国际主义出现了——或者正在出现,比如反第三世界债务危机的抗议运动,该运动被认为是全世界经济和资源再分配的一部分。社会正义运动追求新型的社会团结形式,试图寻求其他运动力量的支持,比如英国发生的抵制食品买卖的超市化运动与南半球国家小农场主的困境之间存在着相关性,在英国发生的其他社会运动也如此。新型国际主义运动一直对移民流浪者持支持态度,这些移民流浪者有的是因贫穷国家大兴水利工程所形成的,有的是因战争或军事武器试验需要而形成的。对于将福利和需求作为第一任务的各种全球化运动,我们必须进一步深化已有的理论。福利全球化与资本主义全球化是针锋相对的,因为逐利及私有化利益的积累将会威胁到全世界的福利供给。

在全球掀起的反对环境破坏以及推进生态多元化和可持续发展的抗争催生了新的全球化运动理念及形式(参见第十章)。在这些新的全球化运动形式中,最重要的组成部分是反对战争和反帝国主义（Harvey，2003b，2005；Hubbard and Miller，2005）。而且，伊拉克战争和阿富汗战争也凸显出社会正义运动的重要意义。通过社会正义运动我们认识到，在这些战争及美国新帝国主义行为的背后，是大型全球企业、跨国公司以及其他一些在 IMF、世界银行和 WTO 等机构组织的利益需求。

如此看来，全球社会正义运动的目标并非是"全球化"，而是作为全球资本主义发展新体现的新自由主义全球化。新自由主义浪潮倡导不受管制的自由市场，追求利益最大化，而且坚持企业和市场的目标优先原则，主张自由贸易和国家对经济行为的最小干预（尽管并不是通过军事干预，而且与犯罪、社会秩序、社会管理以及全球问题人口控制等议题没有什么关系）（Callinicos，2003；Prempeh，2007）。在新自由主义者看来，不平等是自由经济运行下的自然产物，贫困和匮乏是个体、群体或社区行为失败或能力不足的产物。而在反新自由主义者的眼中，他们的运动目标是针对那些支撑新自由主义的关键组织，如世界银行和 WTO。

自上而下还是自下而上的全球化

很多人认为，新自由主义全球化实质上是在国际组织（如 IMF 及 WTO）支持下的财大气粗的跨国公司、全球石油大型企业，以及那些强势国家（如美国）的主导下展开的。从这个意义上来说，全球化是"自上而下"的，正如斯克莱尔（Sklair）（2001）所定义的，它是在"跨国资产阶级"的主导下展开的。对我们而言，这是理解"针对全球资本主义的社会运动"的一个重要切入点（Miller and Dinan，2008：81）。在一些国际组织的支持下，跨国资产阶级笼络了全球精英力量，比如1994 年成立的北美自由贸易协定（NAFTA）使美国企业能够从墨西哥获得廉价的劳动力及其他资源。借用法恩斯沃思（Farnsworth）（2008）的概念，这是"全球市场利益的联盟"，这种结盟能够通过种种途径形塑政策，迫使一些国家开放医疗、教育及其他社会福利核心"领域"，出台对英国、欧洲及其他国家的企业利益有利的政策。"私有化"与"市场化"代表了全球企业的利益。不过这些企业利益通常与政府间组织（如欧盟或者经济合作与发展组织）纠缠在一起（或混同在一起）。

相反，自由主义全球化的反对者更支持一种"自下而上的全球化"，主要表现为南半球与北半球人们之间的全球联合，而对社会正义、公民权和人权、保障、自然环境、性别、种族、民族和文化平等、贫困以及社会公害等问题的关心是全球化的驱动力。这又回到了我们在导言中所提出的议题,这种自下而上的全球化是对自上而下全球化运动的一种防御或"保守的"回应。但是这种回应是非常重要的,需强调指出的是,这说明全球化过程中新的行动方式和组织方式已经产生。换言之,这种防御性的回应是产生新思想和新观念的过程,当然也包括新关系、新合作伙伴、新全球互动方式,以及新目标、新需求等方面的内容。这些成为全球正义运动的生命力之所在。

运动中的运动?

1999 年 11 月 30 日,美国西雅图的反对 WTO 和多边投资协定的抗议者成功地扰乱了 WTO 的会议议程,这些抗议者通过不合作主义式的抗争(civil disobedience)几乎使城市陷入瘫痪。在很多观察家看来,1999 年 11 月 29 日—12 月 2 日爆发的"西雅图抗争"是一种反抗全球资本主义的运动(Smith, 2000; Bircham and Charlton, 2001)。西雅图是微软、星巴克以及航空巨头波音公司的所在地,所以此次抗争具有重要的象征意义,被视为是反对全球自由贸易和新自由主义全球运动的一个转折点。在西雅图抗议运动之后,马克思地理学家尼尔·史密斯(Neil Smith, 2000:2)写道:

> 西雅图抗议成为一个转折。在此之前,20 世纪 80 年代后期和 90 年代流行的企业全球化从未受到挑战,这种观念的倡导者成功地推动了全球化理念,他们认为全球化是经济演化的自然结果,自由贸易是民主和人权的本质特征。而西雅图抗议运动为这种一味追逐自我私利的动机敲响了丧钟。在这场运动的影响下,世界其他城市也爆发了类似的抗议运动……在西雅图抗议运动之后,自由贸易、全球化以及新自由主义露出本来面目——并不是经济发展的必然结果,而是强势集团主导推动的社会政治结果。

在反全球化的运动历史中,西雅图抗议运动是其重要事件之一,因为在这场运动中,激进的思想与具体的抗争策略以及真实的社会运动之间实现了互动。但正如妮古拉·耶茨所指出的,"反全球化"运动具有令人瞩目的漫长历史,比如1787—1807 年兴起的反对买卖奴隶运动。在西雅图抗议运动之前,也发生了多起全球社会运动,比如 1993 年和 1998 年在日内瓦、1998 年和 1994 年在新德里爆发的反 WTO 运动,以及 1998 年在慕尼黑、1999 年在科隆爆发的反 G8/G7 峰会的运动。20 世纪 90 年代，还有一些事件对尚不成熟的全球正义运动产生了重要影响：一是 1994 年 1 月在墨西哥东南部的恰帕斯（Chiapas）所爆发的萨帕塔民族解放军（ZANL）武装起义，他们宣称北美自由贸易协定夺走了农民的土地权。二是 1995 年后期在法国爆发的公共部门罢工。最近十年里，在反对非正义如血汗工厂和第三世界债务的运动中，非政府组织发挥了积极的作用。西雅图抗争具有很强的自发性，随后，在意大利的热内亚（Genoa）、爱尔兰的吉拉尼（Gleneagles）以及其他很多国家和城市，都爆发了反对新自由主义、反对新自由主义组织（如IMF、世界银行以及 WTO），以及反对自由贸易的抗议运动。

"运动中的运动"这个概念是由著名的反全球化作家娜奥米·克莱因在 2001年提出来的（Klein，2001）。这个概念阐述了新社会运动形成的动力，同时，此概念有助于我们理解反全球化运动所具有的多样性、变化性和流动性。另外，社会运动中包括很多不同的力量，既有工会和社区组织，也包括人权组织、环保主义者、左翼组织、妇女组织、反种族歧视组织、反帝国主义组织和联盟、无政府主义者、社会主义者、绿色环保主义者、消费群体、和平组织、动物保护组织、NGOs、社会正义和民主运动、反贫困和反战争运动等。

正如我们在其他章节中所强调的，这些运动常常试图将一国内所发生的抗争运动与跨国及全球性的抗争运动联系起来。反过来，这又形成了新的抗争形式——其中有的是通过网络沟通进行动员的，有的是在一些全球事件如世界社会论坛和欧洲社会论坛期间爆发的——在斗争实践和策略上产生了很多争论与不同意见。

在全球社会正义运动中，斗争的焦点在于：新自由主义全球化机构（如 IMF、世界银行及 WTO）是应该改革还是应该被废弃。换言之，"全球化"能够被驯服或者能够"人性化"吗？

简单地梳理一下上述争论，我们重点关注的是西雅图抗争后出现的两个议题。第一个是社会议题，美国工会认为那些保护童工和工会权利的"社会条款"同样能提高第三世界国家的工人的待遇，并能限制跨国企业削减劳动力成本及降低工人条件待遇的行为。"无血汗"和"公平贸易"成为一些社会运动的关键口号和理念，比如学生和消费者发起的拒绝购买血汗产品的抗议运动。但是有些批评者认为，大型企业总是能够绕过这些社会条款，因为跨国企业会竭力掩盖其赚钱过程中的黑暗勾当。还有些人认为，社会条款忽略了一个关键问题，即工人与跨国企业关系的本质是一种无法改革的阶级剥削关系。在对社会条款进行讨论的同时，另一个相关议题也引起了人们的注意，即保护本土企业，进而提高其对跨国企业的竞争力的问题。当然，这个议题也饱受批评，因为这意味着与第三世界企业的竞争有效地将跨国企业的剥削行为合法化了。

第二个议题是第三世界的债务危机。千禧年免债运动（Jubilee 2000）就是主张取消第三世界债务的斗争。千禧年免债运动是一场跨国性的运动，得到了普通百姓、学术界、政界、工会、NGO，以及国际音乐明星和体育明星的支持。重要的是，该运动的组织分为国内和国际两个层面，南半球与北半球的运动分子之间也建立起重要的联系。取消第三世界债务的运动如千禧年免债运动使人们注意到，世界上的大银行及金融机构每年都从最贫困国家掠夺财富（Mayo, 2005）。不过，与讨论社会条款所面临的争论一样，关于第三世界债务危机问题的争论主要在于，是应该削减还是应该取消？那些全球金融体系（如大银行、跨国公司、IMF 支持的政府以及第一世界与第三世界之间的密切联系）的行为是否存在着过错，简单的号召削减第三世界的债务是否会忽略上述金融机构的利益。从长远看，此举或许并不是解决之道，甚至有可能给这些贫困国家带来更严重的问题。

此类讨论及相关争论涵盖了全球社会运动的一些核心议题，这些运动参与者既影响了全球正义运动的走向，也从中汲取灵感——运动最重要的力量源泉在于其多样性。围绕全球正义运动展开的争论使人们对其影响现实和具体社会变迁的能力，以及其社会基础都有了重新的认识。

204

全球社会正义运动：是何种社会运动？

在媒体和政治评论中，全球社会正义运动通常被认为是反对代表全球化高峰的国际治理组织如 WTO 或各种政策论坛的大规模抗议行动。但正如我们已经看到的，全球社会正义运动的一个最突出的特性是其多元性。作为这种异质多元性的一部分，我们发现其中的聚合——绝非是以往分散性的抗议者来去自由的随意聚合——是一种综合"新""旧"社会运动类型的动员方式，其中的旧社会运动类型包括劳工运动、核裁军与和平运动等，新社会运动类型如女权主义运动、土著人抗议运动、人权运动、公民权和环保主义运动等。在西雅图抗议运动中，人们高呼"卡车司机和海龟都能够联合"的口号，这使人们越来越清楚地认识到，不同的运动之间其实有一个共同的敌人,即新自由主义全球化。

全球社会正义运动在行动方式上包括抗议(protest)和抗争(resistance)等多种形式:罢工、举牌抗议、游行示威、消费抵制、破坏广告牌、通过书信和电子邮件等方式进行抗议;法律诉讼,占领企业场地、机场和公交车站,封堵都市街道,占领军事基地,破坏军事设施及其他软硬件,街头戏剧表演,静坐,造成交通大堵塞及骚乱的群体性抗议,以及其他各种形式的暴力抗争运动等。其中有些方式被认为属于"传统"的抗议形式,其余的则被认为是新抗议形式,这些新抗议形式采用信息技术进行交流,从而使抗议方式迅速地在世界各国得以传播(Mayo, 2005)。通过这些方式,全球社会运动能够跨越不同地理区域进行组织和开展。

社会运动理论家塔罗(2005)及其他一些理论家都在努力建构解释社会运动的理论框架,他们通过对过去不同年代的社会运动的分析,从而理解最近20年来形成的跨国性运动和社会行动主义。社会运动理论家认为,全球社会正义运动的动力主要分为如下三个过程:

- 扩散(diffusion):是指跨国性的联系、伙伴关系及合作,以及运动组织方式被传播的过程。塔罗等人以"静坐"抗争方式为例,指出此种抗争方式起源于20世纪60年代美国民权运动,后来被传播到西欧。而且,更重要的是,扩散过程能够使世界上不同地方的不同运动抗议对象联系起来。随着信息技术的进步,这种过程得到了极大地增强,网络越来越多地成为抗议运动斗争的有力武器;

- 内化(internalisation):是指在一个民族或国家内所发生的冲突可能是由于外部原因引起的。这种"本土化"过程还包括针对国际组织的抗议运动;

- 外化(externalisation):是指社会运动组织在跨国或超越国家层面上采取行动的现象。对于从国际组织中获取资源从而用于国内斗争的做法,非政府组织尤其擅长。

上述三个过程成为推动跨国性集体行动发生的动力,这包括反对国家、跨国公司,以及本章曾强调的全球金融商业组织及国际机构等。同时,这也对"传统"社会运动理论所阐释近年出现的新全球性社会运动方式提出了挑战。20世纪90年代的"旧"社会运动与21世纪的"新"社会运动在动力及发生背景方面存在着差异吗?

在有些人看来,"新"社会运动的"新"体现在其方式是不同抗议者的联合:将不同传统、意识形态以及组织方式糅合在一起。抗议者和运动组织或许仍旧保持他们自身价值认同，但通过上述过程，将有利于其发展成为更大的抗议运动。不过，这反过来又产生了另外一个议题。对运动的目的是追求特殊主义还是普遍主义一直都存在着争论，新出现及发展起来的"抗议跨国地理学"(transnational geographies of resistance)(Featherstone, 2005：252)则极大地缓解了这种争论。一直以来，那些关注社会福利、社会融合及社会排斥，以及社会政策制定过程的认可和意见表达等问题的学者，对这个问题也很关心(Lister, 2008；Young, 2008)。一般而言，普遍主义目标和需求是旧社会运动所追求的，比如左派工会和政党组织。相反，特殊主义需求则通常与新社会运动联系在一起，比如女权主义运动、黑人运动以及20世纪最后几十年形成的立足于认同政治基础上的社会运动等，这些运动对于批评普遍主义政治和政策制定过程起到了重要作用(Laclau and Mouffe, 1985)。

哈维(Harvey, 2001)试图通过雷蒙德·威廉姆斯(Raymond Williams)提出的"战斗地方主义"(militant particularism)(1989)概念使特殊主义和普遍主义之间达成和解。威廉姆斯认为，在特定地点发生的特定工人阶级抗争——"地方导向政治"，能够与一般的抗争及普遍性(实际上是全球性)的想象和目标联系起来，抗议内容及斗争方式都超越了地方性，而且在团结规模上也超越了地方，所以"理想的状态是，将一个地方发展起来的团结经验实现一般化和普遍化"(Harvey, 2001：172)。异质而多样化的社会运动，如反全球化运动，如果想有效地反抗新自由主义全球化，就必须有一套共同的语言和政治话语。在哈维看来，我们必须超越普遍与特殊之间初始的区隔：

> 普遍总是与特殊相辅相成的：尽管在概念或实践操作上，二者存在着差异，但是实际上二者却无法完全分开。比如社会正义，这个概念就是要求从特殊事例和环境中抽象出普遍性。不过，普遍主义原则或规范得到确立之后，通过特殊环境下的特殊行动，其普遍性会再次转换为特殊性。

> (Harvey, 2001：94)

上述论述还存在着争议，并不是适合于所有政治和理论传统，其中就包括全球社会正义运动。倡导普遍性原则实际上是对那些立足于身份政治及主张身份权利的人构成了直接挑战。但在今天，新自由主义全球化被认为是一个总体化或普遍化的过程，它能够将过去认为是相互分离的议题和过程联系起来，也为重申普遍主义原则提供了机遇，比如反对战争、主张社会公平和环境公平等。

这并不是说，全球社会正义运动中的差异与异议将会或者能够被克服，尽管它有助于消除地方/特殊主义与全球/普遍主义之间依然存在的差异。对社会正义运动而言，这种多重的交叉与互动为之注入了活力，形成了新的思考和行动以及理解的方式，而这对于今日社会运动进行跨国和全球性动员组织具有至关重要的作用。

互联网与抗争网络：技术政治的新形式

反抗和抗议运动需借助一些媒体和出版宣传手段，比如，20 世纪 50 年代和 60 年代流行的地下印刷，或在 20 世纪 90 年代和 21 世纪的今天，借助信息技术如移动电话、个人数字设备以及电脑等。互联网的发展和扩散不仅仅使信息能够迅速地得到传播，同时也为许多抗议、斗争及抵抗运动中的不同个体和群体之间的联合搭建了平台。互联网是互动性的，便于开展讨论，而且为信息、图片、影片、照片的流动传播提供了有力支撑，同时互联网为众多社会运动共享的大量文化抗争形式的扩散辐射提供了渠道。更重要的是，互联网为那些被主流媒体忽略或边缘化的声音提供了表达途径(Kellner, 2003)。

在反对各种形式的企业全球化与反对新自由主义理念的过程中，互联网成为一个重要工具。具有讽刺意味的是，互联网和全球沟通网络对"全球化"本身也具有重要作用——是与反全球化力量进行斗争的主要武器。在西雅图、热那亚及其他大规模抗议运动的动员中，这种"电子行动主义"就发挥了关键作用。正如耶茨(2002：133)所言："所以，推动经济全球化进程的信息技术也成为反对经济全球化的工具。"通过互联网发动反对企业全球化的抗争运动，如 Nike 公司曾雇佣黑客攻击抗议网站，发动抗议和全球团结的新信息取代了企业的说辞(Klein, 2000)。"黑客激进主义者"找出关于企业行为和政府政策试图隐藏的信息，黑客通过软件将这些信息公布于世，以阻止企业和政府控制互联网的企图。

互联网为激进媒体提供了发展空间(www. Indymedia. org)，成为全球社会正义运动者反对主流媒体、政府部门以及国际组织说辞的有力阵地。在主流媒体、政府部门及国际组织看来，全球社会正义运动的抗议者是一些故弄玄虚分子、托派分子、暴徒、无政府主义者、犯罪分子以及麻烦制造者，所以他们的行为不具有

207

合法性。在这种情况下,全球社会正义运动者自己建立新形式的媒体,培养反企业全球化的文化,进而反过来又支持和拓展了其他抗议运动。近年来发展起来的通过网络进行抗议和斗争的技术已经成为全世界的社会运动不可或缺的内容。

企业对全球社会正义运动的回应:与社会福利相关的议题

20世纪80年代世界很多国家进行结构调整,改革精简公共机关复杂的体系,简化农民获得土地、信贷、保险,以及进入合作社的程序。改革的目的在于取消国家对市场的干预,释放自由市场对私人部门的调节功能——体现在减少成本、提高产品质量,以及减少税基等方面。但实际上,这通常难以实现。在有些地方,国家的退场以及限制市场准入只是暂时性的。在另一些地方,私人部门的发展是缓慢且不完全的——因为改革主要是服务于商业化农民的,而小自耕农要直接面对市场失败,他们需要承担高额的交易成本和风险,而且在接受的服务上也存在着差距。在经济增长和福利削减过程中,不完全市场和制度落差使小自耕农承担了巨大的成本,直接威胁了他们的竞争能力,而且在很多情况下,甚至威胁他们的生存。

(世界银行,2008:138)

从世界银行的角度来看,这是对目前全球化政策的影响的一个保守而客观的评价,这些政策在最近几十年新自由主义全球化浪潮中起到了重要作用,对贫困者、弱势群体以及小自耕农都产生了很大影响。全球社会正义运动所做出的各种批评并没有显得格格不入,而且在一些重要方面也得到了世界银行及其他相关国际组织的认可,使这些机构认识到,那些促进经济增长的政策与其社会结果之间存在着矛盾之处,如会加剧社会不平等。随着对新自由主义的反对声音越来越多,那些国际机构不可能再对这些声音充耳不闻,这也引起了人们对福利、贫困、用水以及食物供给等问题的重新重视。

2000年联合国制定了千禧年发展目标,其中包括到2015年,儿童死亡率将下降2/3,极度贫困和饥饿现象将会被消除,全世界的儿童将都能够接受到小学教育,性别平等将取得更大进步,环境可持续发展情况将得到好转(www.un,org/millenniumgoals;Greig et al,2007:7)。但批评者认为,千禧年目标更多只是一种美好的愿望,并无其他实质动作。

在全球政府间组织层面上，表明治理理念发生变化的例子是 2005 年夏天在苏格兰格伦伊格尔斯举办的 G8 峰会。当时，英国新工党领袖布莱尔和布朗呼吁 G8 国家要率先取消那些最贫穷国家的债务，这种呼吁得到了很多国际非政府组织的大力支持，比如乐施会(Oxfam)以及演艺明星如 U2 主唱波诺(Bono)和爱尔兰歌手鲍勃·吉尔道夫(Bob Geldoff)的支持。这种情况使人们越来越多地认识到，全球机构和全球政府间组织应该为社会福利议题承担责任，需要通过各种方式使全球市场的运行更加"公平"，改革必不可少，应该实行一种"更柔性"和"社会性"的新自由主义，而至关重要的是，无需彻底根除竞争和逐利。换言之，经济增长和平等是能够同时实现的，并且能够使所有人都受惠。企业社会责任的观念日益为人们所接受，即企业应该为满足社会和社区的需求做出贡献，应该建立志愿和自我调节体系，从而使企业能够自我管制以调适极度膨胀的市场机制，而且私有企业和公共/国家部门能够一起合作以促进环境的可持续发展，从而使全球经济增长更具"包容性"(Farnsworth, 2008:85—90)。

在国际和全球层面上，社会政策制定也发生了改变，我们已经看到，在社会政策与经济利益需求之间的融合日益增强。那种促进个人发展和自我能力提高的"积极的"社会政策得到了认可，但税收的再分配手段由于其有可能导致就业减少而遭到政策制定者的反对。最近几十年里，在西方主要国家，社会福利越来越多地由市场私有部门提供，而且私有金融机构的资本投资日益渗透到社会福利的"核心"领域。市场"自由化"与严厉的国家干预在一些国际机构如世界银行中达成了妥协。

209

全球社会正义运动中的批评者认为，上述政策是优先照顾市场利益的，对解决全球贫困而言，只是杯水车薪。在反对者看来，试图通过建立全球社会民主体制来约束新自由主义全球化的想法根本是不可能的(Prempeh, 2007)。社会学家菲利皮诺(Filipino)和运动家沃尔登·贝洛(Walden Bello)(2000, 2004)是批评者中的代表人物。他们认为新自由主义全球化是以追逐经济增长、资本积累和财富为基础的，因而对之进行改革是根本不可能的。这又使我们面临着一个关键性的矛盾——在全球社会正义运动中，不同的立场、传统、意识形态及运动组织之间一直存在着争论：是改革还是革命？

结论：受够了

尽管全球社会正义运动面临着困难且内部充满了异议，但是却有一个共同的认识，这在萨帕特（Zapatista）运动提出的口号中（"受够了"）得到了体现。全球社会正义运动或新自由主义全球化运动的兴起，重新激活了围绕社会运动而展开的长久讨论。通过对众多不同抗议者和抗议运动（就在写作本书的 2008 年后半年有些运动依然在继续）的研究，加深了我们对社会运动的理解。我们一直密切关注这些抗议运动，既关注运动的动力，也关注运动本身的缺憾（尽管在某种程度上，这种密切关注能够帮助我们理解，但也会使分析更加困难）。

在我们的讨论中，也有一些重要的反思。在关注全球社会正义运动方方面面的新奇之处时，很多组织已经参与其中很长时间了。可以说，这些组织的目标是长期性的。研究全球社会运动/全球社会正义运动主要是关注其连续性和变化之处：这体现在社会运动的策略和战略上、理念上，以及争论、异议和公共讨论上——而且在运动团结的可能性及其挑战新自由主义全球化的方式上也是多样的且新颖的。这使我们重新回到了本书第三章所讨论的一个重要议题，即注重"新""旧"社会运动断裂之处的新社会运动理论。在很多方面，全球社会运动更多地与新社会运动的激进目标相一致，而反对旧社会运动的组织机构和运动方式。

在其他很多方面，全球社会正义运动兼有"新""旧"社会运动的特性——借用我们在本书第三章的概念，全球社会正义运动是属于当代的：该运动所具有的多元性、动态性、发展性和激进性都意味着不能将之简单地归类为新或旧的社会运动。而且，正如本章开篇所言，反对新自由主义全球化的运动并不是一种"简单"的回应行动。正如我们在萨帕特革命运动中所看到的，建构全新的知识、新的组织方式、新的福利供给及满足需求的方式是完全有可能的——这些具体的实践行动背后是一种信念，即"建构一个全新的世界是可能的"（Fisher and Ponniah，2003）。所以有些全球社会正义运动确实号召使用"传统"的抗议和组织动员方式，尽管已经受到当代全球发展和其他抗议形式的影响。

在第三章中，我们还讨论了其他一些重要问题，即美国与欧洲社会运动理论之间的比较。美国资源动员理论和欧洲新社会运动理论是如何帮助我们理解全球社会运动的动力和组织方式的呢？显然，对上述两个理论的简单回顾告诉我们，这两种理论只能给我们提供有限的认识。正如我们在第三章中所指出的，资源动员理论倾向于将社会运动当做一种单议题的抗议或抗争运动，抗议者会竭力寻求与主流组织结盟，从而最终实现政治融入和地位获取的目标。在很多方面，全球社会运动反对"旧"社会运动的组织结构、主要视角及行动方式，而与新社会运动的激进目标更为一致。但是，这两种视角都没能解释全球社会运动在内容及抗争方式上的丰富性和多元性。

本章所讨论的很多内容对于我们理解社会福利和社会政策具有重要意义：它是如何日益被全球经济组织和全球大企业的利益需求所影响的，以及它又是如何被（不被）将经济增长与社会（和环境）正义视为互补一体的观念所塑造的。纵观全世界，社会福利需求以及国家和国际政府组织因未能满足福利需求而引发了很多抗争运动。我们理性地认识到，新自由主义全球化已经使世界各地不同运动中的抗议者联合起来。正如我们将在本书最后一章中所说的，全球社会正义运动过程再一次凸显了公民权在全球资本主义中的重要意义。

拓展阅读

保罗·马森（Paul Mason）在其著作《不能工作而生，就要战斗而死》（Harvill Secker 出版社 2007 年版）中，对 19 世纪晚期至 20 世纪早期的全球工人阶级抗争和劳工运动与今天的反全球化抗争运动之间的关系进行了精彩的讨论，这是一本必读书。

露易丝·安莫尔（Louise Amorre）在其主编的《反全球化抗争运动》（Routledge 出版社 2005 年版）一书中，将不同研究领域的学者包括参与全球抗争运动的抗议者的文章集成一个文集，从而从不同角度对全球正义运动进行了研究。

尼可洛·夏芝（Nicola Yeates）主编的《理解全球社会政策》（政策出版社 2008 年版）一书对"全球化"的方式进行了深入而广泛的探讨，显然，全球化对于我们理解当今世界的社会福利政策具有越来越重要的作用，该书也是政策出版社/社会政策协会所推出的"理解社会福利"系列丛书中的一本。

珍妮特·纽曼（Janet Newman）和尼可洛·夏芝（Nicola Yeates）联合主编的《社会正义、福利、犯罪和社会》（开放大学出版社 2008 年版）一书对社会正义理念，以及社会正义理念近些年来是如何日益成为社会福利核心内涵的问题都进行了深刻的论述。

结 论

一场社会福利运动的新政？

2008年，一场继1929年以来最严重的经济危机席卷全球。在各国政府提出解决方案的过程中，有些评论家抱怨缺乏社会运动参与其中。那么今天，社会运动的力量如何向政府和银行施压以使它们修正其行为方式呢？围绕失业、贫困、疾病、住房以及教育等问题而产生的抗争为贝弗里奇福利国家的建立奠定了基础，那么哪一种社会运动将能够为替代新自由主义社会福利而创造出有利条件呢？过去，劳工运动在很大程度上扮演了这种角色。劳工运动重视国家的战略地位，将之视为社会改革的中介。通过长期而艰苦的斗争，福利国家主要的政策计划得以建立起来。到第二次世界大战后，在国家、劳工与资本三方之间达成组合主义制度关系过程中，劳工运动的影响力进一步得到认可(Harris，1972)。

在过去的经济危机期间，如20世纪30年代的大萧条，阶级和国家是运动动员的核心。有些学者认为今天与30年代存在着某种"不可思议的"相似之处，历史的教训对今天具有重要意义。

> 在1929年经济大萧条之前是兴旺的20年代，那是一个消费者和企业都债务膨胀的年代，而最近十年类似的情形重现了。在当时最黑暗的日子里，人们将积蓄装进咖啡瓶深埋在后院里，而英格兰东北部的工人则浩浩荡荡地向伦敦进军，当时被称为"加罗十字军"。
>
> (Parker，2008：75)

另一个相似之处是，2008年10月和20世纪30年代美国新政期间，银行业都发生了"资本重组"。在这两次经济危机中，神圣不可侵犯的自由市场原则被随便地抛弃了。另外，两场经济危机都带来了大规模的失业。到1933年，美国有1/4到1/3的工人失去了工作(Galbraith，1961)。由此导致的社会崩溃场景在约翰·斯坦贝克(John Steinbeck)的小说《愤怒的葡萄》，以及后来约翰·福特据此改编而成的电影中得到了生动刻画。于是,为了改变自己的境遇,一场由失业劳工组成的社会运动形成了。1932 年,两万名参加过一战的老兵在华盛顿集会游行,要求支付他们迫切需要的退役金,可是他们得到的只是军队的残酷镇压。

在赢得 1933 年的美国大选后,富兰克林·罗斯福推出了一系列进步的改革措施,这就是著名的"罗斯福新政",以稳定美国经济并缓解贫困和失业。从理论上说,罗斯福新政属于一种凯恩斯主义,新政通过创造公共工作岗位、雇佣失业工人解决其经济收入问题,提高他们的消费能力,从而刺激经济的增长。在国家统治者和资本家看来,这样的结果要比失业劳工由抗争转化为革命好得多。在新政出台的过程中,政治运动动员和反对解雇的静坐罢工也起到了重要的推动作用。当时在美国很多地方,新政所做出的让步进一步激发了人们行动起来捍卫自己的利益,失业委员会在全美国遍地开花。正如当时一位新政评论家在描述 1932 年的失业劳工行动主义时所言:

> 如果一名失业劳工因为无法支付费用而不得不停掉天然气和自来水,他将会找相应的政府主管部门;到处都是没有鞋子和衣服的失业者;在救济问题上,黑人和白人之间歧视性待遇非常严重,或者对外国人也存在歧视……大量的人聚集在救济中心外面,要求领取食物和衣服。最后,相关部门不得不对所有参加游行、反饥饿游行或参加工会而遭失业劳工提供法律保护。

（转引自 Zinn, 2001:394）

所以,美国新政这个例子在当代社会运动中同样存在。比如,在 1995 年爆发的拉丁美洲经济危机中,失业劳工也举行了抗议和集体行动(Garay, 2007)。

不过,尽管社会运动力量为新政或贝弗里奇福利国家的建立创造了条件,但这并不意味着这种模式从此在任何地方和任何时候都有效。我们依然需要做大量仔细的经验研究,将社会政策与社会运动、社会动员及社会改革等议题放在一起加以思考。

社会运动对福利国家的贡献

在社会运动与社会福利之间的关系上,通过社会福利运动理论能够克服过去那种进化性、去历史性的不充分解释视角所具有的缺陷。社会福利是如何被理解的,以及福利国家体制是如何被提上日程的? 可以说,社会运动在其中都发挥了

213

直接或间接的重要作用。社会福利运动对社会政策的某些议题提出了质疑并提出了自己的主张。所有这些抗议、活动、群体、抗议者以及价值观所具有的共同点是：他们与国家的冲突关系体现在不同层面上——地方、地区乃至全国，以及正如第十一章所讨论的全球层面上。在有些情况下，社会运动领导者最后能成为国家政策的合作者而非反对者。在战后组合主义发展过程中，一些劳工运动的领袖就这样被同化了，后来，这个同化现象在追求平等权利的女权主义运动或种族运动中同样也存在。

社会福利运动的另一个特征是它们经常质疑专家体系的权威，这也经常被视为新社会运动的独特特征。只不过许多早期的社会运动是质疑权威专家是否足够专业和诚实。失业者运动（campaigns of the unemployed）经常讨论什么才是真正充分的社会保障，如何在制度上重新进行资源的分配。教育精英的权威受到了综合学校运动的挑战，其中劳工运动扮演了重要角色。另一方面，新社会运动的另一个特点就是经常组织众多的专家从运动立场出发提出不同见解（Law，2008）。这在依赖专家体系的公共健康运动中得到了体现，比如它们最近就组织自己的专家反驳那些科学专家的言论，呼吁人们关注手机信号产生的辐射危害（Law and McNeish，2007）。

当然这也不是什么新鲜事了。比如在医疗保健领域，20世纪30年代激进医学压力群体（如反营养不良委员会和社会主义医学学会等）的不懈努力为 NHS 的建立创造了意识形态及合法化条件。这里，医疗专家们利用其知识与影响力倡导公费医疗（socialised medicine），以减轻工人阶级的痛苦。20世纪30年代，反营养不良委员会组织了多次大规模公共集会，而社会主义医学学会主要是在工党内部扮演压力群体的角色，他的理念为 NHS 的建立准备了意识形态和医疗上的条件（Stewart，1999）。后来，社会主义医学学会在1981年更名为"社会主义健康协会"（Socialist Health Association），这说明从60年代开始，该组织的中心工作已经发生了改变，不再仅仅受女性主义的影响，而是从医疗模式向更加社会化的医疗和福利模式转变了。

社会福利运动最重要的意义就是它们改变了我们此前已经熟悉的旧的制度安排。改革被启动了，职业实践被改变了，官僚程序被简化了，新的社会价值被广泛认同了，关闭（医院、托儿所等公共服务设施）计划被终止了，社会资源被重新公平分配了。人们的命运也从以前的消极被动、顺从屈服和对社会政策的感恩，转变为积极、自信、敢于发表言论。社会福利运动对福利国家的建设起到了积极推进的作用。这样一种开放性(open-ended)的社会运动方式也意味着,当经济萧条时,它所具有的激进文化因素就会像过去那样产生重大的社会运动浪潮,比如1915 年格拉斯哥爆发的拒付租金运动、1935 年南威尔士爆发的失业工人运动和1999 年在西雅图、2001 年在日内瓦、2005 年在爱丁堡发生的反资本主义运动。

皮文和克洛尔德(1979)认为,底层穷人运动只有是自发的、创新的、没有组织的、有切实具体目标的,才能够取得改革的成功,可是我们在本书中所研究的事实却并不支持二者的观点,即认为底层穷人运动是无组织化的动员机制。比如在本书第四章中所讨论的全国失业劳工运动(NUWM),该运动就是一个高度组织化的运动组织,它有内部讨论会、行为规章、捐款制度、报纸及带薪岗位等,它还组织了反饥饿游行、在公路上睡觉(pavement sleep-ins)、占领建筑物、进行街道抗争等斗争方式。而在 20 世纪 20 年代初,NUWM 的前身是全国失业劳工运动委员会(NUWCM),NUWCM 只是一个激进分子自发领导的地区性组织。不过,NUWM 的集中化也不是完全的,有些时候,它要照顾地方分支的积极主动性(Croucher,1987:104;Flanagan,1991:167)。毕竟,那些失业劳工都是为了具体物质利益而被迫采取集体行动,目的是为了捍卫或提高其救济水平,而不是为了等待中央指示。

从某种意义上来说,失业劳工斗争的案例支持了社会运动中的"资源动员理论"(RMT)。首先,NUWM 为失业劳工参与集体行动提供了具体的物质利益刺激。很显然,失业劳工追求更好生活的斗争就是一种"肚皮政治"。对于失业劳工来说,只要能保卫或提高自己的利益,他们就愿意参与。其次,尽管说失业劳工好像缺乏物质资源,尤其是缺少资金,但事实上劳工运动的积极分子,可以称之为运动企业家(movement entrepreneurs),通常拥有巨大的组织资源,他们中的大部分人是有经验的社会主义者,或失业的工会组织者,或者是卸任的工会主管(ex-shop stewards)。最关键的是,他们还得到了左翼团体提供的组织上和意识形态方面的外部支持,因而失业劳工运动根本就不具备自发性。而且这种情况广泛存在于各种劳工运动、反种族主义运动以及健康、教育与住房改革的运动中。

然而,从另一方面来说,"资源动员理论"并没有完全捕捉到福利运动的核心内涵。毫无疑问,福利运动都是为了直接的物质利益,但在斗争的过程中,人们会超越具体的利益需求,如精神层面的激励或特殊的地方性怨恨等。这些斗争从来

就不是纯粹的战略安排,其每一个有关社会公平的要求都包含着一个伦理尺度。正如佩里所言(2007:5):

> 失业劳工首先是为了追求认同而斗争,是为了得到尊重和理解,他们要求政府为失业劳工提供更充分的援助。因为他们认为其所承受的苦难,并不是由于自己的原因造成的。

"资源动员理论"将研究局限在斗争的周围环境,局限在具体的利益需求、医院病房或者都市空间上,该理论所捕捉到的并不是一幅完整的图像。它先入为主地将对运动斗争的分析限定在一定的层次上——最直接的需求,而没有把斗争运动纳入到更广泛的、曲折的改革进程中进行分析。实际上,某一运动的影响往往有一个时间上的滞后性,一系列的社会环境都已发生变迁。比如20世纪三四十年代的抗争运动很好地塑造了战后欧美各国的政治图景(这是绝无仅有的)。20世纪六七十年代的民权运动斗争则大大扩展了人们对普世公民权的理解,原来还有那么多的女性、残疾人以及在民族、种族和宗教上的少数群体都没有享受过平等的公民权。这在1968年德里住房行动委员会举行的抗议行动中得到了体现,此次抗议意在反对北爱尔兰住房分配中的宗教歧视现象。据此,有组织向联合国提议将1968年定为"民权年"。同样,正如我们在导论中所提到的,当今世界依然受到1999年西雅图反资本主义全球化运动的影响,它揭示了资本主义在配置全球社会经济资源方面存在的严重困境。社会福利运动一直在为福利制度的改革准备条件,它对国家社会政策产生了划时代的影响。20世纪40年代,社会福利运动的基调在于争取普世的社会政治权利,而不是随意性的慈善行为;到了20世纪80年代,社会福利运动的基调在于为不同文化价值理念的群体争取平等权利,而非仅仅反对歧视。实际上,社会福利运动对社会正义的追求冲击了市场自由分配原则,而这一原则曾经被视为不可亵渎的神圣原则。不过,社会福利的受众大部分在政治上并不是很积极,当然他们也确实不是"自由的骑士"(free riders),而经常是坐享其成。对于那些少数的积极分子而言,则要承担所有的风险,付出诸多的代价。

抗争的马赛克图景:国家、阶级、身份

本书的详细研究说明,没有社会运动是按照自己选择的方式展开的。社会运

动不是简单的志愿主义,也不是超越不适宜环境而存在的单纯愿望。相反,社会运动受到众多结构和制度性因素的约束与制约。本书第三章所讨论的"政治机会结构"就是界定集体行动与政治环境之间关系的一个概念。其中关键的因素是,社会运动在抗争过程中所面对的国家政权的态度——是禁止还是同意。正如我们在第一章中所说的,据马歇尔的研究(1950),英国政府将逐渐被说服赋予人们公民权:首先是民事权,其次是政治权,最后是社会权。不过,经典福利国家体制的建设过程显然比马歇尔所言的要复杂得多。普通大众万不得已而发起抗争的中心目的在于争取日常生活必要需求的满足。在本书第二章中,我们讨论了社会运动的历史轮廓,不过历史性的研究并不能完全捕捉到自下而上的动员以及中介机制在社会运动中所发挥的作用与国家态度性质变化之间的相互关系。这不是一本书所能够完成的工作,而是一系列关于特定社会运动及社会运动理论的经验研究所需要回答的问题。

显然,在一本书中是不可能完成所有主题的研究的。为了弥补我们在社会运动研究上的差距及不足,我们选择了关于社会运动的重要研究进行讨论。在本书的每一章节中,我们都试图回答第三章结尾处提出的问题,即如何将社会运动理论化。读者或许已经注意到本书第二部分每个章节的题目均以"对抗(fighting)……"为开头,这反映出新社会运动在措辞上的微妙变化,它们用较为模糊性的词语来替代旧社会运动中更激烈的词语。当然在新社会运动中,对抗性的词语和行为实际都存在。困扰我们经验研究的一个主要问题在于,较之本书第二部分所提到的"旧"社会运动,第三部分所分析的"新"社会运动究竟"新"在何处呢?任何试图将社会运动截然二分为"新"与"旧"的做法具有一定的风险,因为此举忽略了两种社会运动的物质性面向,即争取福利供给是所有社会运动行动开展的前提条件,这可能会使阶级再分配政治被公民社会中的文化差异政治及经济不平等政治所取代(Powell,2007)。"旧"社会运动是以阶级为基础的,其最主要的形式劳工运动因缺乏身份、文化、尊严以及认同,所以容易被打发解散。而"新"社会运动强调是"道德抗争",对没有道德诉求的劳工运动不屑一顾。

抛弃阶级社会的复杂情况不言,在"后物质主义"理论那里,社会运动超越了只是从事低俗的、无尊严的物质需求抗争运动,这仿佛是布迪厄(1984)所言的中产阶级理论家的"文化资本"概念。不过,后物质主义概念更多地只是进行阶级划分的技术标签,而没有准确反映出"阶级"已经不再是政治抗争的核心内容。或许在全球经济危机的影响下，全球资本主义出现了一定的退缩，资源动员理论所强调的集体行动战略或许是一种选择。

在社会运动实践中，直接行动抗议者，也就是社会运动理论所言的"社会运动企业家"、社会主义群体以及工人阶级团体之间能够达成联盟。本书第十章的研究为我们呈现了这样一种联盟，即在所谓波洛克自由联邦中的反马路抗议运动。本书第九章所讨论的反种族歧视运动案例也如此，战后英国的工人阶级为了改善政治、文化及经济条件而发起了抗争运动，反种族歧视运动是其中的一部分，参与其中的有小型的左翼政党如社会劳工党，以及反纳粹联盟及摇滚反种族主义组织等。本书第十一章的研究告诉我们，西雅图的抗争运动和全球社会正义运动是如何在劳工运动积极分子与环保主义者之间，以及在一群毫不相干的人之间建立起松散的联盟的。在本书的导论中，我们简要讨论了过去十年里法国主要的社会运动，探索其中围绕国家福利而展开的各方力量复杂互动的场景，揭示出这些力量之间在斗争中是如何展开合作、熟悉彼此怨恨的框架，以及相互学习各自的斗争策略的。

本书最后部分的讨论尤其集中在关于反物质性贫困、反对专家权力以及专家体系等问题上，这方面的社会运动所采用的斗争形式通常不是如我们想象的那样是通过正式社会运动组织而展开的。与争取平等机会运动的组织结构类似，反贫困的运动组织结构中也包括媒体组织、专家、政府官员及职员等。一些压力群体如儿童贫困行动小组通过成立压力游说组织以竭力引起人们对社会中极端贫困和剥夺现象的重视，并试图对政府的政策施加影响。在医疗保健方面，医疗服务受众群体与志愿部门之间的模糊界限依然存在（Barnes et al, 2007）。其他如工人公平获利权和公民咨询局以及其他代表穷人利益的组织多是通过反对利益分配规则和制度来争取权利。那些中介组织通过一定的规则和程序为各自代言对象（穷人）提供建议和服务。权利获得过程中的制度变迁，尤其是自由决定权的丧失，已经改变了社会运动组织起来以进行集体行动的政治机会结构。

被解放的抗争？

有些学者已开始大为贬低 21 世纪的失业工人运动或劳工运动，认为即使出现大规模的失业、社会动乱或福利锐减的情况，也不会有太大的反抗了

(Bagguley, 1991)。他们认为,自 20 世纪 70 年代以来的机构重组和官僚体制的日趋集中化已经把民众大规模发泄不满、进行大规模组织以及斗争文化的现实空间几乎封闭了。如今,决策者和具体个体失业之间的遥远距离使得民众进行自我组织再也不会像 70 年代那么容易,更无法与 30 年代相提并论了(Bagguley and Hearn, 1999)。20 世纪 70 年代,失业劳工工会和维权者联合会(the Unemployed Workers and Claimants Unions)积极捍卫自己的自治地位、会员参与机制以及反对任何被迫接受低工资的立场(Jordan, 1999);新社会运动的另一个特征就是有意无意地仿效 20 世纪 30 年代的 NUWM 的行为方式。而且,新社会运动在文化及其激进程度上有过之而无不及。很多维权者联合会的人整天忙于日常的宣传和事务,早已没有了早期社会运动所具有的那份激情和直接行动方式。

但即使是针对传统市场原则的激进文化的意识形态和组织空间,在过去 30 年也都被封闭了。尽管英国爆发了大规模的反人头税抗争,但正如乔丹(Jordan)(1999:217)所言:"其实,公众的抗争运动很容易被镇压下去。如果矿工失败了,印刷工人也失败了,那么为什么即便是没有工会或政党参与进来,失业工人们仍然相信他们能够成功呢?"其实,在这些失业劳工看来,他们并不指望由于自己的有组织集体行动能使福利国家的体制有所改变。面对国家的吝啬及相关管制,他们有自己的方式来解决其面临的困境,如非正规就业、进行策略性离婚、乞讨、轻度犯罪以及街头卖艺等。

在一些学者看来,如乔丹、皮文和克洛尔德,这些日常生活中所采用的"弱者的武器"是抗争者反对政府市场化策略的手段。这些学者歪曲了"底层阶级"话语表达的含义,刻意将之认定为是底层穷人非正式的文化形式——底层穷人天生具有反抗品质。哈尔特(Hardt)和内格里(Negri)(2004)则进一步将其概念化为"大众的观念"。他们认为,群众不再通过集体的行动直接挑战政府的权威,而是通过低水平的、类似于游牧的游击战进行匿名的游行,毕竟众多游民的游行能制造混乱,从而在很多方面破坏帝国的结构。这种奇怪而又含糊不清的"大众"一词,确实曾对西雅图集会人员产生了短暂的影响。按照此思路,直接行动将鼓励那种抽象的志愿主义,推崇行动理论而非实践行为,互动的政治过程则来自于理论与实践行为的封闭互动。

本书的研究告诉我们,为了反驳这些对社会改革与社会动员的狭隘理解,我们应该从历史中吸取的一个重要经验教训就是:必须关注那些重新复兴的社会运

219

动。通过具体的组织方式能够在以往人们从未触及的地方为抗争运动打开新的空间。这就是社会运动所具有的令人惊叹之处。即使社会运动展开的条件很恶劣,它也依然会发生,因为社会运动是时代发展不可避免的结果。即使是在 20 世纪 30 年代,由于各国的环境不同,社会运动呈现出完全不同的发展状态。比如在德国,自从 1933 年纳粹上台后,社会运动基本上就被消灭了。而在法国,1936 年的激进抗争运动导致法国政府对社会保障体系进行了长久的改革,时至今日,即使是希拉克和萨科奇这样的右翼政府也不敢去阻止这些运动。

较之于美国实施新政而产生的良好政治氛围而言,英国的失业劳工运动所面临的政治环境则是国家的仇视与敌对。由于 NUWM 试图将失业劳工组织起来,因此它甚至被媒体和官方劳工组织斥为魔鬼。NUWM 运动中的积极分子勇敢地承担了巨大的风险,包括囚禁、警察暴力、经济损失乃至献出自己的生命。在那个年代,几百万人切身利益的获取靠的不是善良政客大发慈悲,而是失业劳工中少数积极分子勇敢的直接行动。英国仇视社会运动的政治环境表明,应该建立起一套如第三章所讨论的"政治机会结构",以应对大规模的集体行动。面对广泛的政治敌对环境,那些社会运动中的少数积极分子用他们的勇气和果敢重塑了我们身边的政治环境。重要的是,英国社会运动是通过地方监管局和公共援助委员会(PACs)来实现重塑目的的。换言之,在国家集权体制下,地方政府为周期性的抗争动员提供了实实在在的政治机会结构(Bagguley, 1991)。

但是直到 21 世纪头十年,这种逻辑依然大行其道。一方面由于去阶级化的新社会运动兴起,另一方面由于新自由主义国家的市场主导政治,二者为集体主义政治合法性提供了空间。在今天的政治图景中,"阶级"一词已经退出了中心位置。自 20 世纪 60 年代后期以来,工人阶级已经被重构了,社会的流动性增强、社会服务部门的人员激增以及劳动跨国分工的深化,使工人阶级日益碎片化。为了应对 20 世纪 70 年代中期的危机,国家逐渐减少对自由市场的干预,也削减了国家保护主义和社会福利机构。在这时,新社会运动兴起了,它开始关注一些跨阶级或"后物质主义"的问题,即认同、文化、感觉、伦理道德价值观,以及地方战斗主义等问题。而且在国家与社会运动之间,压力群体、游说组织、伙伴关系以及有组织的政策论坛都起到了缓冲作用(Barne et al, 2007)。不过,我们要警惕不能将社会运动定义教条化,居于国家与福利受众之间的中介性社会和政治力量不应该被视为社会福利运动。我们认为,对立的抗争性政治是所有社会福利运动的基本标签,而这些中介性力量不具有这样的特征。

今向何处?

本书(《解析社会福利运动》)为我们展示了围绕福利议题而展开的社会运动。作者从历史的角度,对新、旧社会运动之间存在的相似与不同之处进行了深入的探讨。在最近十年里,围绕性别、环境、"种族"、残疾人以及性等福利权利而展开的社会运动既不完全属于社会阶级运动,也不完全反对阶级社会。本书还从理论上梳理了关于社会运动与社会福利的不同理论视角。对于社会运动是如何产生、组织、维持以及衰败的特定模式,塔罗提出的"抗议周期"理论或许是最好的阐释。在塔罗看来,发泄怨恨所需的物质和组织资源维度是社会福利运动动员及开展的不可或缺的前提条件。

在本书的第二和第三部分中,我们也从经验层面上对社会福利运动进行了研究。正如本书研究的经验案例所展示的,尽管美国和欧洲的社会运动理论存在着差异,但二者在理解社会福利运动上存在着共同之处。观念、价值观和认同,以及物质和组织资源是争取公民权运动动员的重要基础。由此可见,这与那种认为新社会运动的特性在于其所具有的象征性意义的观念是大相径庭的。社会福利运动总是以这样或那样的形式为具体的资源要求进行抗争。一直以来,经济危机、周期性大规模失业以及福利紧缩等问题会不断地重新激发起社会运动和社会福利抗争政治(contentious politics)。所以,讨论社会运动与当地社会政策之间的关系应该成为我们重要的研究工作。

缩略语列表

AIMS(Association for Improvements in Maternity Services)　　助产服务协会

ALRA(Abortion Law Reform Association)　　堕胎法改革联合会

CARE(Christian Action Research and Education)　　基督教行为教育研究会

CND(Campaign for Nuclear Disarmament)　　核裁军运动

CPE(*Contrat Première Embauche*)　　《首次就业合同》

CPGB(Communist Party of Great Britain)　　大不列颠共产党

EU(European Union)　　欧盟

GP(General Practitioner)　　全科医生

ICT(Information and Communication Technology)　　资讯通信科技

IMF(International Monetary Fund)　　国际货币基金组织

LEA(Local Education Authority)　　地方教育主管部门

LGBT(Lesbian, Gay, Bisexual and Transgendered)　　女同性恋者、男同性恋者、变性恋者与跨性别者

LSE PS(London School of Economics and Political Science)　　伦敦政治经济学院

MP(Member of Parliament)　　英国下议院议员

MPU(Mental Patients' Union)　　精神病康复联合会

NAC(National Abortion Campaign)　　争取妇女堕胎权利运动

NAFTA(North American Free Trade Agreement)　　北美自由贸易协定

NAMH (National Association for Mental Health)　　全国精神保健协会

NGO(Non-Governmental Organisations)　　非政府组织

222

NHI(National Health Insurance)　　　　　　全民健康保险

NHS(National Health Service)　　　　　　英国国民保健服务计划

NICE (National Institute for Health and　英国国家临床卓越研
Clinical Excellence)　　　　　　　　　　究院

NLB(National League of the Blind)　　　全国盲人协会

NUT(National Union of Teachers)　　　　全国教师联合会

NUWCM (National Unemployed Workers'　全国失业劳工委员会
Committee Movement)　　　　　　　　　运动

NUWM (National Unemployed Workers'
Movement)　　　　　　　　　　　　　　全国失业劳工运动

NUWSS (National Union of Women's Suf-
frage Societies)　　　　　　　　　　　全国女性参政运动协会

NVALA (National Viewers' and Listeners'
Association)　　　　　　　　　　　　　全国观察者协会

NVDA(Non-Violent Direct Action)　　　非暴力直接抗议行动

OECD(Organisation for Economic Co-opera-
tion and Development)　　　　　　　　经合组织

PAC(Public Assistance Committee)　　　公共援助委员会

RMT(Resource Mobilization Theory)　　资源动员理论

SMC(Scottish Medicines Consortium)　　苏格兰医疗联盟

SML(Scottish Militant Labour)　　　　苏格兰战斗工党

SMO(Social Movement Organisation)　　社会运动组织

SPUC(Society for the Protection of Unborn
Children)　　　　　　　　　　　　　　保护未出生婴儿协会

SSBA(Scottish School Boards Association)　苏格兰学校局协会

SSP(Scottish Socialist Party)　　　　　苏格兰社会主义党

STARRA (Stop the Ayr Road Route Alli-
ance)　　　　　　　　　　　　　　　　反马路联合阵线

TUC(Trade Union Congress)　　　　　英国工会联盟

223

UAB(Unemployment Assistance Board)　　　英国失业救助委员会

USM(Urban Social Movement)　　　　　都市社会运动

WSPU(Women's Social and Political Union)　　妇女社会政治联盟

WTO(World Trade Organization)　　　　世界贸易组织

参 考 文 献

Allan, C. (2008) *Housing Market Renewal and Social Class*, London: Routledge.

Allen, J. (1999) "Cities of power and influence", in J. Allen, D. Massey and S. Pile(eds) *Unsettling Cities*, London: Routledge, pp. 181—227.

Allsop, J., Jones, K. and Baggott, R. (2005) "Health consumer groups in the UK: a new social movement?", in P. Brown and S. Zavestoki(eds) *Social Movements in Health*, Oxford: Blackwell, pp. 57—76.

American Psychiatric Association (1968) *Diagnostic and Statistical Manual of Mental Disorders: Second Edition: DSM II*, Washington, DC: American Psychiatric Association.

Amoore, L. (ed)(2005) *The Global Resistance Reader*, London: Routledge.

Anderson, B. (1991) *Imagined Communities: Reflections on the Origin and Spread of Nationalism*, London: Verso.

Annetts, J. and Thompson, B. (1992) "Dangerous activism", in K. Plummet(ed) *Modern Homosexualities: Fragments of Lesbian and Gay Experience*, London: Routledge, pp. 227—236.

Arnot, M., David, M. and Weiner, G. (1999) *Closing the Gender Gap: Post-War Education and Social Change*, Cambridge: Polity Press.

Auchmuty, R. (2004) "Same-sex marriage revived: feminist critique and legal strategy", *Feminism Psychology*, 14(1): 101—126.

Baggott, R., Allsop, J. and Jones, K. (2005) *Speaking for Patients and Carers: Health Consumer Groups and the Policy Process*, Basingstoke: Palgrave Macmillan.

Bagguley, P. (1991) *From Protest to Acquiescence? Political Movements of the Unemployed*, London: Macmillan.

Bagguley, P. (1992) "Social change, the middle class and the emergence of 'new social movements'", *Sociological Review*, 40(1):27—48.

Bagguley, P. and Hearn, J. (eds) (1999) *Transforming Politics: Power and Resistance*, London: Macmillan.

Barber, M. (1994) *The Making of the 1944 Education Act*, London: Cassell.

Barker, C. (1999) "Empowerment and resistance: 'collective effervescence' and other accounts", in P. Bagguley and J. Hearn(eds) *Transforming Politics: Power and Resistance*, London: Macmillan, pp. 11—31.

Barker, K. (1998) "A ship upon a stormy sea: the medicalization of pregnancy", *Social Science & Medicine*, 47(8):1067—1076.

Barker, M. and Beezer, A. (1983) "The Language of racism: an examination of

Lord Scarman's report on the Brixton riots", *International Socialism*, 18(108):
108—125.

Barnes, C. (2007) "Disability action and the struggle for change: disability policy
and politics in the UK", *Education, Citizenship and Social Justice*, 2(3):
203—221.

Barnes, C., Newman, J. and Sullivan, H. (2007) *Power, Participation and Political Renewal*, Bristol: The Policy Press.

Barry, J. and Doherty, B. (2002) "The Greens and social policy: movements,
policy and practice?", in M. Cahill and T. Fitzpatrick(eds) *Environmental Issues
and Social Welfare*, Oxford: Blackwell, pp. 119—139.

Beck, U. (1992) *Risk Society*, London: Sage Publications.

Bell, D. (1960) *The End of Ideology*, New York, NY: Free Press.

Bell, G. (1995) "The real battle of Pollok Free State commences", *The Herald*,
15 February.

Bello, W. (2000) *Why Reform of the WTO is the Wrong Agenda*, Bangkok:
Focus on the Global South.

Bello, W. (2004) *Deglobalization: Ideas for a New World Economy*, London:
Zed Books.

Benato, R., Clarke, A., Holt, V. and Lack, V. (1998) "Women and collective
general practice: the Hoxton experience", in L. Doyal(ed) *Women and Health
Services*, Buckingham: Open University Press, pp. 201—212.

Benyon, J. and Solomos, J. (eds)(1987) *The Roots of Urban Unrest*, Oxford:
Pergamon Press.

Berger, B. and Berger, P. L. (1983) *The War over the Family: Capturing the
Middle Ground*, London: Hutchinson.

Beveridge, W. (1909) *Unemployment: A Problem of Industry*, London: Longman and Co.

Beveridge, W. (1942) *Social Insurance and Allied Services* (The Beveridge
Report), Cmnd 6404, London: HMSO.

Beveridge, W. H. (1944) *Full Employment in a Free Society: Misery Breeds
Hate*, London: George Allen & Unwin.

Bircham, E. and Charlton, J. (eds)(2001) *Anti-Capitalism: A Guide to the
Movement*, London: Bookmarks.

Black, D., Morris, J. N., Smith, C. and Townsend P. (1991) "The Black
Report", in P. Townsend, M. Whitehead and N. Davidson(eds) *Inequalities in
Health*, Harmondsworth: Penguin, pp. 29—213.

Blackledge, P and Kirkpatrick, G. (2002) *Historical Materialism and Social
Evolution*, London: Palgrave Macmillan.

Block, F. and Somers, M. (2003) "In the shadow of Speenhamland: Social policy
and the Old Poor Law", *Politics & Society*, 31(2): 283—323.

Board of Education(1944) *Report of the Committee on Public Schools*(the Fleming Committee), London: HMSO.

Borkenau, F. (1962) *World Communism: A History of the Communist International*, Ann Arbor, MI: University of Michigan Press.

Bottomore, T. (1992) "Citizenship and social class, forty years on", in T. H. Marshall and T. Bottomore(1992) *Citizenship and Social Class*, London: Pluto Press.

Bourdieu, P. (1984) *Distinction: A Social Critique of the Judgement of Taste*, Cambridge, MA: Harvard University Press.

Bourdieu, P. (1998) "The protest movement of the unemployed, a social miracle", in P. Bourdieu, *Acts of Resistance: Against the Tyranny of the Market*, Cambridge: Polity Press.

Bourdieu, P. (2003) "For a European social movement", in P. Bourdieu, *Firing Back: Against the Tyranny of the Market 2*, London: Verso.

Bourdieu, P. (2008) "An upsurge of action by the unemployed", in P. Bourdieu, *Political Interventions: Social Science and Political Action*, London: Verso.

Bradley, Q. (nd) *The Birth of the Council Tenants Movement: A Study of the 1934 Leeds Rent Strike*, available at http://freespace. virgin. net/labwise. history6/1934. html

Bradley, Q. (1997) *The Leeds Rent Strike of 1914: A Re-Appraisal of the Radical History of the Tenants Movement*, Leeds: HNC Housing Studies Research Project, available at http://freespace. virgin. net/labwise. history6/rentrick. htm

Branson, N. (1979) *Poplarism, 1919—1925: George Lansbury and the Councillors Revolt*, London: Lawrence and Wishart.

Briggs, A. (1962) *Fabian Essays*, London: George Allen & Unwin.

Brown, P. and Zavestoski, S. (2005) "Social movements in health: an introduction", in P. Brown and S. Zavestoki(eds) *Social Movements in Health*, Oxford: Blackwell, pp. 1—16.

Brown, P. , Zavestoski, S. , McCormick, S. , Mayer, B. , Morello-Frosch, R. and Altman, R. G. (2004) "Embodied health movements: new approaches to social movements in health", *Sociology of Health and Illness*, 26(1):50—80.

Bruce, M. (1968) *The Coming of the Welfare State*, London: Batsford.

Bryant, B. (ed) *Twyford Down, Campaigning and Environmental Law*, London: Chapman and Hall.

Burn, D. (1972) *Rent Strike: St Pancras 1960*, London: Pluto Press, available at www. whatnextjournal. co. uk/Pages/History/Rentstrike. html

Bush, J. (2007) *Women Against the Vote: Female Anti-Suffragism in Britain*, Oxford: Oxford University Press.

Butterfield, Sir H. (1932) *The Whig Interpretation of History*, www. eliohs.

unifi. it/testi/900/butterfield

Byrne, P. (1997) *Social Movements in Britain*, London: Routledge.

Cahill, M. (2002) *The Environment and Social Policy*, London: Routledge.

Cahill, M. and Fitzpatrick, T. (eds) (2002) *Environmental Issues and Social Welfare*, Oxford: Blackwell.

Calder, A. (1969) *The People's War: Britain, 1939—45*, London: Pimlico.

Calhoun, C. (1993) "New social movements of the early nineteenth' century", *Social Science Journal*, 17(3):385—427.

Callinicos, A. (2000) *Equality*, Cambridge: Polity Press.

Callinicos, A. (2003) *An Anti-Capitalist Manifesto*, Cambridge: Polity Press.

Campbell, B. (1984) *Wigan Pier Revisited: Poverty and Politics in the 80s*, London: Virago.

Canel, E. (1992) "New social movement theory and resource mobilisation theory: the need for integration", in W. K. Caroll (ed) *Organising Dissent*, Canada: Garamond Press, pp. 22—51.

Castells, M. (1977a) *The Urban Question: A Marxist Approach*, London: Edward Arnold.

Castells, M. (1977b) "The class struggle and urban contradictions", in J. Cowley, A. Kaye, M. Mayo and M. Thompson (eds) *Community or Class Struggle?*, London: Stage One, pp. 36—52.

Castells, M. (1978) *City, Class and Power*, London: Macmillan.

Castells, M. (1983) *The City and the Grassroots*, London: Edward Arnold.

Castells, M. (1997) *The Power of Identity: The Information Age, Economy, Society and Culture*, Vol. 2, Oxford: Blackwell.

Castells, M. (2000) *The Rise of the Network Society: The Information Age, Economy, Society and Culture*, Vol. 1, Oxford: Blackwell.

Castells, M. (2006) "Changer la Ville: a rejoinder", *International Journal of Urban and Regional Research*, 30(1): 219—223.

Charlton, J. (1997) *The Chartists: The First National Workers' Movement*, London: Pluto Press.

Charlton, J. (2000) "Talking Seattle", *International Socialism*, 86:3—18.

Charlton, J. (2003) "The pre-history of social movements: from Newport to Seattle", in K. Flett and D. Renton (eds) *NewApproaches to Socialist History*, Cheltenham: New Clarion Press, pp. 9—17.

Chesters, G. and Welsh, I. (2006) *Complexity and Social Movements: Multitudes at the Edge of Chaos*, Oxford: Routledge.

Christian Institute (2002) *Counterfeit Marriage: How Civil Partnerships Devalue Marriage*, Newcastle Upon Tyne: Christian Institute.

Chun, L. (1995) *The British New Left*, Edinburgh: Edinburgh University Press.

City: Analysis of Urban Trends, Culture, Theory, Policy, Action (2006) Special themed issue on urban social movements, 10(3).

Clarke, J. and Langan, M. (1993) "Restructuring welfare: the British welfare regime in the 1980s", in A. Cochrane and J. Clarke(eds) *Comparing Welfare States: Britain in International Context*, London: Sage Publications.

Cochrane, A. and Walters, R. (2008) "The globalisation of social justice", in J. Newman and N. Yeates(eds) *Social Justice: Welfare, Crime and Society*, Maidenhead: Open University Press, pp. 163—179.

Cockburn, C. (1977) *The Local State*, London: Pluto.

Cohen, J. L. (1985) "Strategy or identity? New theoretical paradigms and contemporary social movements", *Social Research*, 52(4): 663—716.

Cole, M. (2007) "Re-thinking unemployment: a challenge to the legacy of Jahoda et al. ", *Sociology*, 41(6):1133—1149.

Committee of the Secondary School Examinations Council(1943) *Curriculum and Examinations in Secondary Schools*(Norwood Report), London: HMSO.

Committee on Higher Education(1963) *Higher Education*(Robbins Report), London: HMSO.

Committee on Scottish Health Services(1936) *Report*(Cathcart Report), Cmd 5204, London: HMSO.

Consultative Committee on Secondary Education(1938) *Secondary Education with Special Reference to Grammar Schools and Technical High Schools*(Spens Report), London: HMSO.

Cook, H. (2004) *The Long Sexual Revolution: English Women, Sex & Contraception 1800—1975*, Oxford: Oxford University Press.

Cook, I. (2004) "National day of action", *Ouch! "that site for disabled people"*, 11 March, www. bbc. co. uk/ouch/news/btn/action_day. html

Cook, H. , Mills, R. , Trumbach, R. and Cocks, H. G. (2007) *A Gay History of Britain: Love and Sex between Men since the Middle Ages*, Santa Barbara, CA: Greenwood World Publishing.

Coote, A. and Pattullo, P. (1990) *Power and Prejudice: Women and Politics*, London: Weidenfeld and Nicolson.

Corporation of the City of Glasgow(1965) *A Highway Plan for Glasgow*, Glasgow: Scott, Wilson, Kirkpatrick and Partners.

Cotgrove, S. (1982) *Catastrophe or Cornucopia: Environment and the Politics of the Future*, London: Wiley & Sons.

Cotgrove, S. and Duff, A. (1980) "Environmentalism, middle class radicalism and politics", *Sociological Review*, 28(2):333—351.

Cowden, S. and Singh, G. (2007) "The 'user': friend, foe or fetish? A critical exploration of user invotvement in hearth and social care", *Critical Social Policy* 27:5—23.

Craig, G. , Burchardt, T. and Gordon, D. (eds)(2008) *Social Justice and Public*

Policy: Seeking Fairness in Diverse Societies, Bristol: The Policy Press.

CRFR(Centre for Relationship and Family Research)(2002) *Research Briefing*, Number 3, Edinburgh: Centre for Relationship and Family Research.

Crick, B. and Robson, W. A. (eds)(1970) *Protest and Discontent*, London: Pelican.

Crook, S., Pakutski, J. and Waters, M. (eds) (1992) *Postmodernisation: Change in Advanced Society*, London: Sage Publications.

Crossley, N. (2002) *Making Sense of Social Movements*, Milton Keynes: Open University Press.

Crossley, N. (2003) "Even newer social movements? Anti-corporate protests, capitalist crises and the remoralisation of society", *Organisation*, 10:287—305.

Crossley, N. (2006) *Contesting Psychiatry: Social Movements in Mental Health*, London: Routledge.

Croucher, R. (1987) *We Refuse to Starve in Silence: A History of the National Unemployed Workers' Movement*, London: Lawrence and Wishart.

Croucher, R. (1990) "Communist unemployed organisations between the wars: international patterns and problems", *Archiv für Sozialgeschichte*, 30:584—595.

Cumbers, A., Routledge, P. and Nativel, C. (2008) "The entangled geographies of global justice networks", *Progress in Human Geography*, 32(2):183—201.

D'Anieri, P. D., Ernst, C. and Kier, E. (1990) "New social movements in historical perspective", *Comparative Politics*, 22(4):445—458.

Dale, R. (1989) *The State and Education Policy*, Milton Keynes: Open University Press.

Dalton, R. J., Keuchler, M. and Burklin, W. (1990) "The challenge of the new movements", in R. J. Dalton and M. Keuchler(eds) *Challenging the Political Order*, Cambridge: Polity Press, pp. 3—20.

Daly, G., Mooney, G., Poole, L. and Davis, H. (2005) "Housing stock transfer in the UK: the contrasting experiences of two UK cities", *European Journal of Housing Policy*, 5(3):327—341.

Damer, S. (1980) "State, class and housing, Glasgow, 1885—1919", in J. Melling(ed) *Housing, Social Policy and the State*, London: Croom Helm, pp. 73—112.

Damer, S. (2000) "The Clyde rent war? The Clydebank rent strike of the 1920s", in M. Lavatette and G. Mooney(eds) *Class Struggle and Social Welfare*, London: Routledge, pp. 71—95.

Danaher, K. and Burbach, R. (eds)(2000) *Globalize This! The Battle Against the World Trade Organization and Corporate Rule*, New York, NY: Common Courage Press.

Davis, M. (2002) *Late Victorian Holocausts: El Nino Famines and the Making*

230

of the Third World, London: Verso.

Davis, M. (2006) *Planet of Slums*, London: Verso.

Davis, M. (2009) "The betrayed generation", *Socialist Review*, January.

Davis, M. and Monk, D. M. (eds)(2007) *Evil Paradises*, London: Verso.

DCH(Defend Council Housing)(2003) *The Case for Council Housing* (second edition), London: DCH.

De Certeau, M. (1984) *The Practice of Everyday Life*, Berkeley and Los Angeles: University of California Press.

De Souza Santos, B. (2008) "The world social forum and the global left", *Politics and Society*, 36(2):247—270.

Deacon, A. (1981) "Unemployment and politics in Britain since 1945", in B. Showler and A. Sinfield(eds) *The Workless State: Studies in Unemployment*, Oxford: Martin Robertson.

Dean, H. (2002) "Green citizenship", in M. Cahill and T. Fitzpatrick(eds) *Environmental Issues and Social Welfare*, Oxford: Blackwell, pp. 22—37.

Deleuze, G. (1973) "Nomad thought", in D. B. Allison(ed)(1985) *The NewNietzsche*, New York, NY: MIT Press, pp. 142—149.

Della Porta, D. and Diani, M. (2006) *Social Movements: An Introduction*, Oxford: Blackwell.

Della Porta, D. and Tarrow, S. (eds)(2005) *Transnational Protest and Global Activism*, Oxford: Rowman and Littlefield.

Desai, M. and Said, Y. (2001) "The new anti-capitalist movement: money and global civil society", in M. Anheier, M. Gasius and M. Kaldor(eds) *Global Civil Society 2001*, Oxford: Oxford University Press, pp. 51—78.

Dobson, A. (1997) *Green Political Thought*, London: Routledge.

Dobson, A. (2003) *Citizenship and the Environment*, Oxford: Oxford University Press.

Doherty, B. , M. Paterson and B. Seel(eds)(2000) *Direct Action in British Environmentalism*, London: Routledge.

Dowse, L. (2001) "Contesting practices, challenging codes: self, advocacy, politics and the social model", *Disability & Society*, 16(1):123—141.

Doyal, L. (1985) "Women and the National Health Service: the carets and the careless", in E. Lewin and V. Olesen(eds) *Women, Health & Healing: Towards a New Perspective*, London: Tavistock, pp. 236—269.

Doyal, L. (1994) "Changing medicine? Gender and the politics of health care", in J. Gabe, D. Kelleher and G. Williams(eds) *Challenging Medicine*, London: Routledge, pp. 141—160.

Doyal, L. (1998) *Women and Health Services*, Buckingham: Open University Press.

Dryzek, J. , Downes, D. , Hunold, C. , Schlosberg, D. and Hernes, H. -K.

231

(2003) *Green States and Social Movements*, Oxford: Oxford University Press.

Dunphy, R. (2000) *Sexual Politics: An Introduction*, Edinburgh: Edinburgh University Press.

Durham, M. (1991) *Sex and Politics: The Family and Morality in the Thatcher Years*, Basingstoke: Macmillan.

Eckersley, R. (2004) *The Green State: Rethinking Democracy and Sovereignty*, Boston, MA: MIT Press.

Eder, K. (1993) *The New Politics of Class*, London: Sage.

Engel, S. M. (2001) *The Unfinished Revolution: Social Movement Theory and the Gay and Lesbian Movement*, Cambridge: Cambridge University Press.

Eyerman, R. and Jamison, A. (1991) *Social Movements: A Cognitive Approach*, Cambridge: Polity Press.

Faludi, S. (1992) *Backlash: The Undeclared War Against Women*, London: Chatto & Windus.

Farnsworth, K. (2008) "Business and global social policy formation", in N. Yeates (ed) *Understanding Global Social Policy*, Bristol: The Policy Press, pp. 73—99.

Farrar, M. (1999) "Social movements in a multi-ethnic inner city: explaining their rise and fall over 25 years", in P. Bagguley and J. Hearn (eds) *Transforming Politics: Power and Resistance*, Basingstoke: Macmillan, pp. 87—105.

Farrar, M. (2004) "Social movements and the struggle over race" in M. J. Todd and G. Taylor (eds) *Democracy and Participation: Popular Protest and New Social Movements*, London: Merlin Press, pp. 218—247.

Farrell, M. (1980) *Northern Ireland: The Orange State*, London: Pluto Press.

Featherstone, D. (2005) "Towards the relational construction of militant particularisms: or why the geographies of past struggles matter for resistance to neoliberal globalisation", *Antipode*, 37(2):250—271.

Fekete, L. (2005) "The deportation machine: Europe, asylum and human rights", *Race and Class*, 47(1):64—91.

Ferguson, I., Lavalette, M. and Mooney, G. (2002) *Rethinking Welfare*, London: Sage Publications.

Firestone, S. (1979) *The Dialectic of Sex: The Case for Feminist Revolution*, London: Women's Press.

Fisher, W. F and Ponniah, T. (eds) (2003) *Another World is Possible*, London: Zed Books.

Flanagan, R. (1991) *"Parish-Fed Bastards": A History of the Politics of the Unemployed in Britain, 1884—1939*, New York, NY: Greenwood Press.

Foucault, M. (1977) *Language, Counter-Memory, Practice*, Ithaca, NY: Cornell University Press.

Foucault, M. (1979) *The History of Sexuality*, Vol 1, London: Penguin.

232

Frankel, B. (1987) *The Post-Industrial Utopians*, Cambridge: Polity Press.

Fraser, D. (1984) *The Evolution of the Welfare State*, London: Macmillan.

Fryer, P. (1984) *Staying Power: The History of Black People in Britain*, London: Pluto Press.

Furedi, F. (2002) *Culture of Fear: Risk Taking and the Morality of Low Expectation*, London: Continuum International Publishing.

Galbraith, J. K. (1961) *The Great Crash, 1929*, Boston, MA: Houghton Mifflin.

Gallagher, W. (1978) *Revolt on the Clyde* (4th edition), London: Lawrence & Wishart.

Gamson, W. (1975) *The Strategy of Social Protest*, Homewood, IL: Dorsey Press.

Gamson, W. (1995) "Constructing social protest", in H. Johnston and B. Klandermans(eds) *Social Movements and Culture*, London: UCL Press, pp. 85—106.

Garay, A. (2007) "Social policy and collective action: unemployed workers, community associations and protest in Argentina", *Politics & Society*, 35 (2): 301—302.

Garraty, J. A. (1978) *Unemployment in History, Economic and Thought and Public Policy*, London: Harper & Row.

Giddens, A. (1987) *The Consequences of Modernity*, Cambridge: Polity Press.

Gilroy, P. (1987) *There Ain't No Black in the Union Jack: The Cultural Politics of Race and Nation*, London: Hutchinson.

Ginsburg, N. (2005) "The privatization of council housing", *Critical Social Policy*, 25(1):115—135.

Glyn, A. (2006) *Capitalism Unleashed: Finance, Globalization and Welfare*, Oxford: Oxford University Press.

Godber, G. (1988) "Forty years of the NHS: the origins and early developments", *British Medical Journal*, 297:37—43.

Goldner, M. (2005) "The dynamic interplay between Western medicine and the complimentary and alternative medicine movement: how activists perceive a range of responses from physicians and hospitals", in P. Brown and S. Zavestoki (eds) *Social Movements in Health*, Oxford: Blackwell, pp. 31—56.

Goldthorpe, J. (1982) "On the service class, its formation and future", in A. Giddens and G. Mackenzie(eds) *Social Class and the Division of Labour*, Cambridge: Cambridge University Press, 162—185.

Goodwin, J. and Jasper, J. M. (eds)(2003) *The Social Movements Reader: Cases and Concepts*, New York, NY: Blackwell.

Gouldner, A. (1979) *The Future of Intellectuals and the Rise of the New Class*, Oxford, USA: Oxford University Press.

Graham, H. (1985) "Providers, negotiators and mediators: women as the hidden carers' recipients", in E. Lewin and V. Olesen(eds) *Women, Health & Healing: Towards a New Perspective*, London: Tavistock, pp. 53—85.

Gramsci, A. (1971) *Selections from the Prison Notebooks*, London: Lawrence & Wishart.

Grassic Gibbon, L. (1934) *Grey Granite: A Scots Quair, Part III, Edinburgh*: Polygon(2006).

Greenwood, W. (2004) *Love on the Dole*, London: Vintage.

Greig, A. , Hulme, D. and Turner, M. (2007) *Challenging Global Inequality*, London: Palgrave Macmillan.

Griffiths, S. and Bradlow, J. (1998) "Involving women as consumers: the Oxfordshire health strategy experience", in L. Doyal(ed) *Women and Health Services*, Buckingham: Open University Press, pp. 213—220.

Grove-White, R. (1997) "Environment, risk, democracy" in M. Jacobs (ed) *Greening the Millennium: The new politics of the environment*, Oxford: Blackwell.

Gurr, T. R. (1970) *Why Men Rebel*, Princeton, NJ: Princeton University Press.

Gusfield, J. R. (1963) *Symbolic Crusade: Status Politics and theAmerican Temperance Movement*, Urbana, IL: University of Illinois Press.

Gusfield, J. (1986) *Symbolic Crusade: Status Politics and the American Temperance Movement*(2nd edition), Chicago, IL: University of Illinois Press.

Habermas, J. (1976) *Legitimation Crisis*, London: Heinemann.

Habermas, J. (1981) "New social movements", *Telos*, 49:33—37.

Habermas, J. (1987a) *The Philosophical Discourse of Modernity*, Oxford: Blackwell.

Habermas, J. (1987b) *The Theory of Communicative Action*, Vol 2, London: Beacon Press.

Hallas, D. (1985) *The Comintern*, London: Bookmarks.

Halsey, A. H. (2004) *A History of Sociology in Britain*, Oxford: Oxford University Press.

Halsey, A. H. , Heath, A. F and Ridge, J. M. (1980) *Origins and Destinations: Family, Class and Education in Modern Britain*, Oxford: Clarendon Press.

Hanley, L. (2007) *Estates: An Intimate History*, London: Granta.

Hannington, W. (1979) *Unemployed Struggles: 1919—1936*, London: Lawrence & Wishart.

Harding, J. (2001) "Globalisation's children strike back", *Financial Times*, 11 September.

Harding, R. (2007) "Sir Mark Potter and the protection of the traditional family: why same sex marriage is (still) a feminist issue", *Feminist Legal Studies*, 15: 223—234.

Hardt, M. and Negri, A. (2000) Empire, London: Harvard University Press.

Hardt, M. and Negri, A. (2004) *Multitude*, London: Hamish Hamilton.

Harman, C. (1998) *The Fire Last Time: 1968 and After*, London: Bookmarks.

Harris, B. (2004) *The Origins of the British Welfare State: Society, State and Social Welfare in England and Wales, 1800—1945*, Basingstoke: Palgrave.

Harris, N. (1972) *Competition and the Corporate Society: British Conservatives, the State and Industry, 1945—1964*, London: Methuen.

Harrison, M. and Reeve, K. (2002) "Social welfare movements and collective action: lessons from two UK housing cases", *Housing Studies*, 17 (5): 755—771.

Harvey, D. (2001) *Spaces of Capital*, Edinburgh: Edinburgh University Press.

Harvey, D. (2003a) "The right to the city", *International Journal of Urban and Regional Research*, 27(4):939—941.

Harvey, D. (2003b) *The New Imperialism*, Oxford: Oxford University Press.

Harvey, D. (2005) *A Brief History of Neoliberalism*, Oxford: Oxford University Press.

Held, D. and Kaya, A. (eds)(2007) *Global Inequality*, Cambridge: Polity Press.

Hennessey, P. (1992) *NeverAgain: Britain, 1945—1951*, London: Jonathan Cape.

Hewitt, M. (1993) "Social movements and social need: problems with postmodern political theory", *Critical Social Policy*, 37:52—74.

Hickman, R. M. (2004) *M74 Special Road: Report of Public LocalInquiryinto Objections*, accessed online at www. scotland. gov. uk/Publications/2005/03/20752/53462.

Hilton, M. and Hirsch, P. (eds)(2000) *Practical Visionaries: Women, Education and Social Progress 1790—1930*, Harlow: Pearson Education.

Hobhouse, L. T. (1922) *Elements of Social Justice*, London: Allen & Unwin.

Hobsbawm, E. J. (1984) *Worlds of Labour: Further Studies in the History of Labour*, London: Weidenfeld & Nicolson.

Hobsbawm, E. J. (1990) *Industry and Empire*, London: Penguin.

Hobsbawm, E. J. (2007) "Karl Marx and the British labour movement", in *Revolutionaries*, London: Abacus.

Hobsbawm, E. J. and Rude, G. (1969) *Captain Swing*, London: Lawrence & Wishart.

Hoggett, P. (2002) "Democracy, social relations and ecowelfare", in M. Cahill and T. Fitzpatrick(eds) *Environmental Issues and Social Welfare*, Oxford: Blackwell, pp. 140—158.

Howkins, A. and Saville, J. (1979) "The nineteen thirties: a revisionist history", in R. Miliband and J. Saville(eds) *The Socialist Register 1979: A Survey of Movements and Ideas*, London: Merlin Press.

Howson, A. (1999) "Cervical screening, compliance and moral obligation", *Soci-*

ology of Health and Illness, 21(4):401—425.

Hubbard, G. and Miller, D. (eds)(2005) *Arguments Against G8*, London: Pluto Press.

IJURR(*International Journal of Urban and Regional Research*)(2003) Symposium on urban movements, *International Journal of Urban and Regional Research*, 27(1).

IJURR(2006) Debate on urban politics and social movements, *International Journal of Urban and Regional Research*, 30(1).

Illich, I. (1995) "The epidemics of modern medicine" in B. Davey, A. Gray and C. Seale(eds) *Health and Disease: A Reader*, Buckingham: Open University Press, pp. 237—242.

Inglehart, R. (1977) *The Silent Revolution: Changing Values and Lifestyles amongst Western Publics*, Princeton, NJ and London: Princeton University Press.

Inglehart, R. (1990) *Culture Shift in Advanced Society*, Princeton, NJ: Princeton University Press.

Jacobs, M. (ed)(1997) *Greening the Millennium: The new politics of the environment*, Oxford: Blackwell.

Jahoda, M., Lazarsfeld, P. and Zeisel, H. (2002) *Marienthal: The Sociography of an Unemployed Community*, New Jersey, NJ: Transaction Publishers.

Joffe, C. E., Weitz, T. A. and Stacey, C. L. (2004) "Uneasy allies: pro-choice physicians, feminist health activists and the struggle for abortion rights", *Sociology of Health & Illness*, 26(6):775—796.

Johnson, A. (2000) "The making of a poor people's movement: a study of the political leadership of poplarism, 1919—1925", in M. Lavalette and G. Mooney (eds) *Class Struggle and Social Welfare*, London: Routledge, pp. 96—116.

Johnston, H. and Klandermans, B. (eds)(1995) *Social Movements and Culture*, London: UCL Press.

Johnstone, C. (2000) "Housing and class struggle in post war Glasgow", in M. Lavalette and G. Mooney(eds) *Class Struggle and Social Welfare*, London: Routledge, pp. 139—154.

Johnstone, C. and Mooney, G. (2007) "'Problem' people, 'problem' places? New Labour and council estates", in R. Atkinson and G. Helms(eds) *Securing An Urban Renaissance*, Bristol: The Policy Press, pp. 125—139.

Jordan, B. (1999) "Collective action and everyday resistance", in R. van Berkel, H. Coenen and R. Vlek(eds) *Beyond Marginality: Social Movements of Social Security Claimants in the European Union*, Aldershot: Ashgate, pp. 202—219.

Kelleher, D. (1994) "Self-help groups and medicine", in J. Gabe, D. Kelleher and G. Williams(eds) *Challenging Medicine*, London: Routledge, pp. 104—117.

Kelleher, D., Gabe, J. and Williams, G. (1994) "Understanding medical dominance in the modern world", in J. Gabe, D. Kelleher and G. Williams (eds) *Challenging Medicine*, London: Routledge, pp. x—xxviii.

Kellner, D. (2003) "Globalisation, technopolitics, and revolution", in J. Foran (ed) *The Future of Revolutions: Rethinking Radical Change in the Age of Globalization*, London: Zed Books, pp. 180—194.

Kenny, M. (1995) *The First New Left: British Intellectuals After Stalin*, London: Lawrence & Wishart.

Kettle, M. and Hodges, L. (1982) *Uprising: The Police, The People and the Riots in Britain's Cities*, London: Pan Books.

Keynes, J.-M. (1936) *General Theory of Employment Interest and Money*, New York, NJ: Harvest Books(1964).

Khagram, S., Riker, J. V. and Sikkink, K. (eds)(2002) *Restructuring World Politics: Transnational Social Movements, Networks and Norms*, Minneapolis, MN: University of Minnesota Press.

King, E. (1993) *Safety in Numbers*, London: Cassells.

Kingsford, P. (1982) *The Hunger Marches in Britain, 1920—1939*, London: Lawrence & Wishart.

Klandermans, B. (1984) "Mobilization and participation: social-psychological expansion of resource mobilization theory", *American Sociological Review*, 49 (October): 583—600.

Klandermans, B. (1992) "The social construction of protest and multiorganizational fields", in A. D. Morris and C. M. Mueller(eds) *Frontiers in Social Movement Theory*, New Haven, CT: Yale University Press, pp. 77—103.

Klandermans, B., Kriesi, H. and Tarrow, S. (eds)(1988) *From Structure to Action*, New York, NY: JAI Press.

Klein, N. (2000) *No Logo*, London: Flamingo.

Klein, N. (2001) "Reclaiming the Commons", *New Left Review*, 9:81—89.

Klein, N. (2002) *Fences and Windows*, London: Flamingo.

Klein, R. (2001) *The New Politics of the NHS*, Harlow: Pearson.

Knott, J. (1986) *Popular Opposition to the 1834 Poor Law*, London: Palgrave Macmillan.

Kolker, E. (2004) "Framing as a cultural resource in health social movements: funding activism and the breast cancer movement in the US 1990—1993", *Sociology of Health & Illness*, 26(6):820—844.

Kornhauser, A. (1959) *The Politics of Mass Society*, New York, NY: Free Press.

Kouvelakis, S. (2006) "France: from revolt to the alternative", *International Socialist Tendency Discussion Bulletin*, 8:3—11, www. istendency. net/pdf/IST_Discussion_Bulletin_8. pdf.

Kundnani, A. (2007) "Integrationism: the politics of anti-Muslim racism", *Race*

& Class, 48(4):24—44.

Kynaston, D. (2007) *Austerity Britain 1945—1951*, London: Bloomsbury.

Laclau, E. and Mouffe, C. (1985) *Hegemony and Socialist Strategy: Towards a Radical Democratic Politics*, London: Verso.

Laing, A. (1995) "Beginning of the bitter end", *The Herald*, 7 January.

Lake, R. W. (2006) "Recentering the city", *International Journal of Urban and Regional Research*, 30(1):194—197.

Land, V. and Kitzinger, C. (2007) "Contesting same-sex marriage in talk-in-interaction", *Feminism Psychology*, 17(2):173—183.

Laughlin, S. (1998) "From theory to practice: the Glasgow experience", in L. Doyal(ed) *Women and Health Services*, Buckingham: Open University Press, pp. 221—237.

Lavalette, M. and Mooney, G. (eds)(2000) *Class Struggle and Social Welfare*, London: Routledge.

Law, A. (2008) "The elixir of social trust: social capital and cultures of challenge in health movements", in J. Brownlie, A. Greene and A. Howson(eds) *Researching Trust and Health*, New York, NY, and Abingdon: Routledge.

Law, A. and McNeish, W. (2007) "Contesting the irrational actor model: a case study of mobile phone mast protest", *Sociology*, 41(3):439—456.

Law, A. and Mooney, G. (2005) "Urban landscapes", *International Socialism Journal*, 106:89—101.

Law, I. (1999) "Modernity, anti-racism and ethnic managerialism", in P. Bagguley and J. Hearn(eds) *Transforming Politics: Power and Resistance*, Basingstoke: Macmillan, pp. 206—228.

Lawrence, E. and Turner, N. (1999) "Social movements and equal opportunities work", in P. Bagguley and J. Hearn(eds) *Transforming Politics: Power and Resistance*, Basingstoke: Macmillan, pp. 183—205.

Le Bon, G. (1995) *The Crowd*, New Brunswick, NJ: Transaction Publishers.

Lefebvre, H. (1968/1996) "The right to the city", in *Writings on Cities*, Oxford: Blackwell, pp. 63—184.

Lenin, V. I. (1903) *What is to be Done?* Harmondsworth: Penguin(1989).

Leontidou, L. (2006) "Urban social movements: from the 'right to the city' to transnational spatialities and Flaneur activists", *City*, 10(3):259—268.

Lewis, G. (ed)(1998) *Forming Nation, Framing Welfare*, London: Routledge.

LEWRG(London Edinburgh Weekend Return Group)(1980) *In and Against the State*, London: Pluto.

Lijphart, A. (1977) *Democracy in Plural Societies: A Comparative Exploration*, New Haven, CT: Yale University Press.

Lister, R. (2008) "Recognition and voice: the challenge for social justice", in G. Craig, T. Burchardt and D. Gordon(eds) *Social Justice and Public Policy: See-*

king Fairness in Diverse Societies, Bristol: The Policy Press, pp. 105—122.

Lo, C. (1992) "Communities of challengers in social movement theory", in A. D. Morris and C. M. Mueller(eds) *Frontiers in Social Movement Theory*, New Haven, CT: Yale University Press, pp. 224—248.

Local Economy(2004) Special issue on cultural policy and urban regeneration, *Local Economy*, 19(4).

Lovenduski, J. and Randall, V. (1993) *Contemporary Feminist Politics: Women and Power in Britain*, Oxford: Oxford University Press.

Lowe, R. (1988) *Education in the Post-War Years: A Social History*, London: Routledge.

Lowe, S. (1986) *Urban Social Movements*, London: Macmillan.

Lucas, I. (1998) *OutRage! An Oral History*, London: Cassell.

Lupton, D. (1999) *Risk*, London: Routledge.

Lyotard, J. F. (1984) *The Postmodern Condition*, Manchester: Manchester University Press.

McAdam, D. (1982) *Political Process and the Development of Black Insurgency, 1930—1970*, Chicago, IL: University of Chicago Press.

McAdam, D. (1996) "Conceptual origins, current problems, future directions", in D. McAdam, J. D. McCarthy and M. N. Zald(eds) *Comparative Perspectives on Social Movements: Political Opportunities, Mobilizing Structures, and Cultural Framing*, Cambridge: Cambridge University Press, pp. 23—40.

McAdam, D. , McCarthy, J. D. and Zald, M. D. (1988) "Social movements", in N. J. Smelser(ed) *Handbook of Sociology*, Newbury Park, CA: Sage Publications, pp. 695—737.

McCarthy, J. D. and Zald, M. N. (1973) *The Trend of Social Movements in America: Professionalisation and Resource Mobilisation*, Morristown, New Jersey, NJ: General Learning Press.

McCarthy, J. D. and Zald, M. N. (1977) "Resource mobilisation and social movements: a partial theory", American Journal of Sociology, 82(6):1212—1241.

McClymont, K. and O'Hare, K. (2008) "We're not NIMBYs!': contrasting local protest groups with idealised conceptions of sustainable communities", *Local Environment*, 13(4):321—335.

McCoy, L. (1998) "Education for Labour: social problems of nationhood", in G. Lewis (ed) *Forming Nation, Framing Welfare*, London: Routledge, pp. 93—138.

McCrae, M. (2003) *The National Health Service in Scotland: Origins and Ideals, 1900—1950*, East Linton: Tuckwell Press.

MacDonald, K. (2006) *Global Movements: Action and Culture*, Oxford: Blackwell.

MacDougall, I. (1990) *Voices from the Hunger Marches: Personal Recollections* by Scottish Hunger Marchers of the 1920s and 1930s, Volume I, Edinburgh: Polygon.

MacDougall, I. (1991) *Voices from the Hunger Marches: Personal Recollections by Scottish Hunger Marchers of the 1920s and 1930s, Volume II*, Edinburgh: Polygon.

Macintyre, S. (1980) *Little Moscows: Working Class Militancy in Interwar Britain*, London: Croom Helm.

Macintyre, S. (1986) *A Proletarian Science: Marxism in Britain, 1977—1933*, London: Lawrence & Wishart.

McKay, G. (ed) (1998) *DIY Culture: Party and Protest in Nineties Britain*, London: Verso.

McKee, L. and Bell, C. (1986) "His unemployment, her problem: the domestic and martial consequences of male unemployment", in S. Allen, A. Watson, K. Purcell and S. Wood (eds) *The Experience of Unemployment*, Basingstoke: Macmillan.

McKenzie, J. (2001) *Changing Education: A Sociology of Education since 1944*, Harlow: Pearson.

McKie, L. and Cunningham-Burley, S. (eds) *Families in Society: Boundaries and Relationships*, Bristol: The Policy Press.

McKie, L., Cunningham-Burley, S. and McKendrick, J. H. (2005) "Families and relationships: boundaries and bridges", in L. McKie and S. Cunningham-Burley (eds) *Families in Society: Boundaries and Relationships*, Bristol: The Policy Press, pp. 3—18.

Macmillan, H. (1938) *The Middle Way*, London: Macmillan.

McNeish, W. (1999) "Resisting colonisation: the politics of anti-roads protesting", in P. Bagguley and J. Hearn (eds) *Transforming Politics: Power and Resistance*, London: Macmillan, pp. 67—86.

McNeish, W. (2000) "The vitality of local protest: Alarm UK and the British antiroads protest movement", in B. Seel, M. Patterson and B. Doherty (eds) *Direct Action in British Environmentalism*, London: Routledge, pp. 183—198.

McShane, H. (1933) *Three Days that Shook Edinburgh: Story of the Thirties Scottish Hunger March*, Edinburgh: AK Press (1994).

McShane, H. and Smith, J. (1978) *No Mean Fighter*, London: Pluto Press.

Maffesoli, M. (1996) *The Time of the Tribes*, London: Sage Publications.

Maines R. (1999) *The Technology of Orgasm: Hysteria, the Vibrator & Women's Sexual Satisfaction*, Baltimore, MD: John Hopkins Press.

Marshall, J. (1983) "The medical profession", in B. Galloway (ed) *Prejudice and Pride: Discrimination against Gay People in Modern Britain*, London: RKP, pp. 165—193.

Marshall, T. H. (1950) "Citizenship and social class", in T. H. Marshall and T.

Bottomore(1992) *Citizenship and Social Class*, London: Pluto Press.

Marshall, T. H. (1972) "Value problems of welfare-capitalism", *Journal of Social Policy*, 1(1):18—32.

Marshall, T. H. and Bottomore, T. (1992) *Citizenship and Social Class*, London: Pluto Press.

Martin, G. (2001) "Social movements, welfare and social policy: a critical analysis", Critical Social Policy, 21:361—383.

Marx, K. (1976) *Capital: Critique of Political Economy*, *Volume 1*, Harmondsworth, Penguin.

Mason, D. (2000) *Race and Ethnicity in Modern Britain*, Oxford: Oxford University Press.

Mason, P. (2007) *Live Working or Die Fighting*, London: Harvill Secker.

Mayer, M. (1995) "Social movement research in the United States: a European perspective", in S. M. Lyman(ed) *Social Movements: Critiques, Concepts, Case Studies*, London: Macmillan, pp. 168—198.

Mayer, M. (2006) "Manuel Castells" *The City and the Grassroots*, *International Journal of Urban and Regional Research*, 30(1):202—206.

Mayo, M. (2005) *Global Citizens*, London: Zed Books.

Melling, J. (1983) *Rent Strikes*, Edinburgh: Polygon.

Melucci, A. (1980) "The new social movements: a theoretical approach", *Social Science Information*, 19(2):199—226.

Melucci, A. (1988) "Getting involved: identity and mobilisation in social movements", in B. Klandermans, H. Kriesi S. Tarrow (eds) From Structure to Action, New York, NY: JAI Press, pp. 329—348.

Melucci, A. (1989) *Nomads of the Present: Social Movements and Individual Needs in Contemporary Society*, London: Hutchinson Radius.

Merton, R. K. (1957) *Social Theory and Social Structure*, Glencoe, Ill: Free Press.

Miceli, M. (2005) "Morality politics vs. identity politics: framing processes and competition among Christian Right and gay social movement organizations", *Sociological Forum*, 20(4):589—612.

Milanovic, B. (2005) *Worlds Apart: Measuring International and Global Inequality*, Princeton, NJ: Princeton University Press.

Milanovic, B. (2007) "Globalisation and inequality", in D. Held and A. Kaya(eds) *Global Inequality*, Cambridge: Polity Press, pp. 26—49.

Miles, R. and Phizacklea, A. (1979) "Some introductory observations on race and politics in Britain", in R. Miles and A. Phizacklea(eds) *Racism and Political Action in Britain*, London: RKP, pp. 1—27.

Miliband, R. (1972) *Parliamentary Socialism: A Study in the Politics of Labour*, London: Merlin Press.

241

Miller, B. (2006) "Castells" *The City and the Grassroots*: *1983 and today*, *International Journal of Urban and Regional Research*, 30(1):207—211.

Miller, D. and Dinan, W. (2008) *A Century of Spin*, London: Pluto.

Miller, F. M. (1979) "The British unemployment assistance crisis of 1935", *Journal of Contemporary History*, 14:329—352.

Mills, C. W. (1959) *The Sociological Imagination*, New York, NY: Oxford University Press.

Ministry of Health(1920) *Interim Report on the Future Provision of Medical and Allied Services*(Dawson Report), London: HMSO.

Ministry of Health(1944) *A National Health Service*, London: HMSO.

Ministry of Reconstruction (1944) *Employment Policy*, Cmnd 6527, London: HMSO.

Mishra, R. (1981) *Society and Social Policy*: *Theories and Practice of Welfare*, London: Macmillan.

Mol, A. P. J. and Sonnenfeld, D. (eds)(2001) *Ecological Modernisation Around the World*: *Perspectives and Critical Debates*, London: Routledge.

Monbiot, G. (2006) *How to Stop the Planet Burning*, London: Allen Lane.

Mooney, G. (2008) "'Problem' populations, 'problem' places", in J. Newman and N. Yeates(eds) *Social Justice*: *Welfare Crime and Society*, Maidenhead: Open University Press, pp. 97—128.

Mooney, G. and Fyfe, N. (2006) "New Labour and community protests: the case of the Govanhill swimming pool campaign, Glasgow", *Local Economy*, 21(2): 136—150.

Mooney, G. and Law, A. (eds)(2007) *New Labour/Hard Labour*? Bristol: The Policy Press.

Mooney, G. and Neal, S. (eds)(2009) *Community*: *Welfare*, *Crime and Society*, Maidenhead: Open University Press.

Mooney, G. and Poole, L. (2005) "Marginalised voices: resisting the privatisation of council housing in Glasgow", *Local Economy*, 20(1):27—39.

Moore, R. (2004) *Education and Society*: *Issues and Explanations in the Sociology of Education*, Cambridge: Polity Press.

Moore, S. E. H. (2008) "Gender and the new paradigm of health", *Sociology Compass*, 2(1):268—280.

Morgen, S. (2002) *Into Our Own Hands*: *The Women's Health Movement in the United States*, *1969—1990*, London: Rutgers University Press.

Mynott, E. (2002) "From a shambles to a new apartheid: local authorities, dispersal and the struggle to defend asylum seekers", in S. Cohen, B. Humphries and E. Mynott(eds) *From Immigration Controls to Welfare Controls*, London: Routledge, pp. 106—125

Neuwirth, R. (2006) *Shadow Cities*, London: Routledge.

Newman, J. and Yeates, N. (eds)(2008a) "Making social justice: ideas, struggles and responses", in J. Newman and N. Yeates(eds) *Social Justice: Welfare, Crime and Society*, Maidenhead: Open University Press, pp. 1—28.

Newman, J. and Yeates, N. (eds)(2008b) *Social Justice: Welfare, Crime and Society*, Maidenhead: Open University Press.

Norris, P. (2002) Democratic Phoenix, New York, NY: Cambridge University Press.

Nugent, N. and King, R. (1979) "Ethnic minorities, scapegoating and the extreme Right", in R. Miles and A. Phizacklea(eds) *Racism and Political Action in Britain*, London: RKP, pp. 28—49.

Oakley, A. (1993) *Essays on Women, Medicine and Health*, Edinburgh: Edinburgh University Press.

Offe, C. (1984) *Contradictions of the Welfare State*, London: Hutchinson.

Offe, C. (1985) *Disorganised Capitalism: Contemporary Transformations of Work and Politics*, Cambridge: Polity Press.

Olesen, V. and Lewin, E. (1985) "Women, health and healing: a theoretical introduction", in E. Lewin and V. Olesen(eds) *Women, Health & Healing: Towards a New Perspective*, London: Tavistock, pp. 1—24.

Oliver, M. (1990) *The Politics of Disablement*, Basingstoke: Macmillan.

Olson, M. (1965) *The Logic of Collective Action*, Cambridge: Harvard University Press.

Orwell, G. (1937) *The Road to Wigan Pier*, London: Book Club Associates (1981).

Pahl, J. (1979) "Refuges for battered women: social provision or social movement?", *Nonprofit and Voluntary Sector Quarterly*, 8:25—35.

Paine, T. (1791) *The Rights of* Man, available at www. ushistory. org/paine/rights/index. htm

Pakulski, J. (1995) "Social movements and social class: the decline of the Marxist paradigm", in L. Maheu(ed) *Social Movements and Social Classes*, London: Sage Publications, pp. 55—86.

Parekh, P. (2000) *Rethinking Multiculturalism: Cultural Diversity and Political Theory*, London: Palgrave Macmillan.

Parker, S. (2008) "Will it really be that bad?", *Sunday Herald*, 26 October, pp. 74—75.

Parkin, F. (1968) *Middle Class Radicalism*, Manchester: Manchester University Press.

Payne, S. (1998) "'Hit and miss': the success and failure of psychiatric services" in L. Doyal(ed) *Women and Health Services*, Buckingham: Open University Press, pp. 83—99.

Pepper, D. (1996) *Modern Environmentalism: An Introduction*, London: Rout-

243

ledge.

Perry, M. (2000) *Bread and Work: Social Policy and the Experience of Unemployment, 1918—1939*, London: Pluto Press.

Perry, M. (2005) *The Jarrow Crusade: Protest and Legend*, Houghton-le-Spring: Business Education Publishers.

Perry, M. (2007) *Prisoners of Want: The Experience and Protest of the Unemployed in France, 1921—1945*, Aldershot: Ashgate.

PFS(Pollok Free State)(1994) *Passport and Declaration of Independence*, Campaign Leaflet.

Phillips, R. (2003) "Education policy, comprehensive schooling and devolution in the disunited kingdom: a historical'home international' analysis", *Journal of Education Policy*, 18(1):1—17.

Pickvance, C. (2003) "From urban social movements to urban movements: a review and introduction to a symposium on urban movements", *International Journal of Urban and Regional Research*, 27(1):102—109.

Piratin, P. (1978) *Our Flag Stays Red*, London: Lawrence & Wishart.

Pittas, G. (2009) "Letter from Greece", *Socialist Review*, January.

Piven, F. F. and Cloward, R. A. (1979) *Poor People's Movements: Why they Succeed, How they Fail*, New York, NY: Pantheon Books.

Plummer, K. (1999) "The lesbian and gay movement in Britain: schisms, solidarities, and social worlds", in B. D. Adam, J. W. Duyvendak and A. Krouwel(eds) *The Global Emergence of Gay and Lesbian Politics*, Philadelphia, PA: Temple University Press, pp. 133—157.

Pogge, T. (2007) "Why inequality matters", in D. Held and A. Kaya(eds) *Global Inequality*, Cambridge: Polity Press, pp. 132—147.

Polanyi, K. (1944) *The Great Transformation: The Political and Economic Origins of Our Time*, Boston, MA: Beacon Press(2002).

Pollock, A. M. (2004) *NHS plc: The Privatisation of our Health Care*, London: Verso.

Porritt, J. (1996) "Twyford Down—the aftermath", in B. Bryant(ed) *Twyford Down, Campaigning and Environmental Law*, London: Chapman and Hall, pp. 297—310.

Portaliou, E. (2007) "Anti-global movements reclaim the city", *City*, 11(2): 165—175.

Potts, L. K. (2004) "An epidemiology of women's lives: the environmental risk of breast cancer", *Critical Public Health*, 14(2):133—147.

Powell, F. (2007) *The Politics of Civil Society: Neoliberalism or Social Left?*, Bristol: The Policy Press.

Prempeh, E. O. K. (2007) *Against Global Capitalism*, Aldershot: Ashgate.

Pring, R. and Walford, G. (1997) *Affirming the Comprehensive Ideal*, London:

Falmer Press.

Pugh, M. (2000) *Women and the Women's Movement in Britain*, London: Macmillan.

Purvis, J. (2005) "Viewpoint: a lost dimension? The political education of women in the suffragette movement in Edwardian Britain", in C. Skelton and B. Francis (eds) *A Feminist Critique of Education: 15 Years of Gender Education*, London: Routledge, pp. 189—197.

Ramamurthy, A. (2006) "The politics of Britain's Asian youth movement", *Race & Class*, 48(2):38—60.

Randall, V. (1987) *Women & Politics: An International Perspective*, Basingstoke: Macmillan.

Rawlinson, G. (1992) "Mobilising the unemployed: the National Unemployed Workers' Movement in the West of Scotland", in R. Duncan and A. McIvor(eds) *Militant Workers: Labour and Class Conflict on the Clyde, 1900—1950: Essays in Honour of Harry McShane 1891—1988*, Edinburgh:John Donald.

Rayside, D. (2001) "The structuring of sexual minority activists opportunities in the political mainstream: Britain, Canada, and the United States", in M. Blasius (ed) *Sexual Identities, Queer Politics*, Princeton, NJ: Princeton University Press, pp. 23—55.

Regan, T(2004) *The Case for Animal Rights*, Berkeley, CA: University of California Press.

Reiss, M. (2005) "Forgotten pioneers of the national protest march: the National League of the Blind's marches to London, 1926 & 1936", *Labour History Review*, 70(2):133—165.

Report of the Committee on Homosexual Offences and Prostitution (Wolfenden Report)(1957), London: HMSO.

Report of the Royal Commission on National Health Insurance (1926), London: HMSO.

Rex, J. (1979) "Black militancy and class conflict", in R. Miles and A. Phizacklea (eds) *Racism and Political Action in Britain*, London: RKP, pp. 72—92.

Richards, A. (2002) *Mobilizing the Powerless: Collective Protest Action of the Unemployed in the Interwar Period*, Estudio Working Paper 2002/175, Madrid: Instituto Juan March de Edtudios e Investigaciones.

Richardson, D. (2000) "Constructing sexual citizenship: theorising sexual rights", *Critical Social Policy* 20(1), 105—135.

Ridge, T. and Wright, S. (eds)(2008) *Understanding Inequality, Poverty and Wealth*, Bristol: The Policy Press.

Robbins, G. (2002) "Taking stock-regeneration programmes and social housing", *Local Economy*, 17(4): 151—164.

Romalis, S. (1985) "Struggle between providers and recipients", in E. Lewin and

V. Olesen(eds) *Women, Health & Healing: Towards a New Perspective*, London: Tavistock, pp. 174—208.

Rootes, C. (1992) "The new politics and the new movements: accounting for British exceptionalism", *European Journal of Political Research*, 22: 171—192.

Rootes, C. (ed) (2003) *Environmental Protest in Western Europe*, Oxford: Oxford University Press.

Rootes, C. (2008) *1968 and the Environmental Movement in Europe*, Draft Version, accessed online at www. kent. ac. uk/sspssr/research/papers/rootes-1968-and-env-movements. pdf

Rose, H. (1990) "Activists, gender and the community health movement", *Health Promotion International*, 5(3):209—218.

Rowell, A. (1996) *Green Backlash*, London: Routledge.

Ruane, S. (2004) "UK anti-privatisation politics", in M. J. Todd and G. Taylor (eds) *Democracy and Participation: Popular Protest and New Social Movements*, London: Merlin Press, pp. 158—175.

Ruane, S. (2007) "Acts of distrust? Support workers, experiences in PFI hospital schemes", in G. Mooney and A. Law(eds) *New Labour/Hard Labour? Restructuring and Resistance Inside the Welfare Industry*, Bristol: The Policy Press.

Runciman, W. G. (1966) *Relative Deprivation and Social Justice: A Study of Attitudes to Social Inequality in Twentieth Century Britain*, London: Routledge & Kegan Paul.

Ryan, L. (2006) "Rethinking social movement theories in the twenty-first century", Sociology, 40:169—176.

SACTRA(Standing Advisory Committee for Trunk Road Assessment) (1994) *Trunk Roads and the Generation of Traffic*, London: Department for Transport.

Sadler, R. (2006) "Roads to ruin", *The Guardian*, 13 December, www. guardian. co. uk/society/2006/dec/13/guardiansocietysupplement3

Sahlins, P. (2006) "Civil unrest in the French suburbs, November 2005", *SSRC: Riots in France*, http://riotsfrance. ssrc. org/

Sales, R. (2002) "The deserving and the undeserving? Refugees, asylum seekers and welfare in Britain", *Critical Social Policy*, 22(3):456—478.

Salter,B. and Tapper, T. (1981) *Education, Politics and the State: The Theory and Practice of Educational Change*, London: Grant McIntyre.

Sartre, J. P. (2004) *Critique of Dialectical Reason*, London: Verso.

Sassen, S. (2004) "Local actors in global politics", *Current Sociology*, 52(4): 649—670.

Saville,J. (1957—1958) "The welfare state: an historical approach", *The New Reasoner*, 3:5—25.

Saville, J. (1987) *1848: The British State and the Chartist Movement*, Cambridge: Cambridge University Press.

Saville, J. (1990) *1848: The British State and the Chartist Movement*, Cambridge: Cambridge University Press.

Scarman, Rt. Hon. Lord(1981) *The Brixton Disorder 10—12 April, 1981 (the Scarman Report)*, London: HMSO.

Scott, A. (1990) *Ideology and the New Social Movements*, London: Unwin Hyman.

Scott, J. C. (1977) *Moral Economy of the Peasant: Rebellion and Subsistence in South East Asia*, New Haven and London: Yale University Press.

Scott, J. C. (1985) *Weapons of the Weak: Everyday Forms of Peasant Resistance*, New Haven and London: Yale University Press.

Scott, J. C. (1990) *Domination and the Arts of Resistance: Hidden Transcripts*, New Haven and London: Yale University Press.

Scrambler, G. and Kelleher, D. (2006) "New social and health movements: issues of representation and change", *Critical Public Health*, 16(3):219—231.

Shakespeare, T. (1993) "Disabled people's self-organisation: a new social movement?", *Disability & Society*, 8(3):249—264.

Sharp, I. (1998) "Gender issues in the prevention of and treatment of coronary heart disease", in L. Doyal (ed) *Women and Health Services*, Buckingham: Open University Press, pp. 100—112.

Shaver, S. (1994) "Body rights, social rights and the liberal welfare state", *Critical Social Policy*, 13:66—93.

Sherdian, T. (1997) Research interview, 18 January.

Simon, B. (1974) *Education and the Labour Movement 1870—1920*, London: Lawrence & Wishart.

Simon, B. (1997) "A seismic change: process and interpretation", in R. Pring and Walford, G. (eds) *Affirming the Comprehensive Ideal*, London: Falmer Press, pp. 13—28.

Sivanandan, A. (1982) *A Different Hunger: Writings on Black Resistance*, London: Pluto Press.

Sivanandan, A. (2006) "Race, terror and civil society", *Race & Class*, 47 (3):1—8.

Sked, A. and Cook, C. (1988) *Post-War Britain: A Political History*, London: Penguin.

Skelton, C. and Francis, B. (eds)(2005) *A Feminist Critique of Education: 15 Years of Gender Education*, London: Routledge.

Sklair, L. (2001) *The Transnational Capitalist Class*, Oxford: Blackwell.

Smelser, N. (1962) Theory of Collective Behaviour, New York, NY: The Free Press.

Smelser, N. J. (1988)(ed) *Handbook of Sociology*, Newbury Park: Sage.

Smith, A. M. (1994) *New Right Discourse on Race and Sexuality: Britain 1968—1990*, Cambridge: Cambridge University Press.

Smith, M. (2001) *An Ethics of Place: Radical Ecology, Postmodernity and Social Theory*, New York, NY: SUNY Press.

Smith, M. (2007) "Framing same-sex marriage in Canada and the United States: Goodridge, Halperin and the national boundaries of political discourse", *Social and Legal Studies*, 16(1):5—26.

Smith, N. (2000) "Global Seattle", *Society and Space*, 18:1—5.

Smout, T. C. (ed)(2001) *Nature, Landscape and People since the Second World War*, Edinburgh: Tuckwell Press.

Snow, D. and Benford, R. D. (1992) "Master frames and cycles of protest", in A. D. Morris and C. M. Mueller(eds) *Frontiers in Social Movement Theory*, New Haven, CT: Yale University Press, pp. 133—155.

Snow, D. A. , Rochford, E. B. , Worden, S. K. and Benford, R. D. (1986)"Frame alignment processes, micromobilization and movement participation", *American Sociological Review*, 51:464—481.

Socialist Medical Association (1933) *A Socialized Medical Service*, London: SMA.

Somerville, J. (1997) "Social movement theory, women and the question of interests", *Sociology*, 31(4):673—695.

SRC(Strathclyde Regional Council)(1988) *M77 Ayr Road Motorway: Report of the Public Local Inquiry*, Volume 1, official document.

St Clair, J. (1999) "Seattle diary: it's a gas, gas, gas", *New Left Review*, 238: 81—98.

Stacey, M. (1985) "Women and health: the United States and the United Kingdom compared", in E. Lewin and V. Olesen(eds) *Women, Health & Healing: Towards a New Perspective*, London: Tavistock, pp. 270—303.

Stachura, P. D. (1986) "The social and welfare implications of youth unemployment in Weimar Germany", in P. D. Stachura(ed) *Unemployment and the Great Depression in Weimar Germany*, London: Palgrave Macmillan.

Stevenson, J. and Cook, C. (1994) *Britain in Depression: Society and Politics, 1929—1939*, London: Longmans.

Stewart, J. (1999) *The Battle for Health: A Political History of the Socialist Medical Association, 1930—1951*, Aldershot: Ashgate.

Susser, I. (2006) "Global visions and grassroots movements: an anthropological perspective", *International Journal of Urban and Regional Research*, 30(1): 212—218.

Tarrow, S. (1989) *Democracy and Disorder*, Oxford: Oxford University Press.

Tarrow, S. (1994) *Power in Movement: Social Movements and Contentious Poli-*

tics, New York, NY: Cambridge University Press.

Tatchell, P. (1992) "Equal rights for all: strategies for lesbian and gay equality in Britain", in K. Plummer(ed) *Modern Homosexualities: Fragments of Lesbian and Gay Experience*, London: Routledge, pp. 237—247.

Taverne, D. (2005) *The March of Unreason: Science, Democracy and the New Fundamentalism*, Oxford: Oxford University Press.

Thane, P. (1982) *The Foundations of the Welfare State*, London: Longman.

Thomas, H. (1998) "Reproductive health needs across the life span", in L. Doyal (ed) *Women and Health Services*, Buckingham: Open University Press, pp. 39—53.

Thompson, B. (1994) *Softcore: Moral Crusades against Pornography in Britain and America*, London: Cassell.

Thompson, D. (1958) "The welfare state", *The New Reasoner*, 4:125—130.

Thompson, D. (1984) *The Chartists: Popular Politics in the Industrial Revolution*, London: Pantheon.

Thompson, E. P. (1970) *The Making of the English Working Class*, Harmondsworth: Penguin.

Thompson, E. P. (1991) *Customs in Common*, London: Merlin Press.

Tilly, C. (1978) *From Mobilisation to Revolution*, New York, NY: McGraw Hill.

Tilly, C. (1986) The Contentious French, Cambridge: Harvard University Press.

Tilly, C. (1995) *European Revolutions, 1492—1992*, London: Wiley-Blackwell.

Tilly, C. (2004) *Social Movements: 1768—2004*. Boulder, CO: Paradigm Publishers.

Timmins, N. (1995) *The Five Giants: A Biography of the Welfare State*, London: HarperCollins.

Tomlinson, S. (2005) *Education in a Post-Welfare Society*, London: Open University Press.

Touraine, A. (1974) *The Post-Industrial Society: Tomorrow's Social History, Classes, Conflicts and Culture in the Programmed Society*, London: Wildwood House.

Touraine, A. (1977) *The Self-Production of Society*, Chicago, IL: University of Chicago Press.

Turner, B. S. (1993) *Citizenship and Social Theory*, London: Sage.

UN-Habitat(2003) *The Challenge of Slums: Global Report on Human Settlements 2003*, Nairobi: UN-Habitat.

UN-Habitat(2006) *State of the World's Cities 2006/2007: The Millennium Development Goals and Urban Sustainability: 30 years of Shaping the Habitat Agenda*, London: Earthscan.

United Nations(1987) *Our Common Future: Report of the World Commission on*

Environment and Development (*Brundtlan Report*), Oxford: Oxford University Press.

United Nations(1992) *Report of the United Nations Conference on Environment and Development*, New York, NY: United Nations, www. nssd. net/references/KeyDocs/IIEDa7. htm

Valocchi, S. (1990)"The unemployed workers movement of the 1930s: a reexamination of the Piven and Cloward thesis", *Social Problems*, 37 (2): 191—205.

Wahlstrom, M. and Peterson, A. (2006) "Between the state and the market: expanding the concept of 'political opportunity structure'", Acta Sociologica, 49: 363—377.

Waites, M. (2003) "Equality at last? Homosexuality, heterosexuality and the age of consent in the United Kingdom", *Sociology*, 37(4):637—655.

Waites, M. (2005) "The fixity of sexual identities in the public sphere: biomedical knowledge, liberalism and the heterosexual/homosexual binary in late modernity", *Sexualities*, 8(5):539—569.

Walby, S. (1994) *Theorising Patriarchy*, Cambridge: Blackwell.

Wall, D. (1999) *Earth First ! and the Anti-Roads Movement*, London: Routledge.

Ward, S. V. (1988) *The Geography of Interwar Britain: The State and Uneven Development*, London: Routledge.

Warnock, M. (1977) *Schools for Thought*, London: Faber.

Wasoff, F. and Cunningham-Burley, S. (2005) "Perspectives on social policies and families", in L. McKie and S. Cunningham-Burley (eds) *Families in Society: Boundaries and* Relationships, Bristol: The Policy Press, pp. 261—270.

Wasoff, F. and Dey(2000) *Family Policy*, Eastbourne: Gildredge Press.

Wasoff, F. and Hill, M. (2002) "Family policy in Scotland", *Social Policy and Society*, 1(3):171—182.

Watt, P. (2008)"'Underclass' and 'ordinary people' discourses: representing/representing council tenants in a housing campaign", *Critical Discourse Studies*, 5(4):345—357.

Webber, F. (2001) "The Human Rights Act: a weapon against racism", *Race & Class*, 43(2):77—94.

Webster, C. (2002) *The National Health Service: A Political History*, Oxford: Oxford University Press.

Wedderburn, D. (1965) "Facts and theories of the welfare state", *The Socialist Register*, London: Merlin Press.

Weeks, J. (1989) *Sex, Politics & Society: The Regulation of Sexuality since 1800*, London: Longman.

White, R. G. (2001) "The rise of the environmental movement 1970—1990", in

T. C. Smout(ed) *Nature, Landscape and People since the Second World War*, Edinburgh: Tuckwell Press, pp. 44—51.

Whitehead, M. (1991) "The health divide", in P. Townsend, M. Whitehead and N. Davidson(eds) *Inequalities in Health*, Harmondsworth: Penguin, pp. 219—437.

Whitehouse, M. (1985) *Mightier than the Sword*, Eastbourne: Kingsway.

Widgery, D. (1986) *Beating Time*, London: Chatto and Windus.

Wilkinson, E. (1939) *The Town that was Murdered: The Life-Story of Jarrow*, London: Victor Gollancz.

Wilkinson, R. and Pickett, K. (2009) *The Spirit Level*, London: Allen Lane.

Williams, F. (1989) *Social Policy: A Critical Introduction*, Oxford: Blackwell.

Williams, F. (1992) "Somewhere over the rainbow: universality and diversity in social policy", in N. Manning and R. Page(eds) *Social Policy Review 4*, Canterbury: Social Policy Association, pp. 200—219.

Williams, F. (2002) "The presence of feminism in the future of welfare", *Economy and Society*, 31(4):502—519.

Williams, R. (1989) *Resources of Hope*, London Verso.

World Bank(2008) *World Bank Development Report 2008: Agriculture for Development*, Washington, DC: World Bank.

Worley, C. (2005) "It's not about race, it's about the community: New Labour and community cohesion", *Critical Social Policy*, 25(4):483—496.

Yeates, N. (2002) "The 'anti-globalisation' movement and its implications for social policy", in R. Sykes, C. Bochel and N. Ellison(eds) *Social Policy Review 14*, Bristol: The Policy Press, pp. 127—150.

Yeates, N. (2008a) "Global inequality, poverty and wealth", in T. Ridge and S. Wright(eds) *Understanding Inequality, Poverty and Wealth*, Bristol: The Policy Press, pp. 81—101.

Yeates, N. (2008b) "The idea of global social policy", in N. Yeates(ed) *Understanding Global Social Policy*, Bristol: The Policy Press, pp. 1—24.

Yeates, N. (ed)(2008c) *Understanding Global Social Policy*, Bristol: The Policy Press.

Young, I. M. (2008) "Structural injustice and the politics of difference", in G. Craig, T. Burchardt and D. Gordon(eds) *Social Justice and Public Policy: Seeking Fairness in Diverse Societies*, Bristol: The Policy Press, pp. 77—104.

Young, S. C. (2000) *The Emergence of Ecological Modernisation: Integrating the Environment and the Economy*, London: Routledge.

Zald, M. N. (1991) "The continuing vitality of resource mobilisation theory: response to Herbert Kitschelt's critique", in D. Rucht(ed) *Research on Social Movements: The State of the Art in Western Europe and the USA*, Campus Verlag: Westview Press, pp. 348—354.

251

Zald, M. N. (1992) "Looking forward to look back—reflections on the past and future of the resource mobilisation research program", in A. D. Morris and C. M. Mueller(eds) *Frontiers in Social Movement Theory*, New Haven, CT, and London: Yale University Press, pp. 326—348.

Zinn, H. (2001) *A People's History of the United States*, 1492—Present, New York, NY: Perennial Classics.

Zolberg, A. R. (1972) "Moments of madness", *Politics and Society*, 2: 183—207.

译 后 记

社会福利的获得通常有两种途径：一是自上而下的赋予；二是自下而上的争取。本书通过对社会福利运动的深入分析，展示了自下而上的运动力量在社会福利体制形成的历史过程中所扮演的角色。同时，本书还详细比较分析了新旧两种社会运动在运动主题、动员斗争方式、波及范围以及结果影响等方面的差异。对于今天的中国而言，转型改革使我国经济建设取得了巨大成就，但同时利益与资源配置格局的重构也带来了很多社会问题。因此，如何建立民众的利益表达机制、权益维护机制以及社会参与机制成为目前亟待解决的问题。尽管本书讨论的是西方社会政治背景中的社会福利运动，但毫无疑问，这对我国目前稳定社会秩序、加强社会建设、创新社会管理体制都具有重要的理论意义。

感谢南京大学彭华民教授将翻译此书的任务交给我，并在翻译过程给予了指导与帮助。另外，感谢我所教授的南开大学社会保障专业 2010 级全体硕士生，在教学过程中，我曾将此书作为参考阅读书目，一起与大家分享。感谢田青与责任编辑高璇的辛苦付出，她们认真的态度感染着我，从而使本书的翻译工作更加顺利。

尽管如此，译文中仍或有不尽如人意之处，请广大读者批评指正。

王 星

2011 年 8 月于南开园

图书在版编目(CIP)数据

解析社会福利运动/(英)安奈兹(Annetts，J.)等
著;王星译.—上海:格致出版社:上海人民出版社，
2011

(解析福利:社会问题、政策与实践丛书)

ISBN 978-7-5432-1974-8

Ⅰ.①解… Ⅱ.①安… ②王… Ⅲ.①社会福利-研
究 Ⅳ.①C913.7

中国版本图书馆 CIP 数据核字(2011)第 124340 号

责任编辑　高　璇
封面设计　人马艺术设计·储平

本书由上海文化发展基金会图书出版项目资助出版

解析福利:社会问题、政策与实践丛书

解析社会福利运动

[英]贾森·安奈兹 等著

王　星 译

出　　版	世纪出版集团 www.ewen.cc	格 致 出 版 社 www.hibooks.cn 上海人民出版社

(200001　上海福建中路193号24层)

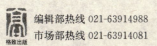

编辑部热线 021-63914988
市场部热线 021-63914081

发　　行	世纪出版集团发行中心
印　　刷	上海图宇印刷有限公司
开　　本	787×1092 毫米　1/16
印　　张	17.25
插　　页	1
字　　数	279,000
版　　次	2011 年 11 月第 1 版
印　　次	2011 年 11 月第 1 次印刷

ISBN 978-7-5432-1974-8/C·51

定　　价	42.00 元